Neusiedl
Wie Loslassen wirklich gelingt

Brigitte Neusiedl

Wie Loslassen wirklich gelingt

So werden Ihnen Veränderungen glücken

WINDPFERD

Wichtiger Hinweis: Die in diesem Buch beschriebenen Methoden sollen ärztlichen Rat und medizinische Behandlung nicht ersetzen. Die in diesem Buch vorgestellten Informationen sind sorgfältig recherchiert und wurden nach bestem Wissen und Gewissen vorgestellt. Dennoch übernehmen Autor und Verlag keinerlei Haftung für Schäden irgend welcher Art, die direkt oder indirekt aus der Anwendung oder Verwendung der Angaben in diesem Buch entstehen. Sämtliche Informationen in diesem Buch sind für Interessierte zur Weiterbildung gedacht.

1. Auflage 2010
© 2010 Windpferd Verlagsgesellschaft mbH, Oberstdorf
Alle Rechte vorbehalten
Umschlaggestaltung: Kuhn Grafik Communication Design, Amden (CH)
unter Verwendung einer Illustration von 123rf
Satz und Layout: Marx Grafik & ArtWork
Korrektorat: Ilka Würpel
Gesetzt aus der Adobe Garamond
Druck: Himmer AG, Augsburg

Printed in Germany
ISBN 978-3-89385-626-8
www.windpferd.de

Inhalt

Einleitung	11
Das Loslassen, ein Lebensthema, von der Geburt bis zum Tod	17
„Wie geht das Loslassen?"	31

Erste Stufe:
Erkennen 37
    Zulassen statt loslassen 37
    Die vier Phasen unseres Verhaltens in Krisensituationen ... 39
    Wir brauchen befriedigende Antworten 43
    Leid, die Triebfeder menschlicher Entwicklung 45
    Die Krankheit unserer Zeit ist die Krankheit an unserer Seele ... 51
    Wie Heilung geschieht 53
    Was ist heilen? 56
    Der Mensch ist ein Wesen aus Geist, Seele und Körper ... 62
    Die Macht des Unbewussten 68
    Eva begegnet ihrer Seele und besiegt ihre Prüfungsangst ... 76

Die Geistigen Gesetze 85
    Die hermetische Philosophie 87
    Unser Leben im Spannungsfeld der Polarität 89
    Das Gesetz des Ausgleichs und unser Bedürfnis nach Gerechtigkeit ... 98
    Das Problem der Wertung 101
    Magdalenas Geschichte – oder die Gut-Böse-Falle 105
    Gedanken über das Schicksal 108
    Ihre ersten Schritte zum Loslassen 109

Zweite Stufe:
Heilung der Gefühle 115
    Verdrängte Gefühle machen krank 118
    Gründe für Gefühlsverdrängungen 120
    Befreiung aus der Depression – Die Therapie mit Gabi ... 121
    Die seelische Mauer 126
    Die Last unbewusster Schuldgefühle 127

Wenn der Verstand die Gefühle unterdrückt	129
Heilung durch innere Bilder	131
Das Spürbewusstsein	132

Dritte Stufe:
Auseinandersetzung mit dem Schatten 153
- Die Zeit heilt keine Wunden 153
- Der Schatten, das Verborgene unserer Seele 156
- Die Welt als großer Spiegel 157
- Das Resonanzgesetz 159
- Projektion Partnerschaft 163
- Warum Partnerschaften scheitern 163
- Der Partner ist mein unbekanntes Wesen 169

Vierte Stufe:
Rücknahme der Projektion 173
- Die Bewältigung der Trennungsangst – Die Therapie mit Michael 174
- Reinkarnationstherapie als Rollenspiel 177
- Gibt es frühere Leben? 180
- Religion und Reinkarnation 187
- Angst, Tod und Wiedergeburt 189
- Karma, die Gerechtigkeit oder der Ausgleich 191
- Die Imagination früherer Leben 194
- Karma? Oder: Ich habe die Liebe nicht verdient 195

Fünfte Stufe:
Befreiung aus unbewussten Verstrickungen 201
- Liebe und Macht 202
- Liebe, Macht und Partnerschaft 204
- Loslassen von familiären Verstrickungen 207

Sechste Stufe:
Neubewertung und Verantwortung 213
- Warum wir manchmal in der Opferrolle bleiben 214
- Das Verantwortungsproblem 219

Siebte Stufe:
Selbstachtung und Selbstverwirklichung 221
- Selbstachtung und Selbstliebe 221
- Selbstverwirklichung ist kein Egotrip 230

Achte Stufe:
Aussöhnung und Sinnfindung 235
    Verstehen statt verzeihen 235
    Dem Leben wieder Sinn geben 239

Schlussbetrachtungen zu Loslass-Themen 245
    Trauerbewältigung und Verstorbene loslassen 245
    Ängste loslassen 247
    Das Sorgenprotokoll 248
    Stress loslassen 248

Loslass-Übungen und Meditationen 253
    Meditationen und Fantasiereisen 253
    Kritisches zum positiven Denken und Visualisieren 257
    Das Gedankenkarussell anhalten 259
    Entspannung über den Atem 262
    Übung 1: Entspannung über den Atem 263
    Übung 2: Entspannung während des Tages 265
    Übung 3: Sich freiatmen 266
    Übung 4: Abbau von Aggressionen 267
    Übung 5: Ärger und Wut loswerden 267
    Übung 6: Aggressionsabbau und den eigenen Willen spüren 268
    Übung 7: Entspannung der Muskeln 268
    Übung 8: Atementspannung mit inneren Bildern 270
    Übung 9: Sorgen loslassen 271
    Übung 10: Vertrauen spüren 272
    Übung 11: Sich selbst lieben 272
    Übung 12: Inneres Lächeln 273
    Übung 13: Lichtmeditation 273
    Übung 14: Gute Gefühle 274
    Übung 15: Die Wahrnehmung verändern 274

Zum Schluss 277
    Die Autorin 278
    Literatur/Quellen 279

Für meine Töchter Silvia und Christine
und meinem Lebenspartner Peter,
für meine Klienten und Leser,
mögen Sie auf die innere Führung beim Loslassen vertrauen.

Im Gedenken an meinen verstorbenen Mann Georg,
sein Schicksal und sein Leid waren ein Teil meiner Lebensschule.

Einleitung

Nun sitze ich am Computer und schreibe die ersten Zeilen dieses Buches. Seit Langem trage ich den Gedanken in mir, meine fast 20-jährigen therapeutischen Erfahrungen, die Einsichten und Schritte, die bei meinen Klienten Heilung bewirkten, zu beschreiben. Es ist mein Wunsch, dass mehr Menschen von dieser Möglichkeit erfahren, wie es ihnen wirklich gelingt, ihre Probleme und ihr Leid loszulassen. Es gibt kein Unterrichtsfach, das uns lehrt, wie Schicksalsschläge und seelische Verletzungen bewältigt werden können. In den wenigsten Fällen konnten Eltern uns das vorleben oder dies leisten, sind sie doch selbst in ihre unbewussten Verhaltensweisen verstrickt. Ebenso haben die Kirchen dem aufgeklärten, wissenschaftlich denkenden Menschen keine Lösungen und nachhaltigen Trost mehr anzubieten, was die zunehmend leeren Gotteshäuser nur allzu deutlich zeigen. In einer Gesellschaft, die geprägt ist von Leistungsdruck und Machtstreben, bleibt immer weniger Raum für menschliche Schwächen und Krisen. Erfolgreich sein und gut drauf sein, das ist die Devise. So ist es nur verständlich, dass viele Menschen ihre Probleme verdrängen und Ablenkung suchen, um ihre Unzufriedenheit oder ihr Leid zu mildern. Aber dieses Verhalten führt nicht zur gewünschten Erleichterung, sondern erzeugt häufig weitere Schwierigkeiten und Enttäuschungen, die sich dann in der Partnerschaft, mit Kindern oder im Beruf zeigen. Psychosomatische Krankheiten, Suchtprobleme, Burn-out-Symptome, Angststörungen und Depressionen sind nur einige Folgen eines anhaltenden Verdrängungsprozesses.

Dieses Buch will aufzeigen, wie eine schwere Lebenskrise überwunden werden kann, wie Sie Ihre innere Kraft und Stärke finden oder wiedergewinnen. Es möchte dazu beitragen, dass Sie Ihr Leben glücklicher gestalten können. Bevor ich mich aber dieser Aufgabe widmen sollte, musste ich nochmals eine sehr schwere Situation und Lebenskrise meistern. Ich habe eine große Liebe verloren. Urplötzlich und ohne Vorwarnung kam für mich die Trennung von meinem langjährigen Lebenspartner, den ich nach einigen Jahren der Einsamkeit, bedingt durch den frühen Tod meines Mannes, kennengelernt hatte. Dieses Liebesglück, das mir nie selbstverständlich wurde, hatte ich sehr genießen können. Umso schockierender und verletzender war daher der Verlust und die Art des Verlassenwerdens. Nie hätte ich gedacht, dass eine Trennung und menschliche Enttäuschung einen solchen seelischen Schmerz verursacht, dass ich an manchen Tagen das Gefühl hatte, innerlich zerrissen zu werden. Oft hörte ich in dieser Zeit: „Du musst loslassen." Ja, das wollte ich auch. Dieser Satz und die vielen gut gemeinten Ratschläge halfen dabei nicht. Sie machten mich nur noch verzweifelter, denn oft fühlte ich mich damit nicht verstanden. Wie sollte ich loslassen können, wenn Gedanken und Gefühle so quälten und Antworten fehlten. Immer wieder spürte ich, dass meine Familie und meine Freundinnen von mir erwarteten, dass ich als Therapeutin die Trennung schnell überwunden haben müsse, und sie wollten mich wieder als ausgeglichene und starke Frau sehen.

Mir war durchaus klar, dass dies auch mein eigener Anspruch war. Gerade weil ich schon so oft in meinem Leben viele geliebte Menschen hatte loslassen müssen, war ich sehr ungeduldig mit mir. Ich dachte nämlich, meine Lernaufgaben mit dem Loslassen mehr als nur erfüllt zu haben. Mein geliebtes Kind, mein Mann, mein kleiner Bruder und meine Eltern, sie sind alle viel zu früh gestorben. So oft schon hatte ich getrauert und musste mich mit Trennung und Verlust auseinandersetzen. Es hätte gereicht. Ich hatte genug Erfahrungen gemacht. Ich habe all diese Lebenskrisen bewältigt und bin immer wieder mit einem neuen Lebensmut und einer inneren Reife daraus hervorgegangen. Nach jedem Trauerfall erfuhr ich, dass ich im Leben doch wieder glücklich sein kann, und ich habe die seelische Kraft und Zuversicht immer wieder in mir gefunden. Aber das Schicksal mutete mir nochmals einen Abschied zu, und zudem galt es, eine große Enttäuschung zu überwinden. Ich war auch wütend und enttäuscht vom Schicksal. Hätte ich es nicht verdient gehabt, diese Liebe behalten zu dürfen? Hätte mein Leben in dieser Partnerschaft nicht weiter glücklich verlaufen können? Bei all meinem Wissen und meiner positiven Kraft war es sehr schwer, das, was jetzt mit mir passiert war, zu verstehen und erneut loslassen zu können. Schon während dieser Prozess des Loslassens sich in mir vollzog, wusste ich, dass mein Buch nun den Titel „Wie Loslassen wirklich gelingt" tragen wird. Immer wieder spürte ich, dass diese Erfahrung auch einen tieferen Sinn haben würde, und trotz der Zerrissenheit und des tiefen Schmerzes war auch ein Vertrauen da, dass ich meine innere Zufriedenheit und Lebensfreude wiedergewinnen würde. So ist es jetzt. Ich fühle mich – wie Phönix aus der Asche auferstanden – frei und lebendig. Ich lebe bewusst jeden Tag, freue mich auf mein Leben, das noch vor mir liegt. Und als Happy End dieses erneuten Loslassens erlebe ich gerade, dass ich wieder Liebe geben und nehmen kann in einer neuen Partnerschaft, die mich sehr erfüllt.

Mein Schicksal hat mir aber auch geholfen. Es hat mich vor 25 Jahren zu einer Therapiemethode und Geisteshaltung geführt, die mich all dieses Leid in meinem Leben überwinden ließ. Die Dankbarkeit, die ich empfinde für meinen Weg und die innere Kraft, die mich leitet, ist ein weiteres Motiv für die Entstehung dieses Buches. Diese zuletzt erlebte schwierige Zeit in meinem Leben war mit einer Phase von besonders intuitiven, erkenntnisreichen sowie schöpferischen Einsichten und Erlebnissen verbunden. Dies spiegelte sich auch in den Therapiesitzungen mit meinen Klienten wieder, und so konnte viel Heilung geschehen.

Für dieses Buch habe ich die Voraussetzungen, die nötig sind, um loslassen zu können, in acht Stufen dargestellt. Diese Lösungsbedingungen sind für jeden Menschen und jedes Loslass-Thema gleich und es gilt, diese Stufen zu durchleben. Wer sie kennt und diesen Weg beschreitet, wird das Loslassen als nachhaltiges Befreitsein erleben und das Leidvolle überwinden. Die Lösungsstufen zeigen Ihnen auf, an welcher Stelle Sie in Ihrem Problem feststecken und lässt Sie auch die Gründe erkennen, warum und weshalb Sie bisher noch festgehalten haben.

Dieses Buch wird Ihnen eine neue Sichtweise zu Ihrem persönlichen Problem eröffnen und ist als erste Stufe Ihres Loslassprozesses und als Wegweiser für ein gutes Gelingen der weiteren Stufen zu begreifen. Sie werden vieles lesen, was bereits als „inneres Wissen" in Ihnen vorhanden ist, und damit werden Sie sich besser verstehen und in so manchen Verhaltensweisen leichter annehmen können. Aber eine wirkliche innere Veränderung und Einsicht kann meistens über den Verstand nicht erfolgen, denn er lässt nur eine subjektive, begrenzte oder problemverstrickte Sichtweise zu. Die Vielzahl der Lebenshilfebücher, die auf dem Markt sind, beweist, dass die darin gegebenen Ratschläge und Vorschläge natürlich nie wirklich und auf Dauer helfen können. Auch dieses Buch kann das nicht. Wir Autoren geben nur Informationen und Anregungen. Die Bemühungen, diese in die Tat umzusetzen, haben jedoch meist nur kurzzeitig Erfolg, denn nach einer Weile übernimmt das alte Muster wieder die Lebensregie, spätestens dann, wenn das Buch ins Regal gestellt wird. Die unbewussten Inhalte und Lösungsmöglichkeiten der Seele entziehen sich weitgehend dem Nachdenken und können daher nur über innere Bilder, die sich über Träume und Fantasien zeigen, erfahren werden.

Wie uns das Unbewusste lenkt und welchen Einfluss es auf unser Leben und Handeln hat, beschreibe ich im ersten Teil des Buches im Kapitel „Die Macht des Unbewussten". Die Darstellung des Loslassprozesses meiner Klienten in der therapeutischen Arbeit mit inneren Bildern zeigt auf, wie nachhaltige Lösungen erarbeitet und Gefühle geheilt werden. Ebenso können Sie lesen, wie es dadurch zu einer Neubewertung schicksalhafter Lebenseinschnitte oder traumatischer Geschehnisse kam und inneres Einverstandensein das Loslassen ermöglichte.

Die Bereitschaft, sich selbst, die eigene Rolle und die Sinnhaftigkeit des Erlebten zu erkennen, macht uns zum Regisseur unseres Lebens und damit zum Schmied unseres Glücks.

Die von mir aufgezeigten Voraussetzungen, die das Loslassen und ein Heilen der Seele ermöglichen, und den dazu vorgestellten Weg habe ich selbst einige Male im Laufe meiner langjährigen therapeutischen Arbeit erfolgreich durchlaufen, ebenso wie viele meiner Klienten. Ich wünsche mir, dass dieses Buch dazu beiträgt, dass Menschen diesen Weg gehen können. Leider wird es immer noch als Schwäche empfunden, in einer Lebenskrise therapeutische Hilfe in Anspruch zu nehmen. Dabei könnte die Leidenszeit erheblich verkürzt werden und die Folgen der Belastung, die häufig in körperliche Krankheiten münden oder lang anhaltende Schwierigkeiten hervorrufen, vermieden werden. Es tut mir oft so leid, wenn ich sehe, wie viele verbitterte Menschen durch das Leben gezerrt werden.

Obwohl ich das Wissen hatte, was meine Seele zur Heilung braucht, um den damaligen Schockzustand und die Folgen der Trennung und

Enttäuschung zu überwinden, konnte ich mir selbst nur begrenzt helfen. Deshalb habe ich sofort die Hilfe eines Kollegen in Anspruch genommen. Das hat mich meinem Ziel, bald wieder glücklich zu sein, rasch näher gebracht.

Bedanken möchte ich mich bei allen meinen Klientinnen und Klienten. Im Miterleben ihrer inneren Bilder, ihrer Gefühle, ihrer Schutzmechanismen, ihrer Reaktionen, ihrer Verhaltensweisen, ihrer tiefen Einsichten und ihrer selbst gefundenen Lösungen durfte ich so viel über das Unbewusste des Menschen lernen. Aus Gründen des Daten- und Persönlichkeitsschutzes habe ich die Namen und alle individuellen Details und Daten meiner Klienten in diesem Buch verändert.

Herzlichen Dank an Frau Sandra Bauer-Metzner für ihre wertvolle Hilfe bei der Erstkorrektur des Manuskripts und lieben Dank an meinen Bruder Rudolf Höger, der mir immer zur Seite steht, wenn es mit meinem Computer Probleme gibt. Der Verlegerin Monika Jünemann danke ich dafür, dass sie mir die Möglichkeit gab, dieses Buch zu veröffentlichen.

Brigitte Neusiedl

Inchenhofen, im März 2010

Das Loslassen, ein Lebensthema, von der Geburt bis zum Tod

Täglich sitzen mir Menschen gegenüber und erzählen mir ihre Geschichte, ihre Sorgen und ihr Leid. Hinter den vielen verschiedenen Problemen, Schicksalen und Lebenssituationen, die mir meine Klienten anvertrauen, geht es letztendlich immer darum, loszulassen. Sich zu befreien von Enttäuschungen, Illusionen, Ängsten, Kränkungen, vom Leistungsdruck, belastenden Gefühlen und der Verbitterung über nicht gelungene, nicht verwirklichte Lebensziele. Zu den wohl leidvollsten Erfahrungen des Menschseins gehört es aber, einen geliebten Menschen zu verlieren, sei es durch eine Trennung oder durch den Tod.

Die Notwendigkeit des Loslassens begleitet uns von der Geburt an als das erste Loslassen aus der Geborgenheit des Mutterleibes und führt uns unweigerlich zum Loslassen im eigenen Tod in das Ungewisse.

Das vorgeburtliche Einheitserlebnis, das Verschmolzensein mit der Mutter, das Versorgtsein, als ein kleiner Embryo oder Fötus in einem großen, warmen, schützenden Körper zu sein, ist ein ozeanisches, wunderschönes Gefühl, das nicht aufgegeben werden möchte. Es ist eine tiefe Sehnsucht, die uns später im Leben immer wieder drängt, dieses verlorene Paradies wiederfinden zu wollen und es dann festhalten zu können. Aber das ist uns nicht bewusst, sondern das ist der Teil unserer Seele, jene treibende Kraft, die uns suchen lässt. Sie verwickelt uns in Illusionen und Scheinbefriedigungen. Wir wünschen uns, mit einem geliebten Menschen für immer zu verschmelzen und/oder ein sorgenfreies, behütetes Leben führen zu können. Diese Momente, in denen uns das möglich ist, sind kostbar und erfüllen uns zutiefst.

Mit der Geburt erleben wir aber die erste Trennung, das erste Loslassen. Wir können nicht in dem schützenden, nährenden, warmen Mutterleib bleiben, werden aus dieser warmen Höhle herausgepresst und gelangen in eine Welt, die wir als Baby erst mal als kalt und stressig erleben. Der Geburtsvorgang mit heftigen Schmerzen und das Durchzwängen durch den Geburtskanal ist eine mehr oder minder bedrohliche Situation und ist für das Kind und die Mutter mit Ängsten verbunden. Komplikationen wie das Steckenbleiben oder ein Sauerstoffmangel sind ein lebensbedrohliches Ereignis und können sich als Urangst in der Seele des Kindes verankern.

Ebenso sind die vorgeburtlichen Umstände für das Kind prägend. Was die Mutter während der Schwangerschaft fühlte und erlebte, kann sich auch auf das Kind auswirken. War ein Kind unerwünscht, ist es möglich, dass die ungeborene Seele in Resonanz mit dieser Ablehnung geht und eine Bedrohung ihrer Existenz oder ein Gefühl der Wertlosigkeit spürt.

Diese seelischen Wunden, Ängste und Minderwertigkeitsgefühle bleiben ein Leben lang bestehen und beeinflussen das Verhalten des betreffenden Menschen. Erst wenn sie aufgedeckt und nochmals durchlebt werden, können diese ungesunden Prägungen losgelassen werden. Durch das Wiedererinnern kann sich der Mensch von den damaligen schmerzhaften Gefühlen befreien und oft erst in diesem Geschehen wertvolle Erkenntnisse und Einsichten für sein Leben gewinnen.

Diese Aufarbeitung der ungelösten Traumen kann sowohl im therapeutischen Rahmen stattfinden als auch durch das Leben selbst erreicht werden, das uns deswegen immer wieder in ähnliche leidvolle Ereignisse bringt, damit wir uns unserer Seele bewusster werden und ein gutes Selbstbewusstsein erlangen können.

Die pränatalen Erlebnisse können zu den ersten traumatischen Lebenserfahrungen des Menschen gehören. Sie sind die Urängste und die Urschmerzen in unserer Seele, die sich immer wieder melden, wenn wir in ähnliche Lebenssituationen kommen, und erinnern uns an die damalige Abhängigkeit von der Mutter und der damit verbundenen Hilflosigkeit. Diese Gefühle wollen wir im späteren Leben so gerne vermeiden.

Der medizinische Begriff „Trauma" kommt aus dem Griechischen und bedeutet Wunde. Seelische Wunden sind nicht bewältigte Gefühle wie Ängste, Traurigkeit, Enttäuschungen und Einsamkeitsgefühle. Sie bleiben als Abdruck in unserer Seele, als sogenannte Engramme, bestehen.

Seit der Psychoanalytiker Otto Rank 1924 sein Buch „Das Trauma der Geburt" veröffentlichte, begann die Forschung um die psychologischen Zusammenhänge zwischen den Erlebnissen der Geburt und den Auswirkungen auf die Psyche. Ranks Behauptungen, dass der Mensch bei seiner Geburt das größte Trauma erfährt, sodass die ganze psychische Entwicklung, insbesondere die Ängste, darauf zurückzuführen sind, wurde später durch den Arzt und Psychiater Dr. Frank Lake bestätigt. 1943 entdeckte man in der Schweiz die Droge LSD. Dr. Lake erkannte, dass durch diese Droge unbewusste vorgeburtliche Erinnerungen möglich waren, und führte die Neurosen und andere seelische Erkrankungen auf Traumen zurück, die im ersten Trimester des fetalen Lebens durch die Beziehung zwischen Mutter und Kind entstanden sind.

Der Begründer der Transpersonalen Psychologie, Dr. med. Dr. phil. Stanislav Grof, entwickelte die Technik der Holotropen Atemarbeit. Diese Methode war in der Lage, bei Menschen ähnliche Bewusstseinszustände wie unter Drogeneinfluss hervorzurufen, aber ohne den Einsatz von Drogen, die wegen ihrer schädigenden Wirkungen u. a. auf das Gehirn verboten wurden. Es tauchten ebenso innere Bilder und Gefühle aus dem Unbewussten auf. Diese konnten aber durch eine zielgerichtete Wahrnehmung und die Befragung durch den Therapeuten mit den bislang unbewussten seelischen Erfahrungen und der inneren Logik und Wahrheit verknüpft werden. Die Erforschung der unbewussten Ebenen und die Anerkennung des inneren Wissens der Klienten erweiterte die bisherige analytische Therapie. Der „innere Arzt" oder „innere Heiler" – sprich die Intuition – in jedem Menschen wurde wieder anerkannt und gewürdigt.

Diese Erkenntnisse über die vorgeburtlichen Erfahrungen, die die Seele von der Einnistungsphase (Intrauterinphase) bis zur Geburt durchlebt, teilte Dr. Grof in vier perinatale Matrizes ein und stellte sie in den Zusammenhang weitreichender Einflüsse auf die Seele, die die Sichtweise der bestehenden Bewusstseinsforschung und Psychologie revolutionierte. Perinatale Matrizes sind Erlebnisse vor und während der Geburt, die sich zu einem bestimmten Muster in der Seele des Menschen verdichtet haben. Sie stehen im Zusammenhang mit archetypischen Urbildern des Kollektiven Unbewussten und dessen Gefühlserfahrungen und prägen unser Leben.

Grof unterscheidet folgende vier Matrizes (Phasen der Erfahrungsmuster), die ich kurz zusammenfasse:

Erste Matrix: Das Einssein mit der Mutter
Der Embryo oder Fötus empfindet ein friedliches glückliches Dasein, das allerdings durch die Gefühle der Mutter und ihrer Umgebung gestört und beeinträchtigt werden kann.

Zweite Matrix: Die als „Hölle" empfundene Phase
Mit Beginn der Geburt, dem Einsetzen der Wehen und den erlebten Kontraktionen erlebt die Seele des Babys ein Chaos im Mutterleib, das mit destruktiven Gefühlen der Bedrohung, Hilflosigkeit, Hoffnungslosigkeit und Angst verbunden ist. Die Wehen pressen das Kleine in die Enge des Geburtskanals und der Druck wächst. Es befindet sich in einer ausweglosen Lage, da es noch nicht die Möglichkeit sieht, wie es dem Ganzen entrinnen könnte. Diese Situation wird als existenzielle Verzweiflung erlebt, eine Resignation macht sich breit, einen sinnlosen Kampf führen zu müssen. Häufig entsteht hier der Wunsch nach einem Zurück in das verlorene Paradies (1. Matrix). In seinem Buch „Die Welt der Psyche" bezifferte Grof seine Forschungen mit den Erfahrungen, die Klienten mit der von ihm entwickelten Atemarbeit machten, auf 20.000 Sitzungen. Die Menschen, die diese Phasen der Geburt wieder erlebten, beschrieben sie mit Gefühlen und archetypischen Bildern aus dem Kollektiven Unbewussten. Die dabei erlebten seelischen und körperlichen Schmerzen kamen, der Verzweiflung nach, Höllenqualen gleich.

Diese nicht bewussten Empfindungen bilden dann den Background für unser Verhalten in Situationen, in denen wir uns als Opfer fühlen und Ablehnung, Verlassenwerden oder den Entzug emotionaler Bedürfnisse erleben und verkraften müssen. Daraus resultieren enorme Ängste, die uns in solchen Krisenzeiten überfallen. Verzweiflung, Hoffnungslosigkeit und das Gefühl, damit nicht fertig werden zu können, entstehen.

Dritte Matrix: Die Phase, in der das Leben als Kampf empfunden wird
Die Austreibungsphase beginnt, der Muttermund öffnet sich und das Kind erlebt nun, dass es eine Möglichkeit gibt, dieser schrecklichen Hölle zu entrinnen. Es muss seine Kräfte sammeln, um jetzt aktiv den Kampf um Befreiung aufnehmen zu können. Nach Grof besteht der Unterschied in der dritten Phase darin, nicht mehr Opfer zu sein, sondern auch Täter. Während der Austreibungsphase entsteht weiter ein enormer Druck, mit dem der Kopf durch den Geburtskanal gezwungen wird. Starke Schmerzen, Angst, Aggressionen, Aufregung und drängende Energie begleiten diesen Vorgang. Das kleine Wesen kämpft mit den anhaltenden Uteruskontraktionen, dem Engegefühl und der Sauerstoffnot um sein Überleben. Es entstehen hierbei sowohl zahlreiche positive wie negative Geburtserfahrungen. Einerseits kann der Mensch später Vertrauen in die eigene Durchsetzungsfähigkeit, Stärke und Willenskraft haben, anderseits können Ängste und Aggressionen das Leben bestimmen. Diese unbewusste Kampfhaltung und die aufgestaute energetische Spannung mögen hier den Grund liefern für einen später übertriebenen, auf Entladung drängenden Sexualtrieb und/oder egoistisches, rücksichtsloses Verhalten. Der starke Siegerwille und die Rastlosigkeit verwickeln Menschen in extreme Leidenschaften und Machtkämpfe, um der Sehnsucht nach Erlösung aus dieser Spannung zu begegnen. Sie treten immer dann stärker auf, wenn der Mensch in Situationen gerät, in denen er Enge und oder Gefühle der Abhängigkeit erlebt.

Vierte Matrix: Die Befreiung und das Eintreten in das Leben
In dieser Phase erlebt das Kind den Durchbruch und die Erlösung von Kampf und Leid. Entspannung, Ruhe und das Gefühl der Geborgenheit in der neuen Heimat sind die Versprechungen, die das neue Licht enthält. Wie das Kind sich auf die neue Umgebung einlassen kann, hängt davon ab, wie es empfangen und angenommen wird. So wird ein liebevoller Blickkontakt mit der Mutter oder ein Hineinlegen in die schützenden Arme des Vaters entscheidend dazu beitragen, ob das Kind dem Leben vertrauen kann. Eine Bejahung des Lebens, mit seinen Schwierigkeiten und Aufgaben, kann somit unterstützt werden

und der Abnabelungsprozess mit all den vergangenen Schrecken und Wunden der Geburt gelingt. Diese bewusste Entscheidung für das Leben ist nach meiner Erfahrung entscheidend gerade bei Menschen, die später an Depressionen oder Suchtproblemen leiden.

In seinem Buch „Lebenskrisen als Entwicklungschancen" beleuchtet der Arzt und Psychotherapeut Rüdiger Dahlke die psychologische Bedeutung der verschiedenen Geburtserfahrungen und Komplikationen wie Frühgeburt, Querlage, Steißlage, Kaiserschnitt, Probleme mit der Nabelschnur oder vorzeitige Plazentaablösung. Er zeigt sehr anschaulich auf, wie die psychologischen Erfahrungsmuster sich im Verhalten und Leben des Menschen widerspiegeln. Jeder Therapeut, der mit Hypnose oder Trance- und Atemtherapie arbeitet, und jeder Klient, der seine eigenen Geburtsumstände wieder erlebt hat, kann die in diesem Buch besprochenen psychologischen Zusammenhänge bestätigen.

In meiner therapeutischen Ausbildung hörte ich damals nicht besonders viel über die seelischen Auswirkungen von vorgeburtlichen Einflüssen oder Geburtstraumen. Im Laufe meiner therapeutischen Atemarbeit und den dadurch erzeugten inneren Bildern stellte ich fest, dass mindestens bei einem Drittel meiner erwachsenen Klienten sich nach wenigen Sitzungen eine seelische Verletzung zeigte, die entweder als Urtrauma im Mutterleib oder kurz nach der Geburt entstanden ist. Sie konnten erkennen, dass Verlusterlebnisse, Existenzängste, Probleme im Gefühlsleben, Leistungsdruck, Schuldgefühle, Suchtprobleme, empfundene Wertlosigkeit oder sonstige Schwierigkeiten, mit denen sie im Leben zu kämpfen hatten, somit nur die Folgen der damaligen Umstände waren. Es scheint so zu sein, dass diese ersten oft äußerst unangenehmen Eindrücke und Wahrnehmungen der Seele und die darauf aufgebauten Reaktionsmuster sich wiederholen müssten, damit wir sie erkennen und die dahinterstehende Lektion lernen können. Es ist dem Schicksal vielleicht gleichgültig, wie lange wir dazu brauchen und wie oft wir in dieselben Verhaltensmuster hineinfallen, aber für uns ist es wieder und wieder mit Leid verbunden. Die therapeutische Aufarbeitung dieser alten Traumen schafft darüber Bewusstheit. Sie wirkt lösend und erhellend auf die aktuelle Problematik und verändert somit in positiver Art und Weise die persönliche Wahrnehmung, die Lebenssicht und damit auch unser Schicksal.

Alle Religionen und die meisten Philosophien, die sich mit dem Sinn des Lebens auseinandersetzen, sind sich darin einig, dass sich der Mensch zu einem seelisch-geistig vollkommenen Menschen entwickeln soll. Von einem instinktgelenkten, egoistischen, unbewussten Individuum zu einer bewussten, geistig reifen Persönlichkeit, die das eigene Wohl mit dem Wohl des Großen und Ganzen in Einklang bringen kann. Daher verwickelt uns das Leben bereits zu Beginn unseres Daseins oder in der frühen Kindheit in konfliktreiche, schmerzhafte Umstände und kreiert damit unsere Lernaufgaben. Wir brauchen also erst die Verstrickungen mit den Eltern, der Familie, den Lehrern usw., da wir über sie jene Erfahrungen machen, die wir für unseren Entwicklungsprozess benötigen.

Ist die Geburt eher unkompliziert verlaufen oder sind vorgeburtliche Einflüsse weitestgehend glücklicher Natur, ist es möglich, dass das kleine Wesen weitere oder erste schmerzliche Erlebnisse hat. Es erlebt Phasen, in denen es allein gelassen wird. So war es früher üblich, dass das Kind gleich nach der Geburt von der Mutter getrennt und in einem Säuglingszimmer untergebracht wurde. Nach neun Monaten des intensiven Kontaktes erlebte das Kind ein Abgeschobenwerden statt des liebevollen wärmenden Kontaktes zur Mutter. Diese Praxis war bis zu den 80er-Jahren im Klinikalltag noch üblich. Ich erinnere mich noch sehr genau, wie ich mich vor Sehnsucht nach meiner Tochter, die 1976 geboren wurde, verzehrt habe und mein Mann unser Kind nur durch eine Glasscheibe sehen durfte. All diese lieblosen Methoden, die damals entstanden sind, als die Hausgeburten in die Kliniken verlegt wurden, gehören nun der Vergangenheit an. Viele Menschen aber leiden heute noch unbewusst an diesen durch die damalige Unwissenheit des Klinikpersonals entstandenen Verletzungen des Selbstwertgefühls, an einem Nichtbeachtetwerden und an mangelndem Urvertrauen. Dies wirkt sich zum Beispiel im Erwachsenenalter so aus, dass sich Menschen in Beziehungen ungeliebt oder einsam fühlen, ein mangelndes Vertrauen zum Partner besteht oder ein übertriebenes Geltungs- und Sicherheitsbedürfnis Kontrollverhalten und Eifersuchtsdramen provoziert. Werden diese Zusammenhänge erkannt, geschieht ein Loslassen von diesen ungesunden Einstellungen. Dadurch könnten Beziehungen liebevoller werden.

Die psychologische pränatale Forschung in den Anfängen der Psychoanalyse unterstützte die Forderung des Pariser Gynäkologen und Geburtshelfers Frederick Leboyer, geb. 1918, Autor zahlreicher Bücher über die sanfte Geburt, nach einer behutsamen Geburtsmedizin. In den 80er-Jahren wurden daraufhin in Deutschland die Geburtskliniken in Rooming-in-Stationen umgestaltet und die sanfte Geburt ist heute selbstverständlich. Jede Zeit hat ihre Prägungen und Irrtümer und es geht mir hier nicht um Bewertungen und Schuldzuweisungen an Eltern oder Ärzte, sondern um das Aufzeigen der Ursachen von seelischen Störungen. Es sind die Ohnmachtsgefühle eines Fetus, eines Säuglings, eines Kleinkindes, dessen Überleben davon abhängt, dass es der Mutter gut geht. So ist die psychische und körperliche Verfassung der Mutter vor und nach der Geburt entscheidend für die spätere seelische Gesundheit eines Menschen. Probleme und schicksalhafte Ereignisse machen aber nicht vor der schwangeren Frau halt. So fordern Ärzte und Wissenschaftler, die sich mit den Auswirkungen der Stresshormone der Schwangeren auf das Gehirn des Ungeborenen beschäftigen, eine rechtzeitige psychologische Betreuung einer seelisch belasteten Mutter während der Schwangerschaft und nach der Geburt, um späteren Verhaltensstörungen bei Kindern vorbeugen zu können. Akuter Stress, darüber sind sich die Forscher einig, hat kaum Auswirkungen auf das Kind, wohl aber lang anhaltender chronischer Stress, wie starke Ängste und dauernde Anspannung. Nach meiner Erfahrung mit Klienten, die in schwierigen Lebenssituationen der Eltern hineingeboren wurden, ist dies dann der Fall, wenn die Mutter diese Gefühle verdrängt hat oder kein Raum für ihre emotionalen Bedürfnisse war.

Das Baby erlebt sich in den ersten Wochen nach der Geburt noch als Einheit mit der Mutter. Jede Trennung von ihr erlebt es als Verlust dieser Symbiose und reagiert mit Schreien und Weinen, um die Liebe und Wärme der Mutter wieder zu erhalten. Kommt es hier zu einer längeren Abwesenheit der Mutter, z. B. bei einem Krankenhausaufenthalt der Mutter oder des Kindes, wird dies von der Seele des Kindes als Ablehnung oder Verstoßensein empfunden, mit den bereits beschriebenen seelischen Folgen. Aus der Entwicklungspsychologie wissen wir, dass die ersten Kindheitsjahre prägend sind und entscheidenden Einfluss auf das spätere Verhalten des Erwachsenen haben.

Die Geburt von Geschwistern stellt ebenfalls ein Loslassen dar und verwickelt uns wiederum in unsere späteren Probleme. Der kleine Prinz oder die kleine Prinzessin verliert die uneingeschränkte Aufmerksamkeit der Eltern und Großeltern. Dieser erste Aufmerksamkeits- und Liebesverlust wird vom Kind oft mit heftigen Eifersuchtsattacken auf das Neugeborene beantwortet. So hängt unser späteres Verhalten in Konkurrenzsituationen davon ab, welche Stellung wir in der Geschwisterreihenfolge hatten und wie uns diese Rivalitäten und Machtkämpfe beeinflusst haben.

Einen weiteren Übergang in eine neue Lebensphase und eine erneute Trennung erlebt das Kind, wenn es in den Kindergarten und in die Schule kommt. Oft zeigt sich dabei, wie das Kind den Prozess des Loslassens bei der Geburt und die nicht immer zu vermeidenden Trennungserfahrungen im Kleinkindalter verarbeitet hat. Die Familie kann natürlich nicht immer der Hort der Glückseligkeit sein. Berufliche Abwesenheit, eine Trennung der Eltern oder schicksalsbedingte Einschnitte wie ernste Erkrankungen oder der Tod eines nahen Familienangehörigen wirken sich in den ersten Lebensjahren häufig sehr belastend aus, besonders dann, wenn Gefühle und Stimmungen von den Eltern selbst unterdrückt wurden.

Die Pubertät stellt den Heranwachsenden in einen neuen Entwicklungsschritt. Der Teenager beginnt, seine Individualität zu zeigen. Es gilt somit loszulassen von den Wertvorstellungen der Eltern, die naturgemäß begleitet werden von mehr oder weniger starken Machtkämpfen. Wird die Entwicklung der Eigenständigkeit von den Eltern unterdrückt oder sind die Umstände so, dass diese Phase nicht gelebt werden konnte, so kann dieser verpasste Individualitätsprozess zu einem spät pubertierenden Verhalten werden. Es ist nicht selten, dass die verpassten Erfahrungen in der Mitte des Lebens plötzlich drängen, nachgeholt zu werden.

Der Verlust der ersten Liebe trifft uns bereits im Jugendalter. Wie dramatisch dieses Geschehen oft erlebt wird, zeigt der starke Anstieg der Selbstmordrate bei Jugendlichen nach einer Trennung.

Im Laufe unseres Lebens bleiben uns Abschiede von Familienmitgliedern, Freundschaften, Schulkameraden, von der Heimat oder

Orten der Kindheit nicht erspart. Ebenso fällt es mehr oder weniger schwer, sich von materiellen Dingen zu trennen. Eigentlich könnte man denken, dass der Abschied von Menschen schwerer zu ertragen ist als eine schwere finanzielle Einbuße oder der Verlust eines sicheren Arbeitsplatzes. Die Therapieerfahrung aber zeigt, dass die Angst und der Schmerz über materielle Verluste Menschen in ihrer subjektiven Wahrnehmung in eine existenzielle Krise stürzen können, die selbst vom Klienten realistisch nur dann nachvollziehbar ist, wenn er erkennt, dass damit eine frühe traumatische Erfahrung ausgelöst wurde, die der Heilung bedarf.

Der Verlust eines Objektes ist nicht das alleinige Problem, das uns zu schaffen macht, sondern es sind die Enttäuschungen über die Wünsche und Träume, die sich nicht erfüllt haben. Das Loslassen von den eigenen Idealen, Meinungen, moralischen Bewertungen und von Vorstellungen, die wir uns über unser Leben, unsere Partner, unsere Kinder und unsere berufliche Verwirklichung gemacht haben, das sind die täglichen oder periodisch wiederkehrenden Schwierigkeiten, mit denen wir ein ganzes Leben lang zu kämpfen haben.

Ein Unfall oder eine schwere Krankheit kann plötzlich unser Leben verändern und uns aus der gewohnten Bahn werfen. Die Endlichkeit des Lebens wird uns schmerzlich bewusst. Diese Angst vor dem Tod schieben wir gewöhnlich weit weg. Sind wir jung und nicht durch Krankheit bedroht oder sonst irgendwie mit dem Tod konfrontiert worden, machen wir uns darüber naturgemäß keine Gedanken. Erleben wir aber in jungen Jahren den Tod eines nahestehenden Menschen, können wir den Abschied dann gut verkraften, wenn wir bewusst trauern und uns mit dem Sinn des Daseins auseinandersetzen. Daraus entsteht dann wieder eine Kraft für den weiteren oftmals bewusster wahrgenommenen Lebensweg. Wird nur die Ablenkung gesucht und der Abschiedsschmerz vermieden, bleibt das Thema unbewusst in der Seele, um vielleicht irgendwann gelöst zu werden.

Je älter wir werden, desto mehr wird uns bewusst, dass die Zeitspanne, die noch vor uns liegt, immer kürzer wird. Immer mehr spüren wir, dass das bisherige Leben in seinen eingefahrenen Bahnen nicht mehr die gewünschte Zufriedenheit schenkt, und neue Perspektiven, die uns glücklicher machen, werden gesucht. Meist hat der Mensch in der

Mitte des Lebens seine Familienplanung abgeschlossen, die Kinder sind erwachsen und die berufliche Karriere ist mehr oder minder verwirklicht. Der Zenit ist erreicht oder der Sommer des Lebens überschritten. Das Älterwerden wird augenfällig durch Falten, Hautveränderungen, Haarausfall und Gewichtszunahme. Die ersten Verschleißerscheinungen machen sich durch Gelenk- und Kreuzschmerzen bemerkbar und Wechseljahresbeschwerden plagen. Die Torschlusspanik lässt Männer jüngere Partnerinnen suchen oder Frauen aus gewohnten Bahnen ausbrechen.

In der Midlife-Crisis, die uns manchmal überrascht, will nun das Versäumte nachgeholt werden. Die unerfüllten Wünsche, Träume, Bedürfnisse, das oft unterdrückte und nicht wahrgenommene Ego, drängen nun mit aller Macht ins Bewusstsein. Wir möchten oder müssen dem Raum geben und all das, was im Leben zu kurz kam oder zurückgestellt wurde, wofür keine Zeit war, möchte sich jetzt ausleben. In der Mitte unseres Lebens sind wir nun aufgefordert, die Richtung zu wechseln, nämlich erst mal innezuhalten und zu spüren, wer bin ich und was macht mich innerlich zufrieden. Wer rechtzeitig und bewusst dem Wandel begegnet, Bilanz zieht, das bisherige Leben und die zukünftigen Lebensziele neu definieren kann, wird diese Zeit als wenig bedrohlich erleben.

So konnte Martin die Krise in seiner Lebensmitte erfolgreich bewältigen. Der 52-jährige erfolgreiche Abteilungsleiter kam wegen innerer Unruhe, Schlafstörungen, gelegentlichen Herzbeschwerden und depressiven Stimmungsschwankungen in meine Praxis. Er berichtete, dass er eine liebe Familie und ein schönes Heim habe und materiell abgesichert sei. Es gäbe keinen Grund für diese Beschwerden. Ein nach außen gerichtetes Ziel, das ihn reizen würde, gab es nicht mehr zu erreichen. Im therapeutischen Prozess begegnete er seiner inneren Unzufriedenheit und erkannte sein Bedürfnis nach seelischem Wachstum. Er konnte die Ursache seiner Unzufriedenheit erkennen und gab seinen Gefühlen und seiner Sehnsucht nach einer tieferen Verbindung zu sich selbst mehr Raum.

Martins Herzbeschwerden und die damit verbundenen Ängste waren der Auslöser, um sich auch den tieferen Fragen des Lebens zu stellen und der Angst vor einem Herzinfarkt und dem Tod zu begegnen.

Durch die Erweiterung seines Bewusstseins konnte er Vertrauen in eine höhere Ordnung gewinnen und gelassener werden. Die Erfahrungen und Empfindungen, die er im Zustand der Bewusstseinserweiterung machen konnte, wirkten sich auf die Beziehung zu seiner Frau aus und ihre Liebe zueinander konnte neu belebt werden.

Alle Krisenzeiten im Leben bereiten uns immer auch auf das letzte Loslassen vor. Wie wir Schicksalskrisen bewältigen, welche Narben in unserer Seele bleiben, ob wir durch Enttäuschungen, Krankheiten, Trennungen, materielle Verluste oder sonstige seelische Verletzungen mutlos oder bitter werden oder ob wir unser Leben – auch noch mit zunehmendem Alter – freudig leben können, das wird nicht von der Schwere oder von der Summe der Schicksalsschläge und enttäuschten Erwartungen bestimmt, sondern hängt von unserer Fähigkeit ab, wie wir diese schwierigen Zeiten meistern. Welche Erkenntnisse wir daraus gewinnen und wie wir unsere Lebenseinstellung zur Zufriedenheit hin ausrichten können, ist entscheidend dafür, wie glücklich wir sind oder leben können.

Philosophen, Dichter und Psychologen, die sich mit dem Sterben beschäftigt haben, formulieren, dass der Mensch die Furcht vor dem Tod verliert, wenn er seine Lebensaufgaben verwirklichen konnte, sich der Vergänglichkeit allen Seins bewusst ist und daher freudig und bewusst lebte.

Sogyal Rinpoche zeigt in dem „Tibetischen Buch vom Leben und Sterben" auf, dass die Verdrängung des Todes dazu führt, dass der Mensch sein Leben nicht in vollen Zügen genießen kann. Der Schweizer Dramatiker Friedrich Dürrenmatt schreibt: „Der Mensch ist das einzige Lebewesen, das weiß, dass es sterben wird. Die Verdrängung dieses Wissens ist das einzige Drama des Menschen."

Karl August Varnhagen von Ense, deutscher Schriftsteller und Kritiker, glaubt: „Der Mensch fürchtet den Tod nur, weil er noch nicht glücklich genug gewesen ist." Wer also nicht zu sterben gelernt hat, kann nicht zufrieden leben. Versuchen wir also immer wieder, glücklich zu sein und diese Momente des Glücks oder der Erfüllung zu genießen.

> Als Rabbi Bunam im Sterben lag, weinte seine Frau.
> Er sprach: „Was weinst du? All mein Leben war nur dazu da,
> dass ich sterben lerne." (ERZÄHLUNGEN DER CHASSIDIM)

Ob wir wollen oder nicht, wir müssen im Laufe unseres Lebens also immer wieder Abschied nehmen und Gelebtes und Geliebtes hinter uns lassen, denn Liebe und Verlust stehen untrennbar miteinander in Verbindung.

Sobald wir zu lieben beginnen, schon ist die Angst da, den geliebten Menschen wieder zu verlieren. Egal, ob wir unser Kind lieben oder uns verlieben, immer ist zugleich die Sorge vor dem Verlust des Liebesobjektes da. Diese Furcht ist immer dafür verantwortlich, dass wir uns in Machtkämpfe, Eifersuchtsdramen oder sonstige Ohnmachtsgefühle mit unserem Partner verwickeln.

Verlieben wir uns, so erleben wir ein Glücksgefühl, spüren Schmetterlinge im Bauch, die uns ankündigen, dass wir bald wieder paradiesische Gefühle der Einheit fühlen können. Wir möchten eins werden mit dem geliebten Menschen, mit ihm verschmelzen. Das drücken wir so aus, dass wir ihn oder sie „zum Fressen gerne" haben und das geliebte Wesen „vernaschen" möchten, um immer mit ihm zusammen zu sein.

In unserer Zeit ist es eher selten geworden, dass sich aus einer ersten Liebe eine Ehe ergibt, die wirklich glücklich verbunden bleibt. Die erste Liebestrennung oder eine nicht gelebte Liebe wird als große schmerzhafte Enttäuschung erlebt, die spätere Partnerschaften noch beeinflussen kann, wenn sie nicht bewusst durchlebt und dadurch wirklich innerlich losgelassen wurde. Die in den letzten Jahren enorm gestiegenen Scheidungsraten und die Einschätzung, dass nach heutiger Sicht damit gerechnet werden muss, dass in Deutschland mehr als ein Drittel aller Ehen früher oder später geschieden wird, zeigt die Realität, dass die romantische Liebe vergänglich ist und entlarvt die Illusion, dass die Ehe Sicherheit bieten könnte. Trotzdem sollten und müssen sich die Menschen auf die Liebe und Ehe einlassen, wollen wir nicht alle ein Leben lang als bindungsunwillige und abenteuerlichen Kick suchende Singles herumlaufen und darunter leiden. Das Vermeiden einer Ehe oder festen Beziehung ist also keinesfalls die Lösung. Wir sollten versuchen, uns immer wieder einzulassen und ein immer besserer Partner zu werden, statt den Partner so formen zu wollen, wie wir ihn haben möchten. Das ist die heutige Herausforderung. Das wird gelingen, wenn wir uns zusammen mit dem Partner selbst reflektieren und uns unserer Gefühle, Motivationen und des Sinns unserer Partnerschaft bewusst sind.

Wenn zwei Menschen sich trennen, ist das oft so dramatisch, weil Angst, Trauer, Wut, und Enttäuschungen aus früheren Trennungserlebnissen aktiviert werden. Der Verlust der Liebe wird als ein inneres „Zerreißen" und Verzweiflung erlebt. Alles im Leben wird unwichtig. Die Gedanken kreisen nur noch um den geliebten Menschen, der einen in das größte Unglück gestürzt hat. Schlafstörungen, ein inneres Aufgedrehtsein und tiefe depressive Zustände mit einer inneren „Leere" werden erlebt. In dieser akuten Phase ist das Selbstwertgefühl am Tiefpunkt. Das eigene Sein wird infrage gestellt und Selbstmordgedanken tauchen auf. Der Körper reagiert mit Appetitverlust, Gewichtsabnahme, Herzschmerzen, Magenbeschwerden oder sonstigen psychosomatischen Erkrankungen.

Auch der Dichter und Philosoph Khalil Gibran beschreibt in seinen Versen „Von der Liebe" den tieferen Sinn der Liebe und die starken Gefühle der Trennung als archetypische Erfahrung des Menschen und den Urschmerz beim Sturz aus der Einheit (aus der Göttlichkeit) in diese Welt. Darin liegt die Angst vor der Einsamkeit des Menschen, der sich bewusst nur noch als Einzelwesen wahrnehmen kann, und seiner Sehnsucht nach dem Zurück.

So stellt auch die Geburt des Menschen diesen ersten Trennungsschmerz von der geistigen Welt in die materielle Welt dar und lässt die tiefe geistig-seelische Sehnsucht nach dem Paradies nur erahnen. Jede Trennung im späteren Leben wiederholt dieses Drama und löst den Urschmerz aus. Das geschieht uns so lange, bis wir uns der Illusion der Trennung bewusst und reif geworden sind, das Ganze zu durchschauen.

Reicht ein einziges Leben dafür aus? Wohl nicht! Ich denke, es würde reichen, wenn wir uns diesem Gedanken immer mehr annähern könnten und damit wieder mehr Vertrauen in das jetzige Leben bekommen.

„Wie geht das Loslassen?"

„Wie geht das Loslassen?", fragte mich Regina. Die 32-jährige hübsche Frau erzählte mir, mit Tränen in den Augen, von ihrer Beziehung zu Robert. Sie kannte ihn seit acht Jahren. Nach etwa zwei Jahren waren sie in sein Haus gezogen. Nach einigen Monaten erfuhr sie, dass es noch eine andere Frau gab, in die er sich verliebt hatte. Sie verließ ihn und nach einiger Zeit der Trennung, die für sie die Hölle war, meldete sich Robert wieder. Sie verzieh ihm und sie wurden wieder ein Paar. In den folgenden Jahren gab es immer wieder wegen seiner ständigen Untreue Streit und mehrere Trennungen, die einige Wochen oder Monate dauerten, um es danach erneut zu versuchen. Als Regina in meine Praxis kam, war sie wieder seit einem halben Jahr getrennt von ihm.

„Diesmal möchte ich mich nicht mehr einlassen, obwohl Robert jetzt wieder Kontakt zu mir sucht", sagte Regina mit entschlossener Stimme. „Er ruft ständig an und schickt mir SMS auf mein Handy und beteuert, dass er wirklich nur mich lieben würde." Weiter berichtete sie weinend von ihrem jahrelangen Versuch, sich wirklich von Robert zu lösen: „Ich weiß, ich darf ihn nicht mehr sehen, sonst werde ich wieder verletzt, und ich glaube, er wird nie treu sein und mich wieder belügen. Aber ich liebe ihn noch immer und ich kann ihn nicht vergessen. Mit anderen Männern klappt es auch nicht. Wenn mir jemand gefällt, dann ist er entweder in einer Beziehung oder er interessiert sich nicht für mich, und diejenigen, die mich ansprechen, finde ich entweder langweilig oder sie gefallen mir weder vom Aussehen noch von ihrer Art. Ich weiß nicht mehr, was ich tun soll. Unzählige Beziehungsbücher habe ich gelesen und etliche Gedichte zum Thema Loslassen hängen in meiner Wohnung. Meine Freundinnen können meine Probleme schon lange nicht mehr hören. Ein Heiler, den ich aufgesucht habe, reinigte meine Aura und meinte, ich solle beten und meinem Freund verzeihen, dann könnte ich loslassen. Ich habe meditiert und mir dabei vorgestellt, wie die Gedanken um Robert aus meinem Kopf fließen und ich sie dem Wasser übergeben habe. Dabei stelle ich mir den Fluss in der Nähe meines Wohnortes vor. Ich hatte gelesen, dass es hilft, wenn ich ein Bild von ihm ganz bewusst einem Fluss übergebe. Schon einige Male habe ich das gemacht, auch wenn es vielleicht blöd klingt, es war immer etwas leichter danach. Aber letzten Endes brachte das alles nichts. Ich muss immer noch an ihn denken und nachts kann ich oft nicht schlafen, bin nervös und voller Unruhe. Das Alleinsein fällt mir schwer, obwohl ich schon viel weggehe. Was kann und muss ich tun, damit ich endlich loslassen kann?"

Ich erklärte Regina zunächst, dass sie jetzt nicht mehr loslassen müsse, sondern dass ihr erster Schritt wäre, ihr Problem da sein zu lassen, und ich sagte zu ihr: „Das nimmt Ihnen erst mal Ihren inneren Druck und Sie fühlen sich nicht länger als Versagerin. In der Therapie können Sie Ihr Unbewusstes erforschen und Sie werden die Gründe erfahren, warum Sie so lange an Ihrem Freund, der Ihnen so viel Leid brachte, festgehalten haben. Wir werden gemeinsam herausfinden, an was Sie tatsächlich festhalten, welche inneren Verstrickungen und welche Urtraumen dafür verantwortlich sind, dass Ihnen Robert immer wieder wehtun muss. Weiter werden wir die unbewussten Muster aufdecken, die Sie daran hindern, dass Sie eine neue Partnerschaft haben können."

In kurzen Zügen erläuterte ich Regina die acht Voraussetzungen des Loslass- und Heilungsprozesses. Diese habe ich nachfolgend stichpunktartig in 8 Stufen zusammengestellt, um Ihnen, liebe Leser, erst mal einen Überblick über die notwendigen Schritte zu geben, um wirklich loszulassen.

Bereits wenn Sie über diese Fragen und Themen nachdenken oder darüber meditieren, können Sie Ihr Problem schon etwas anders sehen und bewerten.

Die acht Stufen als Voraussetzung des Loslass- und Heilungsprozesses

Erste Stufe:
Erkennen

Die tiefer liegenden Ursachen und Konflikte erkennen. Damit wird die momentane Situation besser verstanden und ein erstes inneres Akzeptieren der Geschehnisse erfolgt.

Versuchen Sie, auf diese Fragen Antworten zu finden:
- Woran und wozu halte ich wirklich fest?
- Wozu ist mir das geschehen?

Zweite Stufe:
Heilung der Gefühle

Die Gefühle wahrnehmen und zulassen. Das Durchleben der Emotionen im geschützten Rahmen heilt und befreit die Seele.
Körper, Seele und Geist kommen dadurch in Harmonie. Es geschieht ein wirkliches Loslassen. Lebendigkeit und Lebensfreude werden wieder gespürt. Traurigkeit, Ängste, Wut, Eifersucht, Neid, Hass sind menschliche Gefühle, die wir zulassen sollten, um sie in erlöste, gesunde Bahnen lenken zu können.

Folgende Fragen helfen Ihnen weiter:
- Welche dieser Gefühle kann ich mir nicht zugestehen?
- Kann ich meine Gefühle ausdrücken?

Dritte Stufe:
Auseinandersetzung mit dem Schatten

Die Auseinandersetzung mit dem negativ empfundenen Schatten

Schattenthemen sind die nicht erkennbaren und meist unbewussten Charaktereigenschaften und Verhaltensweisen, die gewöhnlich auf Partner, Eltern, Kinder oder die Umwelt projiziert werden. Dies sind alle negativ bewerteten Eigenschaften, die abgelehnt werden (Egoismus, Dominanz, Geiz, Gier, sexuelle Themen, Aggression, Suchtverhalten, asoziales Verhalten).

Denken Sie über folgende Fragen nach:
- Welche negativen Charakterzüge lehne ich ab? Was verbiete ich mir dadurch?
- Wo begegnet mir das im Außen?

Die Auseinandersetzung mit dem positiv empfundenen Schatten

Dies sind Eigenschaften, die wir gewöhnlich bei anderen Leuten bewundern und die wir selbst entwickeln können.

Folgende Fragen können Ihnen dabei helfen:
- Wen bewundere ich und wofür?
- Was macht mich zufrieden?
- Wer bin ich, was will ich?

Vierte Stufe:
Rücknahme der Projektion

Durch das Bewusstmachen und die Annahme der Schattenanteile wird die Projektion auf Eltern, Kinder und Partner überflüssig. Sie dienen nicht mehr als Spiegel unserer Verdrängungen. Ein inneres Einverstandensein mit mir selbst und die Aussöhnung werden gespürt. Die Liebe kann wieder fließen.

Fünfte Stufe:
Befreiung aus unbewussten Verstrickungen

Die Ursachen momentaner Schwierigkeiten liegen meist in der Verstrickung mit den unerlösten Themen der Ursprungsfamilie. Im Erkennen dieser frühkindlich erworbenen Belastungen lösen sich alte Abhängigkeiten auf und ein selbstbestimmtes Leben wird möglich.

Denken Sie über diese nachfolgenden Themen nach:
- Welche übernommenen Probleme, Gefühle (Ängste, Schuld), Wertvorstellungen, Reaktionsmuster meiner Eltern, Großeltern beeinflussen mein Leben?

Sechste Stufe:
Neubewertung und Verantwortung

Die schrittweise Lösung aus der Abhängigkeit alter Verwicklungen mit den Eltern führt zu immer mehr Eigenverantwortlichkeit. Schuldgefühle, Ängste, alte Moralvorstellungen und belastende Situationen können neu bewertet werden.
- Ein Individuationsprozess geschieht und führt zu mehr Selbstbestimmtheit.
- Die Befreiung aus der Opferrolle führt zur aktiven Gestaltung des Lebens.

Siebte Stufe:
Selbstachtung und Selbstverwirklichung

Der bis dahin stattgefundene Selbsterkenntnisprozess setzt Lebensenergien frei, die zur Verwirklichung unbewusster Wünsche und Ziele befähigen. Die Selbstachtung und Selbstliebe sind wichtige Voraussetzungen, um lieben zu können und geliebt zu werden und um sich selbst verwirklichen zu können.

Beantworten Sie folgende Fragen:
- Welche Persönlichkeitsanteile oder verdrängten Wünsche möchten nachgeholt oder gelebt werden?
- Was ist in meinem Leben zu kurz gekommen, welche Lebensthemen möchten verwirklicht werden?
- Was bin ich mir selbst schuldig geblieben?

Achte Stufe:
Aussöhnung und Sinnfindung

Im Bewusstwerdungsprozess der eigenen Persönlichkeit und ihrer Lebensaufgabe wird im Rückblick auf das Leid der Sinn deutlich und ein Vertrauen in das Leben und die „höhere Ordnung" wird empfunden.

Erste Stufe: Erkennen

Im ersten Teil habe ich aufgezeigt, dass es das Schicksal des Menschen ist, dass wir bereits bei unserer Geburt loslassen müssen, und dieses Thema begleitet uns bis zum Tod. Die Fragen, warum und wozu der Mensch das alles erleidet, was der Sinn des Ganzen bzw. unseres Lebens ist und was wir erkennen, lernen und erfahren sollen, ist das Thema der weiteren Kapitel. Nicht allein mein therapeutisches Wissen mit den psychologischen und philosophischen Erkenntnissen vieler Heiler, Therapeuten und Philosophen oder meine eigenen Erfahrungen, mein „inneres Wissen" schreiben dieses Buch, sondern ich schöpfe zudem aus den Erkenntnissen und dem Erfahrungsschatz des „Unbewussten" oder dem „Höheren Selbst" meiner Klienten. Dieses „innere Wissen" ist ein kollektiver Wissens- und Bilderschatz, den jeder Mensch in seiner Allgemeingültigkeit als „wahr" erkennen wird.

Zulassen statt loslassen

Bevor ein Problem losgelassen werden kann, ist es nötig, es erst einmal da sein zu lassen, um sich damit auseinanderzusetzen. Es beschäftigt uns sowieso, also sollten wir es nicht wegschieben oder loswerden wollen, sondern wir könnten dem Thema den nötigen Raum geben, um es aus verschiedenen Blickwinkeln zu betrachten. Dann werden wir dahinter den verborgenen Aspekt, nämlich „Wozu geschieht mir dies oder jenes?", erkennen. Die Frage nach dem Wozu ist kreativ und liefert uns Antworten auf das, was wir lernen oder verstehen sollen. Das Warum kann nach einer schmerzvollen Erfahrung meist noch nicht beantwortet werden, impliziert diese Frage doch, dass wir den Sinn begreifen wollen, weshalb uns dieses Leid zugestoßen ist. Dieser

Sinn muss sich aber erst dem Leidenden erschließen, und dies bedarf eines tieferen, die Ursachen erforschenden Verstehens. Nur wer die Vergangenheit beleuchtet und sich in seinem gesamten Wesen erkennt, kann die Zukunft selbst gestalten.

Betrachten wir das Wort „Loslassen", so wird bereits deutlich, was damit wirklich gemeint ist. Loslassen beinhaltet das Wort „lassen": etwas lassen zu können, da sein lassen oder geschehen lassen, etwas zu-lassen können, etwas kommen und gehen lassen, sich und andere Menschen lassen können, in Situationen ge-lassen reagieren können und ge-lassen werden.

Der erste Schritt des Loslass- und Reifungsprozesses ist ein Annehmenkönnen. Auf der Ebene der Gefühle bedeutet dies, einen seelischen Schmerz, eine Trauer oder Wut, die beispielsweise bei einer enttäuschten Liebe ausgelöst wird, zulassen zu können. Jeder, der einen geliebten Menschen verloren hat, weiß, welche starken Gefühle dadurch hervorgerufen werden. Sie schwächen uns in unserer Ich- und Willenskraft so, dass wir darüber Gefahr laufen, auch unsere Selbstbeherrschung oder Kontrolle zu verlieren.

Stellen wir uns diesen Emotionen, geben wir uns ihnen hin und kämpfen nicht dagegen an, ist dies der erste Schritt des Los-Lassens im Da-Sein-Lassen. Das wäre ein Sich-Hingeben an Gefühle, die im Moment größer oder stärker sind und die wir mit dem Verstand nur noch bedingt kontrollieren können.

Verdrängen wir unsere Gefühle, weil wir nicht „so schwach" sein wollen, so kann der Prozess um das Loslassen nicht beginnen und wir müssen meist weitere Demütigungen ertragen. Ja, wir ziehen sie geradezu an. Der Schmerz wird dann noch größer, bis er entweder doch zum Ausbruch kommt oder er kann weiter in Schach gehalten werden. Damit wächst allerdings das Gefühl der Ohnmacht weiter an. Dieses destruktive Gefühl führt zur Verzweiflung und letztendlich in eine depressive Stimmungslage oder kompensatorisch zu besonders streitbarem Verhalten. Der Wunsch nach Ausgleich oder Gerechtigkeit, z. B. nach einer Trennung für das durch den Partner zugefügte Leid, wird bei einer Scheidung häufig durch jahrelange Streitigkeiten über die Kinder oder das Vermögen ausgelebt. Die unterdrückten Aggressionen, die durch Demütigungen, Machtkämpfe und Enttäuschungen entstanden sind, beschäftigen dann die Rechtsanwälte und werden über sie stellvertretend ausgetragen. Aber sie bleiben als Verletzungen oder Verbitterung der Seele im jeweiligen Partner bestehen und ruhen dort bis zu einer späteren ähnlich gelagerten Situation.

Können wir aber unsere Gefühle zulassen und sie kontrolliert für uns ausleben – ohne dabei anderen Personen zu schaden –, so befreit uns das aus der Ohnmacht und lässt einen Erkenntnisprozess zu. Ebenso ist es wichtig, dass wir zu unseren Bedürfnissen nach Ausgleich, Rache oder Gerechtigkeit stehen lernen. Wir werden bei seelischen Verletzungen mit diesen Schattenseiten des Menschseins konfrontiert. Daher sollten wir uns nicht zusätzlich zu unserem Schmerz auch noch für diese Gefühle verurteilen, sondern sie als zu uns zugehörig betrachten. Wenn wir sie nicht wahrhaben wollen, halten wir fest an unserem Leid. Dieser innere Kampf kostet uns eine enorme Lebenskraft.

Die vier Phasen unseres Verhaltens in Krisensituationen

Welche Probleme uns auch immer beschäftigen, ob eine Trennung von einem Menschen, ein finanzieller Verlust, eine Enttäuschung, eine Krankheit oder ob ein sonstiger Schicksalsschlag überwunden werden soll, die Reaktionen des Menschen auf schlimme Ereignisse können als bestimmte allgemeingültige Verhaltensmuster formuliert werden, die sich in etwa so beschreiben lassen:

1. Die Phase der Verleugnung und der Sehnsucht nach Wiederherstellung des alten Zustandes:
Es sollte nie passiert sein. Wir wollen es einfach nicht wahrhaben, dass wir verlassen wurden, Geld verloren haben oder ein schlimmer Schicksalsschlag uns getroffen hat. Wir erleben einen Schockzustand, eine Zeit, in der wir wie gelähmt sind, wenn alle Reaktionen aussichtslos sind. Die Phase ist begleitet von starken Ängsten. Oft begleitet uns das Gefühl, dass wir das alles nicht bewältigen können. Das geht so weit, dass wir uns in unserer Existenz bedroht sehen und glau-

ben, ohne die Wiederherstellung des alten Zustandes ginge es nicht mehr weiter. Wir stecken fest und haben Angst, können weder in die Zukunft schauen, noch können wir etwas rückgängig machen.

Bei einer Trennung wird man versuchen, unbedingt Kontakt zu dem Partner herzustellen, und wir wollen mit ihm reden, wollen ihn verstehen, sind zu allerlei Kompromissen bereit. Häufig sieht sich aber der Partner dazu nicht in der Lage, was die Situation für den Betroffenen noch unerträglicher gestaltet. Wir rufen ihn an, schreiben, stehen vor seiner Tür und können nicht lockerlassen, bis wir wenigstens ein wenig erhört werden. Geschieht dies, ohne die Bereitschaft zu wirklich klärenden Gesprächen, so nährt es die Hoffnung nach der Rückkehr in den alten Zustand, was wiederum mit einer Enttäuschung verbunden ist. Das alles kann sich zu einer Dramatik steigern, die begleitet wird von Sehnsucht und Wut, und erinnert an das Kleinkind, das von der Mutter getrennt wird und nicht versteht, warum. Zudem erinnern wir uns an Situationen und Orte, wo wir gemeinsam glücklich waren, und glauben nun, dass wir nie mehr diesen Zustand erreichen können. Wenn wir uns auf diese Gefühle von Sehnsucht, Traurigkeit, Aggressionen und Ängste einlassen und sie bewusst durchleben, können wir sie loslassen. Können wir diese Gefühle nicht ertragen und schieben sie weg, laufen wir Gefahr, dass sie sich zu depressiven Verstimmungen verdichten.

2. Die Phase der Schuldgefühle:
Wir suchen und brauchen Schuldige. Damit können wir unsere Gefühle von Wut und Enttäuschung auf Umstände oder Personen richten und fühlen uns dabei für vielleicht kurze Zeit etwas freier. Oft suchen wir die Schuld bei uns selbst. Hätte ich doch dies oder jenes nicht gesagt, getan oder hätte ich erkannt, dass ... Wäre ich doch ...! Ebenso spüren wir unseren Defiziten nach, empfinden, dass wir es wohl nicht wert gewesen sind, glücklich zu sein oder geliebt zu werden. Schuldgefühle sind der Versuch, eine Erklärung für das Schicksal, das uns getroffen hat, zu finden und der Wunsch, durch Bestrafung und Sühne das Geschehene auszugleichen, also Gerechtigkeit wiederherzustellen. Für den Loslassprozess bei einem Trauerfall spielen unbewusste Schuldgefühle eine große Rolle.

3. Die Phase der Wut und des Kampfes:
Jede Lebenskrise ist gekennzeichnet von Kampfphasen. Wir kämpfen oftmals gegen das Schicksal, gegen Gott oder Menschen, die wir für unsere Situation verantwortlich machen können.

Am Beispiel einer Trennung in der Partnerschaft wird dies besonders deutlich. Haben wir in der Phase der Schulgefühle noch die Verfehlungen bei uns selbst oder bei anderen gesucht, so stellen wir fest, dass der Ausgleich durch Sühne nicht geschieht (wir haben das Gefühl, es gibt keine Gerechtigkeit). Außerdem bringt das auch nicht mehr den ersehnten alten Zustand zurück, den wir oft noch zu idealisieren beginnen. Damit geht es uns nur noch schlechter und wir glauben in der Zeit sowieso, dass es den anderen Menschen viel besser geht, denn nur wir leiden und nur uns hat das Schicksal so schlimm getroffen.

Ein verlassener Partner wird neidisch und wütend auf die Person, die verletzt hat, denn dem „Täter" geht es ja besser. Nicht genug damit, was er bereits alles zerstört hat, er verhält sich oft weiterhin noch ziemlich schäbig, sodass wir nun glauben, endlich sein wahres Wesen kennengelernt zu haben. Die Schattenseiten des anderen treten nun sehr augenfällig zutage und man ist schockiert über das, was man nun erlebt. Wir erinnern uns nun an alle Verfehlungen und Verletzungen, die wir erlitten haben, und dies quält uns so, dass wir die unterdrückte Wut nicht mehr verleugnen können und auf Rache sinnen. Jetzt ist der Punkt gekommen, an dem wir uns nicht mehr kleiner machen wollen und nicht mehr nachgeben. Wir lassen uns nichts mehr gefallen und treten ein in den Kampf. Unser verletztes Ego und unser Selbstwertgefühl möchten wiederhergestellt werden. Dies geschieht, so glauben wir, dadurch, dass wir siegen und der Besiegte reumütig seine Fehler einsieht. Unterliegen wir aber und erleiden mit unserem Kampf weitere Demütigungen, so laufen wir Gefahr, dass wir verbittert werden oder weiter um jeden Preis für unsere Gerechtigkeit kämpfen.

Über die Zeit hinweg werden wir des Kämpfens müde, die Wut ist verraucht und wir können mehr Abstand gewinnen. Vielleicht nehmen wir nun auch wahr, dass wir aus dieser Kampfphase kraftvoller und stärker herausgegangen sind, weil wir uns behaupten konnten und unser Leben mittlerweile gut bewältigt haben. Wir sind nicht untergegangen, aber jetzt bedauern wir möglicherweise, dass wir zu viel Zeit mit dem Kämpfen vergeudet haben. Nun sehnen wir uns nach Frieden und wollen endlich abschließen.

4. Die Phase des Annehmens:
Sie erfolgt, wenn wir fähig geworden sind, das Vergangene abzuschließen und neue Wege zu gehen. Wir richten uns ein in unserem Leben und lernen über die Zeit hinweg, das Geschehene hinzunehmen. Erst dann sind wir bereit, die Vorteile und die Sinnhaftigkeit zu erkennen, die wir aus dem Leid erfahren haben. Damit richten wir unsere Energie auf die Zukunft. Wir wecken in uns wieder die positiven Kräfte, erinnern uns an unsere Fähigkeiten und Stärken und können die schönen Dinge des Lebens erkennen und genießen.

Je nachdem, wie reif der Mensch ist und wie er von alten Mustern geprägt wurde, verlaufen diese Phasen unterschiedlich lange und werden ebenso unterschiedlich bewältigt. Wir gewinnen aus einer Krise mehr Selbstbewusstsein und innere Reife oder bleiben in einer Phase der Bewältigung hängen.

Wir können stark werden, aber innerlich verhärten, wenn wir nicht verzeihen können. Dies ist nun ein weiterer wichtiger Schritt, um wirklich loslassen zu können. Nur im Verstehen, warum und wozu dies geschehen ist, und wenn wir den Menschen und das Schicksal, das uns getroffen hat, verstehen, können wir immer mehr mit der damaligen Situation einverstanden sein und damit auch verzeihen.

Alle Menschen erleben, egal welches Schicksal oder welche Schwierigkeiten sie überwinden müssen, diese Phasen. Entscheidend aber ist, dass wir dieses Leid schneller, besser und ohne tiefe zurückbleibende seelische Wunden überwinden können und nicht in diesen Phasen stecken bleiben und an ihnen festhalten. Aus diesen Phasen und Verhaltensweisen habe ich daher die acht Stufen als Voraussetzungen des Loslass- und Heilungsprozesses entwickelt. Die Seele gewinnt damit Erkenntnis, wird gereifter und wir kommen wieder in Harmonie.

Diese 8 Stufen greifen immer ineinander und werden meist nicht Stufe um Stufe durchlebt. Das Ausdrücken der Gefühle kann und darf also durchaus zuerst geschehen. Die Emotionen begleiten uns während des gesamten Loslassprozesses und können immer wieder hochkommen, bis ein Erkennen erfolgen oder die Antwort auf die Sinnfrage gefunden werden kann.

Wir brauchen befriedigende Antworten

Wenn uns ein Unglück trifft, brauchen wir befriedigende Antworten. Wenn sie fehlen, ist dies ein unerträglicher Zustand. Manchmal gehen wir Menschen, die gerade ein großes Leid erleben, aus dem Weg, weil wir keine Antworten und keinen Trost haben. Machen wir uns dabei klar, dass wir damit zu viel von uns erwarten, können wir dem Betroffenen dann einfacher gegenübertreten. Es reicht, ihm dann einfach die Hand zu drücken oder ihm mitzuteilen, dass wir gerne beistehen möchten, aber dass wir keine Worte des Trostes haben. Das ist dann für den Betroffenen eine echte Hilfe, da er eine Anteilnahme an seinem momentanen Zustand der offenen Fragen und der leidvollen Gefühle spürt und eigentlich keine klugen Worte hören oder ertragen kann. Zuhören ist in diesem Fall das, was ehrlich hilft.

Um Schicksalsschläge oder belastende Situationen be- oder verarbeiten zu können, wollen wir die tiefere Sinnhaftigkeit begreifen und verstehen. Solange wir keine Antworten haben, bleiben die Seelenqualen.

Wir sind mit unserem Verstand mündig geworden und können uns nicht mehr abfinden mit einem Satz: „Der Herr hat es gegeben, der Herr hat es genommen. Geheiligt sei der Name des Herrn." Selig ist der Mensch, der dies noch kann. Wirklich? – Und wie lange noch?

Um es gleich vorwegzunehmen, wenn ich Bibelstellen zitiere oder mich mit der christlichen Kirche auch kritisch auseinandersetze, bedeutet dies nicht, dass ich den christlichen Glauben nicht achte oder eine atheistische Sichtweise vertrete oder andere Religionsformen propagiere.

Mein Glaube fußt auf der christlichen Tradition und ist verbunden mit einer Weltanschauung und philosophischem Gedankengut, welches mir zusätzliche Fragen beantwortet. Für mich ist es wichtig, Gott und Christus nicht nur zu denken, sondern ihn innerlich erlebbar werden zu lassen.

Spüren meine Klienten das innere Licht, das Vertrauen, das von Christus, Gott oder anderen Wesenheiten ausgeht, so ist das für sie die Krönung der Therapie und für mich immer wieder eine Gnade und wunderbare Erfahrung, dies miterleben zu dürfen.

Damit wir wieder das Vertrauen in Gott oder in die innere Führung erlangen können, ist es notwendig, sich den tieferen Fragen unseres Daseins, der Existenz übergeordneten Seins und dem Sinn des Lebens zu stellen. Hierzu möchte ich anregen. In meiner Praxis als Psychotherapeutin geht es mir auch darum, Klienten zu helfen, die einen Sinn in ihrem Sein und So-Sein erkennen wollen. Gerade Menschen, die durch die Prägung der Kindheit oder bereits durch die Geburt mit einem mangelnden Selbstwertgefühl durch eine Ablehnung der Eltern zu kämpfen haben, ist dies ganz besonders wichtig. Diese Personen haben oft einen guten Zugang zum übergeordneten Sein. Sie haben eine gute Fähigkeit, in der Tiefenentspannung zu inneren Bildern und Gefühlen der allumfassenden Liebe zu gelangen. In solch tiefen Erfahrungen wird der Eigenwert gestärkt und es gelingt eine wirkliche Bejahung des eigenen Lebens. Die Konzeption einer unbewussten Ablehnung durch die Eltern kann dadurch aufgehoben werden.

Jeder Mensch hat diese Antworten in sich, wenn er sich und sein Leben reflektiert und sich fragt, wozu ihm das Leid geschehen ist.

Die Aufgabe eines Therapeuten besteht nicht darin, dem Patienten oder Klienten die Antworten zu geben, sondern ihm zu helfen, sie für sich selbst zu finden. Der Psychiater Viktor Frankl, 1905–1997, begründet seine Logotherapie und Existenzanalyse mit der Grundthese: „Der Mensch ist ein Wesen auf der Suche nach einem Sinn und die zentrale Aufgabe der Psychotherapie besteht darin, ihm dabei beizustehen." Nach Frankl lässt sich der Sinn auch ohne Religion finden, da der Sinn nicht gegeben, sondern selbstbestimmt gefunden wird.

Dieses grundlegende und wichtige Streben aller Menschen, die Frage nach dem Sinn des eigenen Lebens und Daseins zu beantworten, hat der Motivationsforscher und Psychologe Abraham Maslow in seiner Bedürfnispyramide 1943 als das höchste Ziel menschlicher Bedürfnisse erkannt. Sie stellt in seiner Pyramide die fünfte und letzte Stufe der menschlichen Entwicklung dar.

Das tiefere Anliegen und die Sehnsucht des Menschen ist die Entwicklung der Individualität und Persönlichkeit. Sie gipfelt in dem höchsten Ziel, in der Vollkommenheit. Der Mensch möchte seine Persönlichkeit in die Einheit transzendieren und die universelle Liebe erfahren. Das göttliche Bewusstsein als Wahrheit zu erfahren und diese Liebe zu leben, das ist der innerste Wunsch, wonach jeder Mensch sich ausrichtet.

Das Ziel der Selbstverwirklichung beinhaltet die Entwicklung des Menschen, sich in seiner Individualität zu erkennen und seine Talente zu entfalten. Dies gibt dem Menschen ein inneres Gefühl des Glückes und der Zufriedenheit.

Neben der Individualitätsentfaltung verspürt der Mensch ein Bedürfnis nach innerem Wachstum, dem Wissen und Verstehen der großen Lebenszusammenhänge, nach Philosophie und Glauben (Welterklärung) und ethischen Leitlinien wie Güte und Altruismus (Selbstlosigkeit).

Das Ziel der Selbstverwirklichung ist also kein Egotrip, sondern hat das Gegenteil, nämlich Selbstlosigkeit, Mitgefühl und Liebe zum Ziel.

Leid, die Triebfeder menschlicher Entwicklung

Leid ist der Motor, der uns in dieser Entwicklung vorantreibt. Seit der Mensch aus dem Paradies (der Einheit mit Gott) vertrieben wurde, leidet er an seiner Unvollkommenheit (der Trennung von Gott). Ich bemühe dieses Gleichnis aus der Bibel, denn es sollte in einer Bildersprache den Sündenfall und die Vertreibung aus dem Paradies erklären. Wir kommen dem Sinn des Lebens und des Leids etwas näher, wenn wir dieses Ereignis hinterfragen.

Warum hat Gott zugelassen, dass Eva den Apfel nimmt? Warum wollte er die Äpfel gerade dieses Baumes selbst behalten? Warum hat er überhaupt dieses Verbot ausgesprochen? Damit hat er doch den Apfelbaum für beide erst interessant gemacht. Die verbotenen Früchte hingen am Baum der Erkenntnis. Damit wollte Gott, dass wir erkennend werden. Ich glaube nicht, dass er sich eine List ausgedacht hat, um die Menschen schuldig werden zu lassen, damit er sie dann aus seinem Paradies verjagen und den Menschen mit der Erbsünde belasten konnte. Sollten wir uns statt eines strafenden autoritären Gottes nicht lieber und logischerweise einen liebenden Gott vorstellen, der möchte, dass wir uns erkennen und wissend werden? Einen Gott, der will, dass wir selbst an unsere Grenzen von Wissen, Macht und Verantwortung stoßen und damit unserer Hybris (Anmaßung) begegnen und letztendlich begreifen, was die allumfassende Liebe wirklich ist. Schauen wir uns in unserer technisierten Welt um, so stoßen wir in der Wissenschaft ständig an die Grenzen unserer Macht. Denken wir hier an die Bereiche der Gentechnik oder der Stammzellenforschung. Wissenschaftler und Ethikkommissionen müssen gemeinsame Grenzen finden, z. B. bei der Beurteilung von Forschungsvorhaben, die an Lebewesen durchgeführt werden, damit der Schutz des Individuums und der Natur gewährleistet wird. Geht ein Wissenschaftler dennoch zu weit, sagen wir, er spiele den „lieben Gott". Weil der Mensch nicht alles bedenken und überblicken kann, sind Fehler unvermeidbar, und so wird er wieder auf sein Menschsein zurückgeworfen. Gemachte Fehler können aber immer Leid verursachen, und so ist es wichtig, die Ursachen von Leid zu minimieren. Die Ursachen von Leid sind heute vor allen Dingen Machtbesessenheit, Gier, phlegmatisches Verhalten, Egoismus und Unbewusstheit. Aus früherer Zeit wissen wir, wie zudem die Unwissenheit (die Forschung war erst in den Anfängen) großes Leid erzeugte. So wurde die Wissenschaft und Aufklärung von den Machthabern der Kirche und des Staates jahrhundertelang verfolgt und behindert.

Das Leid ist keine Strafe, obwohl wir das immer noch so empfinden, sondern ist häufig die Konsequenz unseres Handelns, damit wir die Dinge nächstes Mal besser machen. Schicksalhaftes Leid ist noch nötig, um unsere Trägheit zu überwinden, damit wir uns weiterentwickeln. Es ist uns ja auch nicht zu verdenken, dass wir in paradiesischen Zuständen bleiben wollen, wo wir Bequemlichkeit, Sicherheit und ein Wohlgefühl spüren. Es erfordert nun mal Mut, sich in ungewisses Terrain zu begeben und immer wieder Vertrautes aufzugeben, um neue Entwicklungsprozesse anzustoßen. Die Bibelgeschichte verrät uns auch, dass Eva die mutigere war, die den Apfel vom Baum der Erkenntnis abgebrochen hat. Sind deswegen Frauen mutiger, wenn es um seelische Erkenntnisse geht?, könnte man sich fragen. Ja, es sind die Frauen, die sich naturgemäß mehr mit der Weisheit ihrer Seele beschäftigen. Die Hinwendung zum Unbewussten gehört zum weiblichen Urprinzip, einem auf Hingabe zur Erkenntnis der Seele ausgerichteten Prinzip. Im Gegensatz dazu richtet sich das männliche Urprinzip auf äußere Aktivitäten.

Ein Großteil der Frauen lebt längst auch die männliche Seite und ist heute erfolgreich auf vielen Gebieten, in denen Männer früher die Alleinherrschaft innehatten. Männer hingegen würden davon profitieren, wenn sie auch mehr die weibliche Seite, die Intuition und die Gefühlsseite zeigen und zulassen könnten. Beide Pole, nämlich der weiblich intuitive und gefühlsmäßige Pol und der männlich aktive, verstandesorientierte Pol sollten bei Frauen und Männern harmonisch ausgewogen gelebt werden, dann könnte das Leid der Welt vermindert werden. Machtkämpfe könnten durch ein tieferes Verstehen und ganzheitliche Betrachtung in ihrer Unsinnigkeit begriffen werden.

Der Existenzphilosph Karl Jaspers (1883–1969) sieht im Leid einen Teil des persönlichen Seins. Der Mensch ist nicht immer für die Situation, in der er sich befindet, verantwortlich, sondern dafür, wie er mit dieser Situation umgeht. Durch Erfahrungen von Ohnmacht und Ratlosigkeit tritt der Mensch in eine Grenzsituation ein, die es ihm ermöglicht, seine Existenz zu erhellen. In solch einem Prozess kann der Mensch Anteil an einer umfassenden Dimension der Wirklichkeit gewinnen. Dadurch erhält Leid einen Sinn, zwar keinen endgültigen, denn der ursprüngliche könne – nach Jaspers – nicht erkannt werden.

Nach meinen eigenen Leiderfahrungen ist dies auf alle Fälle ein tragfähiger Sinn, der später in der Rückschau auf diese Ohnmachtsereignisse weitere Sinnerhellungen brachte.

Bei all diesem Wissen um den Sinn des Leids ist es menschlich, sich gegen das Leid aufzulehnen, ihm aus dem Weg gehen zu wollen, dagegen anzukämpfen und die Gefühle von Traurigkeit, Verzweiflung, Wut so schnell wie möglich weghaben zu wollen.

Für die persönliche Leiderfahrung spielt es keine Rolle, wie objektiv schwerwiegend ein Problem ist. So begegnen mir in der Therapie eine Frau, deren Kind verstorben ist, dann ein Mann, der darunter leidet, dass er in seinem Beruf zu wenig Anerkennung bekommt, eine junge Frau, die unter einem zu kleinen Busen leidet, oder ein Paar in einer Ehekrise. Das subjektive Empfinden des Leids ist zu achten und die dahinter verborgene tiefere Thematik gilt es zu verstehen.

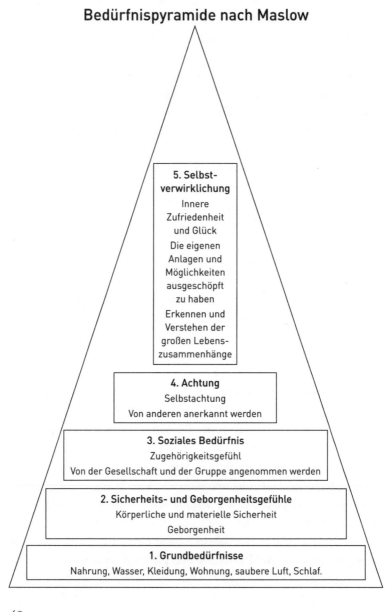

Die verschiedenen Lebensprobleme und die damit oft verbundenen Krankheiten, die sich in vielen Facetten im Leben meiner Klienten zeigen, lassen sich den fünf Grundbedürfnissen, die Maslow beschrieben hat, zuordnen.

Um die Motivationen der Menschen zu beschreiben, bilden deren Bedürfnisse eine Pyramide mit fünf Stufen.

Auf der ersten (untersten) Stufe stehen die körperlichen Grundbedürfnisse, wie der Wunsch nach Nahrung, Wasser, Kleidung, Wohnung, Schlaf, körperlichem Wohlbefinden und Sexualität.

Die zweite Stufe beinhaltet das Bedürfnis nach Sicherheit und Geborgenheit. Dieses umfasst: Wohnung, Arbeitsplatz, Gesundheit, Gesetz und Ordnung, Sicherheit durch Absicherung mittels Versicherungen, Rente und Lebensplanung.

Die dritte Stufe beschreibt das Bedürfnis nach Zugehörigkeit, nach Partnerschaft, Freundschaften, von der menschlichen Gesellschaft angenommen zu werden, Kommunikation und Fürsorge.

Auf der vierten Stufe befindet sich das Bedürfnis nach Achtung und Selbstachtung. Dazu gehört die soziale Anerkennung: Status, Wohlstand, Geld, Macht, sonstige Statussymbole, Karriere.

Die fünfte Stufe bildet die Spitze. Hier stehen die Selbstverwirklichung, die Individualität und Talententfaltung und die Beschäftigung mit Themen wie Religion, Weltanschauung und ethische Aspekte.

Neben dieser Einteilung und Rangordnung beschreibt Maslow, dass ein Streben nach dem nächsthöheren Bedürfnis dann eintritt, sobald – und mag es auch nur vorübergehend sein – die Grundbedürfnisse auf der vorangegangenen unteren Ebene gedeckt sind.

Wir denken wenig über ein Bedürfnis nach, wenn es befriedigt ist. Erst wenn wir daran gehindert werden, werden uns unsere Bedürfnisse bewusst. Schlafen wir gut, denken wir nicht über Schlafstörungen nach, ist der Kühlschrank gut gefüllt, sind Sorgen, ob wir am nächsten Tag etwas zu essen haben, nicht gegeben. Haben wir einen sicheren Arbeitsplatz und fühlen wir uns damit wohl, müssen wir nicht um unsere berufliche Existenz fürchten.

Sobald wir den Bedarf auf einer Stufe gedeckt haben, sind wir motivationsfähig für die nächsthöhere Stufe. Die Werbung nutzt diese Motivationstheorie und weckt weitere Bedürfnisse: für die Kinder neue Handymodelle, Playstation oder Barbiepuppen, für den Papa ein Navigationssystem, und für die Frau ...

Die unzähligen Angebote der Luxusartikel locken die Verbraucher mit dem Versprechen, sie glücklicher und zufriedener zu machen.

Trotzdem müssen wir uns in einem Land mit Wohlstand ständig anhören, wie unzufrieden wir sind, ein Land der Meckerer und Pessimisten, oder wir hören von Menschen in fremden Ländern, die noch glücklich und zufrieden sind, weil sie keinen Wohlstand kennen. Der Rückschritt in eine Verweigerung des Wohlstandes mag vielleicht für gewisse Zeit reizvoll sein, um zu sehen, wie wenig man wirklich braucht, stellt aber keine wirkliche Alternative dar, um glücklicher zu sein.

Die Bedürfnispyramide kann helfen, uns in unserer Unzufriedenheit zu verstehen. Depressionen und Unzufriedenheit treten in armen Ländern in der Tat weniger auf, da der Mensch damit beschäftigt ist, seine Grundbedürfnisse zu decken. Sobald aber der Mensch diese Grundsicherung erreicht hat und der Konsum und die Werbung weitere Bedürfnisse wecken, wird die Unzufriedenheit auch in dieser Bevölkerung zunehmen.

Die meisten Menschen in Europa haben einen gewissen Wohlstand erreicht. So dürfen oder müssen wir uns mehr um unsere Seele kümmern. Wir streben nach Gesundheit, Glück, Zufriedenheit, Geborgenheit, sozialer Anerkennung und wollen angenommen und geliebt sein.

Die Seele der Menschen möchte frei werden und sich entfalten können. Das ist es, was Klienten mir erzählen, wenn sie unzufrieden sind, aber sonst eigentlich alles erreicht haben.

Um auf dieses Bedürfnis aufmerksam zu werden, bedarf es des Leids, des Leids an der Kälte, des Egotrips, des Machtmissbrauchs, der Aggression und Rücksichtslosigkeit unserer Mitmenschen. Die Unzufriedenheit ist der Motor, der uns antreibt, etwas Größeres zu vollbringen und zu leisten, oder uns aus der Lethargie des Status quo herausreißt. Der Philosoph Nietzsche sagte: „Menschen, die mich etwas angehen, denen wünsche ich Leid." Das hört sich nicht gerade liebenswürdig an, wirkt aber darauf bezogen versöhnlicher, wenn verstanden wird, dass der Mensch das Leid braucht, um zum „Übermenschen" zu werden. Diesen Begriff des „Übermenschen" gebrauchte Nietzsche in seinem

Werk „Also sprach Zarathustra". Er meint damit einen Menschen, der über sich selbst hinauswächst, wenn er Leid überwindet und erkennend wird. Das Ziel des Menschen liegt nach Nietzsche nicht im allgemeinen Wohlergehen, sondern im Überwinden des Leidvollen, um so zum Schöpfer neuer Werte aus sich selbst heraus zu werden. Diese Ansicht stellt damit eine radikale Lebensbejahung dar.

Die Krankheit unserer Zeit ist die Krankheit an unserer Seele

Vielleicht haben wir heute so große Schwierigkeiten mit dem Loslassen, weil wir es doch gewohnt sind, dass alles machbar geworden ist oder sein sollte. In einer Welt des zunehmenden Machtstrebens, der Existenzbehauptung und der Forderungen nach Innovationen und neuen Perspektiven, des Leistungsdruckes, des ständig zu vermehrenden Wissens, der Hektik, der wachsenden Verantwortung, des Drucks des globalen Wettbewerbs, des Werteverlustes und der immer weniger werdenden tragfähigen Beziehungen ist kein Platz für Menschen, die nicht mehr so gut funktionieren und die im Leid feststecken.

Die Zahl der an Depressionen oder an Burn-out-Symptomen erkrankten Menschen nimmt ständig zu und es scheint fast so, als wäre dies eine gesellschaftlich unbewusste Trotzreaktion als ein Gegengewicht zu den Machern und der Oberflächlichkeit dieser Welt. Was erwartet zukünftige Generationen, wenn wir bereits heute überforderte Kinder mit Psychopharmaka behandeln, damit sie konzentrierter ihre Leistungen bringen, und sie bereits im Vorschulalter in zusätzliche Lernkurse stecken? Ein rechtzeitiges Innehalten bei all den Forderungen und eine Kurskorrektur wären angebracht, wollen wir nicht ständig nur über Leid lernen müssen.

Die Krankheit unserer Zeit ist die Krankheit an unserer Seele. Sie beruht auf Überforderung und Zeitnot, Defizit in der Geborgenheit, illusorischen Vorstellungen und Erwartungen an die Partnerschaft, mangelnder Anerkennung und Achtung, Werteverlusten, unpersönlichem und intrigenbelastetem Arbeitsklima, Ängsten vor Arbeitsverlust und weiteren Problemen.

All diese Schwierigkeiten, denen wir heute begegnen, betreffen nach der Bedürfnispyramide die zweite Stufe, das Sicherheits- und Geborgenheitsbedürfnis, die dritte Stufe, das soziale Bedürfnis nach Zugehörigkeit und Angenommensein und die vierte Stufe nach Achtung und Anerkennung, bis hin zur fünften Stufe der Individualitätsentwicklung und Selbstverwirklichung.

In all diesen Problemen werden wir aufgefordert, loszulassen von der Vorstellung, die Umwelt, die Partnerschaft, die Eltern, die Kollegen oder der Chef seien für unseren Seelenzustand oder unsere Krankheit verantwortlich. Sie sind es nicht, sondern sie sind lediglich Erfüllungsgehilfen unseres Schicksals oder unserer Bestimmung zur Weiterentwicklung.

Trennen müssen wir uns auch von alten überholten Moralvorstellungen und von übernommenen, nicht mehr zeitgemäßen inneren und äußeren Lebenskonzepten. Dann können wir uns verwandeln und zu einem eigenständigen Menschen werden, der weniger von den Meinungen anderer abhängig ist, sich selbst schätzt und sich annehmen kann, sich selbst erkannt hat und offen und authentisch (echt) geworden ist. Dieser Mensch kann getrost seine Masken ablegen, weil er gelernt hat, sich auch in seiner Unvollkommenheit anzunehmen. Das befreit ihn von sehr viel Stress. Er kann sich und andere Menschen lassen, immer mehr loslassen und zu dem Menschen werden, der er ist.

Wie Heilung geschieht

Jeder kennt Tiefpunkte nach einer belastenden Lebenssituation. Wenn die Schatten der Vergangenheit nicht einfach vorüberziehen, sondern zu einer lang anhaltenden Belastung werden, wenn das Gefühl besteht, das Leben nicht mehr in den Griff zu bekommen oder die Lebensfreude abhandengekommen ist, ist es unumgänglich, therapeutische Hilfe anzunehmen. In anderen Fällen kann man sich selbst helfen, indem Kraft und Einsicht zur Veränderung aus einem bestimmten Lebenshilfebuch gewonnen werden. Es tut gut, wenn man erfährt, dass man mit seinen Problemen nicht alleine dasteht, dass andere Menschen ähnliche Erfahrungen gemacht haben. Auch werden wertvolle Tipps gegeben, um eine Situation aus einer anderen Perspektive zu betrachten, oder aufgezeigt, wie wir unsere Gefühle gegenüber anderen Menschen besser ausdrücken können.

Frauen können meistens mit Freundinnen über ihre Probleme sprechen. Männer dagegen meinen, sie müssten alles selbst in den Griff bekommen, und verschließen sich eher. Erst wenn massive körperliche Beschwerden manifest werden und sie von der Medizin nicht die schnelle nötige Hilfe erhalten, dann öffnen sie sich einem psychotherapeutischen Prozess. Vorher wird das manchmal sogar belächelt oder abgetan. Menschen, die sowieso schon ein mangelndes Selbstwertgefühl haben und kontaktarm sind, brauchen auf alle Fälle professionelle Hilfe.

Viele Menschen glauben, erst krank sein zu müssen, um eine Berechtigung zu haben, einen Therapeuten aufsuchen zu dürfen.

Das ist verständlich, denn die Psychotherapie, wie wir sie heute verstehen, wurde erst Ende des 18. Jahrhunderts begründet. Der Arzt Josef Breuer, 1842–1925, unternahm den Versuch, eine Patientin, die unter Hysterie litt, durch das Aufdecken der frühen Lebensgeschichte zu behandeln. Er erlebte, dass durch das Aussprechen der belastenden traumatischen Erlebnisse und den Ausdruck der Gefühle von Entwertung, Scham, Ekel, Gewalt etc. ein Heilungserfolg zu erzielen war. Seine Erfahrungen, die Breuer 1880/1881 sammelte, bildeten später die Grundlage für den damaligen Neuropathologen Sigmund Freud, der erstmals 1896 von Psychoanalyse sprach. Er gründete 1908 die „Wiener Psychoanalytische Vereinigung".

In der Folge wurden auch schwere psychische Erkrankungen (schwere Depressionen, Schizophrenie, Zwangsstörungen, Manien) psychoanalytisch behandelt und es haben sich in den letzten einhundert Jahren viele andere Psychotherapieformen entwickelt. Parallel dazu begann die neurobiologische Forschung, sodass diese schweren psychischen Krankheiten, die man früher auch als Geisteserkrankungen bezeichnete, heute gut medikamentös behandelt werden können und müssen.

Bedingt durch die Auswanderung bedeutender jüdischer Psychoanalytiker, die in Deutschland während des Dritten Reiches der Verfolgung ausgesetzt waren, konnte sich die Psychotherapie in den Vereinigten Staaten entsprechend besser entwickeln und hat sich erhebliche Beachtung verschafft. Dort betrachten die Menschen die Psychotherapie als wertvolle Lebenshilfe und als Chance, ihre Persönlichkeit zu entwickeln. Dafür sind sie auch bereit, den Therapeuten selbst zu bezahlen und begeben sich wesentlich früher in eine Beratung, als dies bei uns der Fall ist. Die Krankenkassen in Deutschland bezahlen eine Psychotherapie nur dann, wenn eine Indikation, also eine Krankheit besteht, was wiederum bedeutet, erst massive seelische oder körperliche Probleme haben zu müssen, um eine Therapieberechtigung zu erhalten.

„Therapie ist zu wertvoll, um nur Kranken vorbehalten zu sein."
Erving Polster, Gestalttherapeut

Seit Jahren versuche ich in Vorträgen darüber aufzuklären, dass eine Psychotherapie für jeden Menschen sinnvoll ist, damit er sein Leben zufriedener und glücklicher leben kann. Ich weise darauf hin, dass ich in meiner Praxis ganz normale Menschen behandle mit ganz normalen Konflikten. Sie hat jeder Mensch und bekanntlich führen lang anhaltende Probleme auch zu körperlichen Erkrankungen. Aus diesem Grunde ist Psychotherapie auch Gesundheitsvorsorge. Bei der Endkorrektur dieses Buches bin ich auf den Psychiater Manfred Lütz und sein Werk „Irre! Wir behandeln die Falschen. Unser Problem sind die Normalen" aufmerksam geworden. Dieses Buch, so steht es auf dem Einband, „ist eine scharfzüngige Gesellschaftsanalyse und zugleich eine heitere Seelenkunde". Ich empfehle dieses Buch deswegen, da es über Menschen mit schweren psychischen Erkrankungen (Geisteskranke, im Volksmund Irre genannt) und den falschen Vorstellungen, die in unserer Gesellschaft darüber herrschen, aufklärt. Er beschreibt, dass diese Kranken hauptsächlich medikamentöse Behandlung benötigen. Da die Psychotherapie in der Behandlung dieser „Geisteskranken" eine sehr untergeordnete Rolle spielt, beruht das Vorurteil, das Personen anhaftet, die einen Psychotherapeuten aufsuchen, auf falschen und unzeitgemäßen Informationen. Neben Lütz' Aufklärung über diese Krankheiten und den Therapiemethoden beschäftigte er sich in seiner Gesellschaftskritik mit dem ganz „normalen Wahnsinn", dem wir täglich in den Nachrichten aus der Politik und der Wirtschaft begegnen können. Genauso wie er den ganz normalen Blödsinn, der uns in Casting- und Comedy-Shows begegnet, unter die Lupe nimmt. So schreibt er: „Wenn man als Psychiater und Psychotherapeut abends Nachrichten sieht, ist man regelmäßig irritiert. Da geht es um Kriegshetzer, Terroristen, Mörder, Wirtschaftskriminelle, eiskalte Buchhaltertypen und schamlose Egomanen – und niemand behandelt die. Ja, solche Figuren gelten sogar als völlig normal. Kommen mir dann die Menschen in den Sinn, mit denen ich mich tagsüber beschäftigt habe, rührende Demenzkranke, dünnhäutige Süchtige, hochsensible Schizophrene, erschütternde Depressive und mitreißende Maniker, dann beschleicht mich mitunter ein schlimmer Verdacht: Wir behandeln die Falschen. Aufklärung ist angesagt über wahnsinnig Normale und ganz normale Wahnsinnige." Dieses Buch ist eine „allgemeinverständliche Gebrauchsanweisung für außergewöhnliche Menschen und solche, die es werden wollen".

Dazu ist es nötig, das „Normale" infrage zu stellen und zu erkennen, dass die Grenzen manchmal fließend sind.

Psychotherapie bedeutet nach C. G. Jung „Behandlung der Seele" durch Erforschung des Unbewussten. Ihre Aufgabe besteht darin, dem Menschen in seiner Persönlichkeitsentwicklung und Selbstverwirklichung zu helfen. 1974 wurde von Prof. Grinder und dem Psychologen Bandler das Neurolinguistische Programmieren (NLP) mit psychotherapeutischen Elementen der Hypnotherapie nach Erickson und Gestalttherapie nach Perl entwickelt, das heute in Kommunikationstrainings- und Coachingseminaren für Manager und leitende Angestellte verwendet wird. Firmen nutzen diese psychotherapeutischen Mittel, um die Stärken ihrer Mitarbeiter hervorzuheben, und sind bereit, dafür hohe Honorare zu bezahlen. In vielen Firmen gehören solche Coachingseminare für Mitarbeiter zum Karriereplan eines erfolgreichen Unternehmens und werden von den Mitarbeitern dementsprechend gerne besucht. So hat sich dort das negative Image der Psychotherapie von der Behandlung psychisch gestörter Menschen hin zum Wissen um die Persönlichkeitsentfaltung gewandelt und in Firmen etabliert.

Jeder Mensch aber kann und sollte sein Unbewusstes erforschen, um zufriedener und glücklicher zu sein und mehr Selbstbewusstsein ausstrahlen zu können. Oft höre ich von meinen Klienten: „Wenn damals doch meine Mutter eine Psychotherapie hätte machen können, dann wäre es ihr besser gegangen und auch mir wäre vieles erspart geblieben."

Viele körperliche Beschwerden und Krankheiten lassen sich über die Psychotherapie heilen und verbessern. Es ist immer wieder erstaunlich, dies zu beobachten. Faszinierend war es für mich mitzuerleben, wie sich eine schwere Rheumaerkrankung bereits während der Therapie verbessert hat, und die Klientin konnte ihre Cortisonpräparate absetzen. Natürlich ist das nicht immer so spektakulär, wie das bei diesem Fall gewesen war. Besonders nach einer durchgeführten Atemtherapie verbessern sich häufig sofort Schmerzen im Schulterbereich, in der Magengegend oder sonstige körperliche Beschwerden.

Die Medizin spricht von psychosomatischen Beschwerden, wenn psychische Erkrankungen sich als körperliche Erscheinungen manifestieren. Hierzu gehören Schmerzen und funktionelle Beschwerden des Magen-Darm-Bereichs, des Herz-Kreislauf-Systems, des Skelett- und Muskelsystems und viele ungeklärte Leiden. Selbst eine so schwerwiegende Erkrankung wie Colitis ulcerosa, die zu einer völligen Invalidisierung des Patienten führen kann, wird heute als psychosomatische Erkrankungen anerkannt.

Was ist heilen?

Im Gegensatz zur wissenschaftlichen Medizin, die nur bestimmte Krankheitsbilder als psychosomatisch betrachtet, vertreten der Psychologe Thorwald Dethlefsen und der Arzt Rüdiger Dahlke die Auffassung, dass letztendlich alle Erkrankungen auf der Seelen- und Geistebene entstehen. Der Körper eines Menschen lebt und funktioniert nämlich nur durch die Anwesenheit von Seele und Geist. Dies kann jeder erkennen, der eine Leiche betrachtet, denn Seele und Geist sind dann nicht mehr im Körper vorhanden. Diese beiden nicht materiellen Instanzen wirken aber ständig auf den lebenden Körper ein und das Symptom einer Erkrankung ist als ein Signal zu begreifen, das den Menschen auffordert, sich weiterzuentwickeln. Betrachtet man das Symptom einer Krankheit und erkennt der Patient die Botschaft seiner Erkrankung, dann kann er seine Geisteshaltung und ggfs. seine Lebensweise ändern. Dadurch geschieht Heilung. Die körperlichen Beschwerden sind nicht mehr notwendig und der Mensch kann gesunden.

Die Bücher von Dethlefsen und Dahlke, „Schicksal als Chance" und „Krankheit als Weg", „Krankheit als Sprache der Seele" und viele andere mehr, haben Millionenauflagen erreicht. Und warum? Weil sie etwas ansprechen, das als empirisches Wissen im Menschen vorhanden ist. In dem Buch von Rüdiger Dahlke „Krankheit als Symptom" werden die verschiedenen Krankheitsbilder umfassend gedeutet.

Trotzdem ist es nicht damit getan, die entsprechende Information zu erhalten, sondern die ganzheitlichen Zusammenhänge müssen natürlich von jedem Patienten innerlich erfahren werden. Nur so kann eine Änderung stattfinden. In diesem Zusammenhang kann ich immer wieder beobachten, wie übereifriges Deuten der Krankheitssymptome Menschen, die das vielleicht gar nicht hören wollen, eher abschreckt. Wer hört schon gerne, wenn er z. B. Rückenschmerzen hat und leidet, eine kluge psychosomatische Deutung, im Sinne von „das ist ein Problem der Demut" oder „es hat mit deiner Sexualität zu tun" oder „du trägst zu viel Last". Letztere Deutung wird uns wohl am sympathischsten sein. Bestenfalls wird der Betreffende darüber nachdenken, aber wirklich etwas anfangen kann er damit oft nicht. Deswegen sollte mit der Information zur Deutung von Krankheitsbildern, die in vielen Büchern verschiedenster Autoren oft stichpunktartig dargestellt werden, eher behutsam umgegangen werden. Sie zur Selbstdeutung einzusetzen, das wäre der richtige Weg.

Die psychosomatischen Entsprechungen, die in diesen Büchern dargestellt werden, sind nicht nur logisch nachvollziehbar, sondern ich erlebe den Wahrheitsgehalt dieser Aussagen täglich in meiner Praxis.

Mich beschäftigt die Suche nach Ursachen von Krankheiten seit nunmehr 30 Jahren, da meine Eltern zu früh an den Zivilisationskrankheiten wie Herz-Kreislauf-Erkrankungen und Krebs verstorben sind. Das war meine Motivation, um mich zunächst mit gesunder Ernährung und Heilfasten auseinanderzusetzen, ein Erfahrungswe, der mich von der Ursachensuche bei Krankheiten im körperlichen Bereich zur Suche nach den seelischen Ursachen gebracht hat. Erst in der Auseinandersetzung mit dem Sinn des Erkrankens habe ich die für mich befriedigenden Antworten gefunden. Zunächst aber stellte ich in der Ausarbeitung der Vorträge für meine Dozententätigkeit immer wieder fest, dass all die körperlichen ursächlichen Faktoren bei jeder Krankheit zu finden waren, egal ob es sich um Krebs, eine Allergie, eine Magen-Darm-Erkrankung oder um Herz-Kreislauf-Erkrankungen handelte. Immer waren erbliche Dispositionen, falsche Ernährung, zu wenig Bewegung, zu wenig Entspannung, Umweltgifte in Luft, Wasser und Nahrung, Rauchen, Erdstrahlen und Elektrosmog, der Kontakt mit Bakterien, Viren, Pilzen und anderen Parasiten, Medikamentenmissbrauch und seelische Belastungen für all die verschiedenen Krankheitsbilder verantwortlich.

Mein Ansatz der Heilung war zu Beginn meiner Tätigkeit in der Gesundheits- und Ernährungsberatung, möglichst viele krankmachende Faktoren aufzuzeigen und Lösungen vorzuschlagen, die den Menschen helfen, länger gesund zu bleiben. Dies gilt natürlich nach wie vor. Allerdings hat aufgrund meines heutigen Wissens und meiner Erfahrung der Einfluss der Seele eine übergeordnete Priorität bekommen. Der Körper eines Menschen, der mit sich im Einklang ist, toleriert leichter ungesunde Umweltbedingungen.

Lange suchte ich nach befriedigenden Antworten, die mir erklärt hätten, warum Menschen zu verschiedenen Krankheiten wie Allergie, Rheuma, Krebs, Migräne oder Asthma neigen. Warum bekommt ein Mensch Krebs und ein anderer Rheuma? Weitere Fragen, die mir von meinen Kursteilnehmern gestellt wurden, blieben ebenfalls für mich ungeklärt. Zum Beispiel:

Wie ist es möglich, dass jemand sich schlecht ernährt und raucht und trotzdem 95 Jahre alt wird?

Weshalb hat mein Kind Neurodermitis, nachdem ich mich in der Schwangerschaft vernünftig ernährt und mein Kind gestillt habe? Warum leide ich unter Übergewicht, obwohl ich weniger esse als meine Freundin, die sehr schlank ist? Bei vielen dieser Fragen konnte ich auf die genetische Disposition verweisen. Vertieft man dieses Thema, kann wiederum nicht erklärt werden, warum sich bei einem Kind eine Krankheit weiter vererbt und die Geschwister davon verschont bleiben. Ist das einfach nur Pech, eine Laune der Natur, Zufall oder macht dieser Zufall Sinn?

Durch die Beschäftigung mit den geistig-seelischen Hintergründen der Krankheitssymptome, der Verstehenden Medizin und der Bedeutung des Wortes Heilung und Ganzheit konnte ich die bis dahin fehlenden Antworten finden. In meiner nunmehr 20-jährigen psychotherapeutischen Arbeit mit inneren Bildern und Symbolen wurden so eine Vielzahl dieser seelischen Botschaften der Krankheitssymptome bei meinen Klienten aufgedeckt. Die psychosomatischen Be-Deutungen in den Büchern von Rüdiger Dahlke, stimmten oft so verblüffend mit den therapeutischen Ergebnissen meiner Klienten überein, sodass ich ihnen nach den Sitzungen diese auf ihr persönliches Krankheitsbild bezogenen Aussagen noch als zusätzliche Information und Bestätigung mitgeben konnte.

Viele Ärzte und Heilpraktiker sprechen von Ganzheitsmedizin. Viele Menschen aber verstehen darunter meist eine Ansammlung verschiedener naturheilkundlicher Methoden. Zunächst ist es nötig, zu klären, was unter diesen Begriffen Heilen und Ganzheit zu verstehen ist. In diesem Sinne wird Krankheit nicht als isoliert ablaufendes Geschehen im Körper betrachtet, sondern der Mensch sollte in seiner Ganzheit von Körper, Geist und Seele wahrgenommen werden.

Das Wort „heilen" hat seinen Ursprung im Wort „Heil" und stammt von derselben Wurzel ab wie Ganzheit und Heiligkeit. Der Mensch ist immer unheil, seit er die Einheit verlassen und in die Welt der Polarität eingetreten ist. Nur in diesem von Gegensätzen wahrgenommenen Bewusstsein und in der Vielheit menschlicher Erfahrungen kann sich der Mensch erkennen und entfalten (siehe Seite 91 ff). Trotzdem bleibt der Mensch ein Leidender an dieser Trennung, wie bereits beschrieben wurde. In der tiefen Meditation und durch Innenschau kann der

Mensch die Illusion der Trennung überwinden, die Einheit erfahren und den Schmerz heilen. Das drückt das Wort „heilen" in seiner wirklichen Bedeutung aus. Es ist nicht mein Anliegen, die Verstehende Medizin bzw. die Psychotherapie als Therapieform mit einem alleinigen Heilungsanspruch zu beschreiben. Nicht alle Menschen müssen diesen Erkenntnisweg gehen und er ist nicht in der Lage, ein gebrochenes Bein zu heilen. Auch eine Blinddarmentzündung kann nicht durch geistige/seelische Arbeit am Unbewussten geheilt werden oder durch Handauflegen – obwohl es manchmal sogenannte Wunderheilungen gibt. Schulmedizin, Naturheilkunde und Verstehende Medizin sollten mit ihren Therapieformen gleichberechtigt nebeneinanderstehen und können sich gar nicht ausschließen. Wenn der Schmerz nach einer Zahnbehandlung nachgelassen hat, sind wir selig. Wie wunderbar haben sich Medizin und Forschung weiterentwickelt: Chirurgen, die Herzen verpflanzen oder Tumore entfernen, Ärzte, die Beschwerden kurieren und bei so vielen schlimmen Krankheiten ihr Bestes geben, Forscher, die die körperlichen Ursachen der Krankheiten aufspüren, schmerzstillende und heilende Medikamente oder Impfstoffe entwickeln. In den letzten Jahren erlebe ich immer mehr ein Zusammenwachsen von Wissenschaftlicher Medizin mit Naturheilkunde und Psychotherapie. Mittlerweile gibt es Gesundheitszentren, in denen diese verschiedenen Therapieformen nicht nur unter einem Dach zusammenarbeiten, sondern sich im regen Austausch gegenseitig ergänzen.

Der Mensch ist ein Wesen aus Körper, Seele und Geist. Die nachstehende Grafik und Beschreibung der verschiedenen Ebenen soll zum Verständnis beitragen, wie Seele und Geist im Körper eines Menschen wirken.

Der Mensch ist ein Wesen aus Geist, Seele und Körper.

Dem göttlichen Funken
entspringt die Idee der Person und deren Aufgabe im Leben.
Sie verwirklicht sich
im **Geist** und in der **Seele**
und zeigt sich uns im **Körper** des lebenden Menschen.

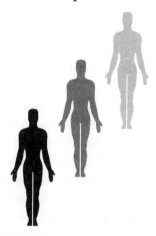

Geist:
Ich-Bewusstsein/Verstand
Denken und Handeln werden wesentlich bestimmt vom
Persönlichen Unbewussten und
Familiären und Kollektiven Unbewussten.

Seele:
Ich-Empfinden
Gefühle und Triebe werden bestimmt vom
Persönlichen Unbewussten und
Familiären und Kollektiven Unbewussten.

Körper:
Physischer Körper (Summe der chemischen Teilchen)
Ätherkörper (ätherisches Doppel aus Lichtenergie)

Diese 3 Ebenen wirken ineinander.

Der Mensch ist ein Wesen aus Geist, Seele und Körper

Der göttliche Funke oder die Einheit
Das ist eine rein geistige Energie. Sie ist die Quelle all unseres Seins. Aus ihr entsteht die Idee unserer Persönlichkeit (Charakter) mit dem Entwurf unseres Lebensplanes. Bildlich beschrieben, der Gedanke der Schöpfung, der dich als Menschen erdacht hat.
Diese Persönlichkeit verwirklicht sich dann im unsichtbaren Geist- und Seelenkörper und bildet sich ab im physischen Körper.

Der feinstoffliche Geist- oder Mentalkörper
Er beinhaltet die Ebenen des Ich-Bewusstseins in Form unserer Gedanken und unseres logischen Verstandes (mental: abgeleitet von lat. *mens:* „Verstand"). Damit verfügt er über unsere angeborenen und erworbenen Fähigkeiten zur Vernunft und Kreativität.
Das Persönliche Unbewusste enthält alle vergessenen Erfahrungen. Das Wissen, das wir in unserem Leben gelernt haben, und all unsere Erlebnisse sind hier abgespeichert. Bewusst können Sie sich vielleicht erinnern, was Sie Samstag vor einer Woche unternommen haben, aber können Sie sich erinnern, was Sie an einem Julitag in Ihrem 4. Lebensjahr gemacht haben? Das ist nicht so einfach abzurufen, aber es ist im Persönlichen Unbewussten abgespeichert.
Die Kindheit und die vorgeburtliche Phase spielen heute in der tiefenpsychologisch orientierten Psychotherapie die zentrale Rolle, denn der Mensch wird gerade in den ersten Lebensjahren entscheidend geprägt, da sich das Gehirn entwickelt und der Verstand sich bildet. Da der Mensch in diesem Stadium von den Bezugspersonen besonders abhängig ist, werden hier die Ursachen für z. B. spätere Ängste gelegt. Die ersten Abwehrmechanismen und Schutzhaltungen werden ausgebildet, die dann den Background für unser Mitgefühl, unsere soziale Verantwortung und ein gesundes Ich- und Selbstbewusstsein bilden. Unsere Liebesfähigkeit, wie wir Liebe geben und nehmen können, wird bereits zu Beginn des Lebens entscheidend beeinflusst. Ebenso verhält es sich mit dem Familiären Unbewussten. Die Erlebnisse unserer Eltern

und Großeltern sind dort wie in einem Pool gespeichert. Genauso wie wir körperliche Krankheiten vererbt bekommen, so gilt dies auch für geistige Werte, Erfahrungen, Fähigkeiten oder Talente.

Das Kollektive Unbewusste kann man sich als eine Art Weltgedächtnis vorstellen. Darin befinden sich das Wissen und die Erfahrungen der gesamten Menschheit. Insbesondere unsere Archetypen, die Urbilder menschlicher Charaktere mit den ihnen zugeordneten Wesenszügen, sind hier in uns lebendig und drücken sich in unserer Persönlichkeit aus.

In asiatischen Religionen wurde dieses Weltgedächtnis als Akasha-Chronik bezeichnet, ähnliche Beschreibungen sind in der christlichen Religion zu finden. Der Anthroposoph Rudolf Steiner schöpfte aus dieser Quelle. Mit seiner Theorie der morphogenetischen Felder (griechisch *morphe*: „Form und *genesis* = werden") geht der Biochemiker Rupert Sheldrake ebenfalls in diese Richtung und beschreibt, dass all unsere Gewohnheiten, Handlungen und Ideen sich im Universum als ein bestimmtes Muster abbilden. Sie verstärken sich und werden zu Feldern, je mehr Menschen einem gleichen Muster folgen. Ein Muster kann sich aber verändern, wenn mehrere Menschen andere Gewohnheiten über einen längeren Zeitraum annehmen.

Um das Persönliche Unbewusste, Familiäre und Kollektive Unbewusste bildhaft zu beschreiben, möchte ich diese Ebenen mit einem Computer vergleichen.

Nehmen wir an, in Ihrer Familie steht ein solches Gerät mit entsprechender Software. Das Gerät (Hardware) wäre zu vergleichen mit unserem sichtbaren Körper, die Programme (Software) mit den unsichtbaren Ebenen von Geist und Seele. Wenn Sie einen Computer kaufen, ist die entsprechende Software bereits mitgeliefert, mit der Sie Dateien anlegen, Briefe tippen, Musik hören und natürlich auch das Internet nutzen können. Ähnlich ist das beim Menschen. Beim Baby sind bereits im Mutterleib Geist und Seele vorhanden. Das Bewusstsein ist angelegt und enthält die unbewussten 3 Ebenen des Persönlichen, Familiären und Kollektiven Unbewussten. Unsere Charakterstruktur ist also bereits bei der Geburt vorgegeben. Wie wir diese vorgezeichnete Persönlichkeit entwickeln und welche Talente und Fähigkeiten wir entfalten können, wird durch die Erziehung und Umwelt mitbestimmt.

Sie beginnen also im Laufe Ihres Lebens, Ihre Informationen, Adressen, Bilder, alles, was Ihnen wichtig ist, in eigene Dateien abzuspeichern. Nach einiger Zeit haben Sie da eine Menge an Informationen in Ordnern abgelegt, alten Schriftverkehr und Ordner, die Sie vielleicht nicht mehr benutzen. Sie haben ganz vergessen, welche Adressen und Briefe sich darin befinden, aber sie sind da. So ähnlich verhält es sich mit Ihrem Persönlichen Unbewussten. Alle Sinneseindrücke, alle Gedanken, alles, was Sie hören und sehen, wird sogleich abgespeichert und zugeordnet. Die Informationen sind gespeichert, aber unser bewusster Verstand hat sie vergessen. Ebenso kann in Ihrem Haushalt die Familie den Computer nutzen. Ihre Mutter oder der Vater haben eigene Ordner (Familiäres Unbewusstes) und bald schon der kleine Sohn. So gibt es in dem Computer mehrere Ordner, Ihren persönlichen und für jedes Familienmitglied auch einen Ordner, in dem wiederum alle Eindrücke abgespeichert sind. Sie haben natürlich auch den Zugang zum Internet. In unserem Gleichnis steht es für das Kollektive Unbewusste. Das World Wide Web ist eben auch ein großer Pool, zu vergleichen mit der Akasha-Chronik, in dem das Wissen von unglaublich vielen Menschen enthalten ist. Sie geben im Google ein paar Suchbegriffe ein und erhalten das Wissen, das Sie brauchen. So können Sie mit der ganzen Welt kommunizieren und Erfahrungen austauschen, denn Sie sind vernetzt.

Ähnlich können wir in Trancezuständen auch unser „inneres Wissen" befragen. Ein wenig hinkt der Vergleich schon, denn wenn ich den Computer ausschalte, nicht online bin, kann ich nicht von ihm in meinem Denken und Handeln beeinflusst werden. Aber Seele und Geist, also der große Computer in Ihrem Inneren, sind niemals ausgeschaltet. Sie sind also vom Persönlichen Unbewussten, dem Familiären und Kollektiven Unbewussten gesteuert, als wären Sie ständig online. Dazu kommt noch, dass sich alle Programme von selbst schließen und öffnen und Ihnen Informationen freigeben, je nachdem, mit welchem Gedanken Sie gerade beschäftigt sind. Ob Sie ein Bild betrachten, Radio hören, essen, schlafen oder was Sie sonst gerade so tun, Ihr Bewusstsein greift also ständig auf die gemachten Erfahrungen zurück und verknüpft das, was Sie gelernt haben, auch mit dem, wie Sie vom Familiären und Kollektiven beeinflusst sind. Daraus ergibt sich dann

Ihr Verhalten. Das geschieht ständig und Sie merken das nicht. Unser Gewissen, unsere ethischen Werte und unsere gesamten Lebenserfahrungen haben sich im Laufe der Zeit so gebildet. Wir spüren, wenn wir in uns hineinhorchen, das alles als innere Stimme und als Bauchgefühl in der Verbindung mit der Seelenebene.

Durch Erziehungs- und Gesellschaftsmoral wird unsere innere Stimme beeinflusst, sodass wir unsere wahre Intuition und unser wahres Wesen oft nicht mehr richtig wahrnehmen können. Dieser Einfluss kann im günstigen Fall für uns sehr positiv sein. Wenn wir in unserem Selbstwert bestätigt wurden und wir Eltern und Lehrer hatten, die uns vertrauensvoll und liebevoll unterstützt haben, so werden wir mit Selbstliebe und Selbstvertrauen durch das Leben gehen und werden unserer inneren Stimme vertrauen. Unser wahres Wesen ist nicht sehr stark beschnitten worden und kann sich weiterhin gut entwickeln.

Hatten wir aber Eltern, die selbst ängstlich waren, lieblos oder streng erzogen wurden, so wirkt sich das auf ihren späteren Erziehungsstil aus und sie können uns dann auch wenig Liebe und Vertrauen vermitteln. Wir bilden dann ebenfalls diese Eigenschaften aus. Wir werden so handeln, wie wir das eigentlich vermeiden wollten und vielleicht – wie die Mutter oder der Vater – unsere nötige Selbstsicherheit auch in materiellen Dingen suchen oder uns orientieren an Werten anderer Menschen. So bleiben wir in unserer Weiterentwicklung und in Abhängigkeiten stecken, bis uns Schwierigkeiten beggenen, die ein Umdenken und einen Individualisierungsprozess einleiten. Egal wie aufgeklärt wir auch sein mögen, unser unbewusster Verstand ist beeinflusst von den erzieherischen Methoden und Moralvorstellungen längst vergangener Zeit. Sie legen unserem Denken, Handeln und Fühlen Fesseln an. Der Einfluss des Kollektiven Unbewussten ist unserem analytischen Verstand nicht zugänglich, und deswegen bleiben so mancher Wesenszug und vieles, was wir tun und was uns geschieht, unerklärlich.

Der feinstoffliche Seelen-Körper
Die Seelenebene ist nicht zu trennen vom Geistkörper und dessen Ebenen.
Sie umfasst ebenso die Bereiche des Persönlichen Unbewussten, des Familiären Unbewussten und des Kollektiven Unbewussten.

Die Geist- und Mentalebenen drücken sich durch den Verstand, die innere Stimme, die Lebensweisheit und das gesprochene Wort aus.

Die Seele aber spüren wir in den Gefühlen, Emotionen, Trieben und Instinkten. Sie können wir nur erfahren. Unsere Vorlieben und Abneigungen haben hier ihr Zuhause.

Vergleichen wir die Seelen- und Geistebenen mit einem Musikstück, dann wäre die Seele mit der Melodie und der Geist mit dem Liedtext zu vergleichen.

Alles, was der Mensch erfahren hat, die Wahrnehmung aller Gefühle und Stimmungen aus der Jugendzeit, Kindheit und der vorgeburtlichen Phase, all dies prägt unsere Lebensmelodie und beeinflusst unser Denken und Handeln. Unser Geist-Seelenwesen hat viele dieser Erfahrungen gespeichert. Sie sind Elemente unseres bewussten oder unbewussten Gedächtnisses. Seele und Geist kann man sich dabei vorstellen wie ätherische Körper, ähnlich unserem fleischlichen Körper. Die auf der feinstofflichen Ebene aufgenommenen Erlebniseindrücke und Reize hinterlassen dann im Körper des Menschen im Zentralen Nervensystem Spuren, sogenannte Engramme.

Die Bezeichnung „Engramm" wurde von dem Physiologen Richard Semon 1904 in seinem Werk „Mneme" (griechisch: Gedächtnis) als erhaltendes Prinzip des organischen Geschehens eingeführt. Es setzt voraus, dass organische Substanzen im Körper vorhanden sind, die diese Spuren aufnehmen und bewahren, sich also im sichtbaren Körper nachweisen lassen. Nach seiner These sind sie im Protoplasma gespeichert und könnten bei Bedarf abgerufen und weitergegeben werden. Nach heutiger Meinung spielt dieser Einfluss eine Rolle bei der Veränderung der Synapsen (Kontaktstellen zweier Nervenzellen zur chemischen und elektrischen Signalübertragung), wodurch diese entfernt, verstärkt oder neu gebildet werden.

Diese Auffassung von Semon wurde später von Donald O. Hebb, dem Vater der kognitiven Psychobiologie* *(The Organization of Behavior, 1949),* bestätigt.

---

* Kognitive Psychobiologie (lat. *cognoscere:* „erkennen"). Sie beschäftigt sich mit der Informationsverarbeitung, dem Denken, Lernen und Erinnern des Menschen. Hebb befasste sich mit den neurobiologischen Prinzipien und dem Lernen (die Hebb'sche Lernregel).

In seinem Buch „Das Gedächtnis des Körpers" beschreibt Prof. Joachim Bauer die neuesten Ergebnisse der Hirnforschung und zeigt auf, wie Beziehungen und Lebensstile unsere Gene steuern. Der deutsche Forscher (Molekularbiologie und Neurobiologie) ist Arzt mit der Ausbildung als Internist, Psychotherapeut und Psychiater, spezialisiert auf Psychosomatische Medizin. Er lehrt an der Universität Freiburg und ist Autor zahlreicher Bücher. Wie frühkindliche Traumata epigenetische Veränderungen hervorrufen, wird zurzeit intensiv erforscht und heftig diskutiert. In der Pressemitteilung des Max-Planck-Instituts für Psychiatrie München vom 8. 11. 2009 mit der Überschrift „Gene lernen aus Stress, Epigenetischer Mechanismus entdeckt, wie frühkindliches Trauma uns für Depression programmiert" ist zu lesen: „Forscher des Max-Planck-Instituts für Psychiatrie entdecken, wie schwerer psychischer Stress die Anlagerung einfacher chemischer Markierungen, sogenannter Methylgruppen, an unsere Erbsubstanz bewirkt und die Aktivität von Genen dauerhaft verändert. Dies gelang mithilfe von Mäusen, die nach der Geburt kurze Zeit vom Muttertier getrennt wurden und als Folge lebenslang erhöhte Stresshormone und verminderte Stresstoleranz zeigten. Beides sind bei entsprechender Veranlagung Wegbereiter für schwere Depressionen. Die Entschlüsselung dieser Gedächtnisbildung ist Gegenstand der Epigenetik, einer Forschungsrichtung, die zum Verständnis der Wechselwirkung von Genen und Umwelt zunehmend an Bedeutung gewinnt. Die Wissenschaftler hoffen, auf diesem Weg neue, auf das Individuum zugeschnittene Therapien zu entwickeln."

Der Körper
Der sichtbare Körper des Menschen ist die Summe der chemischen und stofflichen Teilchen, die wir als Materie wahrnehmen. Nur durch die Anwesenheit der feinstofflichen Körper von Seele und Geist aber lebt der Mensch. Beide wirken, wie bereits psychobiologisch beschrieben, auf den Körper ein. Von der Geisteshaltung und Seelenlage sind unsere Lebendigkeit und unser Wohlbefinden abhängig. Jeder Mensch weiß, dass sich die seelische Stimmung auf den Körper auswirkt. Wenn wir traurig sind, spüren wir einen Kloß im Hals. Ein Röntgenbild kann diesen Kloß nicht nachweisen, er ist unsichtbar und trotzdem vorhanden und spürbar. Früher glaubte man, dass sich

der Sitz der Seele im Herzen, im Gehirn oder sogar im Bauch eines Menschen befindet. Die Chinesen aber wussten schon jahrtausendelang, dass Seele und Geist, als unsichtbare Körper, im materiellen Körper integriert sind.

Diese Ätherkörper sind durchzogen mit Energiebahnen, den Meridianen, die wiederum von verschiedenen Energiezentren (Chakren) gespeist werden. Diese unsichtbaren Energiebahnen und Chakren haben die Chinesen bereits vor mehr als 3.000 Jahren aufgezeichnet und benannt. Wie die Lebensenergie fließt und ob die Energieverteilung in den Meridianen und Chakren harmonisch ist, das ist für die chinesische Medizin der Ansatzpunkt, um regulierend einzuwirken. Die Akupunktur ist wohl die anschaulichste Heilmethode, die diesen Ausgleich der Lebensenergie bewirkt und besonders in der Schmerztherapie eingesetzt wird. Ähnlich hervorragende Ergebnisse lassen sich oft schon durch eine psychoenergetische Atemsitzung erzielen. Zudem schafft sie unter therapeutischer sachkundiger Anleitung eine Bewusstwerdung der seelischen Hintergründe der Krankheit.

Die Macht des Unbewussten

Betrachten wir die Grafik in der Pyramidenform mit den verschiedenen Schichten des Unbewussten, so können wir die unglaubliche Chance erkennen, die darin liegt, Leidvolles wirklich schneller loslassen und befriedigende Antworten für unser Leben und Schicksal finden zu können, wenn wir uns den tieferen Schichten des Unbewussten zuwenden.

Stellen wir uns unser Bewusstsein mit den unbewussten Ebenen wie einen Berg (Grafik der Pyramidenform, siehe Seite 73) vor, der im tiefen Meer gründet. Nur die Spitze (das Ich-Bewusstsein) ist zu sehen, eine kleine Spitze; die Masse (alle unbewussten Schichten) aber liegt unter dem Wasser. Wir können die wirkliche Tiefe und das Ausmaß des Berges nicht erkennen. So wissen wir daher nicht, was wirklich unsere Gefühle, Triebe und unser Denken und Handeln steuert. Wir kennen nicht den Grund für gespürte seelische Lasten und wissen zu wenig über die Masken und Mauern, die wir schon ganz früh gebraucht haben, um unsere Seele vor weiteren Verletzungen zu schützen. Je mehr wir im Leben Dinge unter diese Wasseroberfläche packen, sprich in unserer Seele aufstauen, wird dieser Berg zu einem Vulkan, der in Schach gehalten werden muss. Dieser Vorgang kostet uns eine enorme Kraft, die unsere Lebensfreude und Lebendigkeit einschränkt. Im Erkennen dieser unbewussten Kräfte kommt es zur Entstauung dieser Energien, und das wirkt sehr befreiend. Damit können wir auch die unbewussten Verstrickungen der Vergangenheit sehen und die heutigen unbewältigten Probleme lösen, um die Zukunft freier zu gestalten.

Bereits, wenn wir auf die Welt kommen, sind unsere Seele und unser Geist nicht frei und sind kein unbeschriebenes Blatt. Wie bereits ausführlich dargestellt, tragen wir schon die genetische Struktur und die seelische Vererbung unserer Eltern und Großeltern in uns, mit all ihren psychischen Traumen, die uns zur Lösung überlassen werden. Märchen und Mythen erzählen uns davon, dass Kinder und Kindeskinder Schuld, Verfehlungen und verdrängte, tabuisierte Themen der Eltern und der vorangegangenen Generationen tilgen oder lösen müssen.

So kann man feststellen, dass bestimmte Familienprobleme und Konflikte immer wieder weitergegeben werden. Besonders auffällig ist dies bei Familien mit Alkoholproblemen. Wenn die Töchter aus solchen Familien sich Männer aussuchen, die später ebenfalls alkoholkrank werden, kann das nicht auf eine genetische Vererbung zurückgeführt werden. Erforscht man die Familiengeschichte, wird man feststellen, dass sich auch seelische ungelöste Probleme weiter vererben und nicht nur bestimmte Krankheiten weitergetragen werden. Das war immer schon bekannt und dieses Wissen ist in Mythologien, besonders in den griechischen Tragödien, thematisiert und zeigt sich auch im Märchen.

In der Geschichte des Rumpelstilzchens wird berichtet, dass ein armer Müller eine schöne Tochter besaß. Es begab sich, dass der Müller eines Tages beim König prahlte: „Meine Tochter kann Stroh zu Gold spinnen." Da der König das Gold liebte, musste der Vater die Tochter zum König bringen. Sie wurde in eine Kammer gebracht, die voller Stroh war, und sie sollte über Nacht das Stroh zu Gold spinnen. Das Mädchen weinte gar sehr, denn sie konnte diese Aufgabe nicht erfüllen und hätte sterben müssen, falls ihr dies nicht gelingen würde.

Da tauchte ein kleines Männlein auf, das Stroh zu Gold spinnen konnte. Die Müllerstochter aber musste ihm dafür ihr Halsband geben und am nächsten Tag, als der König dasselbe noch mal verlangte, kam abermals das Männlein und spann das Stroh zu Gold. Dafür musste die Müllerstochter versprechen, dass sie, wenn sie Königin sei, ihr erstgeborenes Kind dem Männlein geben würde. Und so geschah es. Als nach einiger Zeit das Versprechen eingelöst werden musste, verweigerte ihm die Königin ihr Kind und bot dem Männlein alle Schätze der Welt dafür. Aber es wollte keine Reichtümer. Weil es Mitleid mit der Mutter hatte, sagte es: „Wenn du innerhalb von 3 Tagen meinen Namen errätst, darfst du das Kind behalten." Die Königin schickte daraufhin all ihre Leute aus, um den Namen des Männleins herauszubekommen. Alle Namen, auch die unmöglichsten Namen wie Rippenbiest und Schnürbein sagte sie dem Männlein auf. Es aber rief immer wieder: „Nein, so heiß ich nicht." Am 3. Tag war die Königin schon ganz verzweifel, als ihr ein Bote von einer kleinen Gestalt erzählte, die um ein Feuer sprang, sang und dabei sprach: „Ach wie gut, dass niemand weiß, dass ich Rumpelstilzchen heiß." So konnte die Königin dem Männlein seinen richtigen Namen nennen. Voller Wut zerriss sich das Rumpelstilzchen nun selbst und die Königin ward von ihm erlöst. So weit der Inhalt dieser Geschichte.

In diesem Märchen hatte der Vater gelogen bzw. geprahlt. Er tritt nur zu Beginn des Märchens auf. Warum er gegenüber dem König geprahlt hat, wird nicht erzählt, und von ihm erfahren wir nichts mehr in dieser Geschichte. Möglicherweise war dem Vater gar nicht bewusst, was er damit angestellt hatte, er war vielleicht betrunken. Vielleicht wollte er seine Tochter zur Königin machen, damit es ihr besser gehe, und dachte, sie würde schon eine List finden, wie sie den König beeindrucken könne. Wir wissen es nicht. Die psychologische Deutung stellt sich so dar: Der Vater ist lediglich ein Gehilfe des Schicksals und ebenfalls mit dem späteren Lösungsthema verstrickt. Nicht er löste das Problem, sondern er brachte das Mädchen in Schwierigkeiten, damit sie ihr Bewusstsein ausbildet und mit Macht und Ohnmacht umzugehen lernt, also zur Königin wird. Die Müllerstochter aber muss für diese Falschaussage des Vaters fast ihr Leben lassen. Ihr Leid, ihre Verzweiflung, aber auch ihre Angst um ihr erstes Kind werden erzählt. Wäre es der Königin nicht gelungen, den Namen des Männleins zu erfahren, hätte das Enkelkind des Müllers die Mutter verloren und wäre kein Königskind geblieben. Bei all ihrem Leid hatte die Müllerstochter aber eine Hilfe. Das Rumpelstilzchen ist Teil ihres Unbewussten und entpuppt sich als Helfer, wird aber böse, wenn seine Forderungen nicht erfüllt werden. Es möchte keinen Reichtum, sondern es möchte, dass sie seinen Namen herausfindet, was wiederum bedeutet, dass es als Teil ihres Unbewussten erkannt werden möchte. Die Müllerstochter und bereits Königin hatte die Aufgabe, die Themen von Ausgeliefertsein, Ohnmacht und Macht zu erfahren, die Verstrickung mit dem Vater zu lösen und sich in ihrem ganzen Wesen zu erkennen. Damit wird die Müllerstochter frei und selbstbewusst und darf Königin sein. Königin – und das König-Sein bedeutet in der erlösten Form, dass man seine Macht und sein Ego kennt und damit umgehen kann.

Mythen als überlieferte Erzählungen berichten uns darüber, wie die Gegenwart in der Vergangenheit begründet ist. Sie schildern die Entstehung der Welt, der Götter und der Menschen mit ihren Charakterzügen und Aufgaben. Es scheint, dass für die Götter alles ein großes Spiel ist, und der unwissende Mensch ist darin eingewoben. In der griechischen Mythologie finden wir häufig die Motive, dass spätere Generationen einen Frevel, eine Verfehlung oder eine Anmaßung sühnen müssen, und ihnen das zugrunde liegende Ereignis gar nicht mehr bewusst war. So König Ödipus, der die Hintergründe für eine schwere Pest, die im Volk wütete, vom Orakel in Delphi aufdecken lassen wollte. Er musste auf tragische Art seinem Schicksal folgen und hat seine Lebensgeschichte und seine Verwicklungen erst im Nachhinein erfahren. Das Orakel von Delphi war ein berühmter Ort. Dorthin pilgerten Herrscher, die Kriege oder schweres Schicksal abwenden wollten, und viele Menschen, die von Schicksalsschlägen betroffen oder bedroht wurden. Die Priester von Delphi übersetzten die Aussagen der Pythia, einem weiblichen Medium, das sich im Apollontempel hinter einem Vorhang in Trance versetzte und die Gabe der Weissagung hatte. Ihre Hinweise bezogen sich meist auf lange zurückliegendes Unrecht, das nun gesühnt werden sollte. Die Auslegung der oft rätselhaften Weissagungen überließen die Priester aber den Ratsuchenden. In goldener Schrift stand der wichtigste Lehrsatz der griechischen Philosophie auf dem Tempel von Apollon in Delphi: „Erkenne dich selbst." Er zeugt von den frühesten menschlichen Bemühungen, sich selbst zu erkennen, um die Welt zu gestalten, Werte und eine geistige Haltung zu begründen. Dieser Satz gilt heute noch mehr denn je. Würden die Menschen mehr nach innen schauen, dann könnten sie frei werden von den Mustern der Vergangenheit. Sie könnten sich selbst mit all ihren Fehlern und Schwächen erkennen und annehmen. Sie müssten ihre Ängste nicht mehr hinter Rechthabereien und Machtgebärden verbergen, und damit könnte mehr Frieden in der Familie und in den Völkern entstehen. Um Antworten auf die Frage zu finden, wie frei der Mensch in seinen Handlungen ist, hilft uns die Grafik. Dort sind die verschiedenen Ebenen, die Einheitserfahrung des Göttlichen Bewusstseins, frühere Leben, Archetypen und Kollektives Unbewusstes, Familiäres Unbewusstes, Persönliches Unbewusstes in einer Pyramidenform dargestellt. Dies alles beeinflusst unser Ich-Bewusstsein und damit unser Handeln. So denke ich, dass Freud richtig liegt mit der Annahme, dass ca. 90 % der menschlichen Entscheidungen unbewusst motiviert sind.

Nach dem Freud'schen Modell des Zusammenspiels der bewussten und unbewussten Ebenen regiert im Bewusstsein das Ich und im Unbewussten das Es. Dazwischen ist, wie in einem Gitter, das Über-Ich. Das filtert in einer Art Kontrollinstanz heraus, was moralisch gut ist, und daher bewusst sein darf, und was „schlecht" ist und verdrängt werden muss. Die Verdrängungen zeigen sich dann in Träumen, als Fantasie oder als Versprecher.

C. G. Jung differenzierte das Unbewusste weiter. Neben dem Persönlichen Unbewussten erkannte er das Kollektive Unbewusste, das sich nach seiner Ansicht ebenfalls in Träumen, inneren Bildern und Symbolen zeigt.

Leopold Szondi erkannte in den Träumen seiner Patienten Ahnenträume. Er war der Auffassung, dass Menschen von einem Familiären Unbewussten gesteuert werden. Die in den letzten Jahren durch Bert Hellinger bekannt gewordenen Familienaufstellungen belegen diese Annahme sehr eindrucksvoll. In meiner therapeutischen Arbeit mit

Geist (Denken) und Seele (Gefühle und Triebe)
bilden das Ich-Bewusstsein,
das aus dem Unbewussten gespeist wird.

Erkenntnis über den analytischen Verstand

Ich-Bewusstsein

Verstand und Handeln sind geprägt durch die nachfolgenden unbewussten Schichten

Grenze zwischen Bewusstem

und Unbewusstem

Erkenntnise durch Träume, innere Bilder und Symbole

Persönliches Unbewusstes
Engramm (Seelenspeicher)
Erfahrungen aus der Kindheit und der pränatalen Phase

Erfahrungen zwischen Leben und Tod

Familiäres Unbewusstes
Engramm bzw. genetische Vererbung
Erfahrungen der Eltern, Großeltern, Sippe

Kollektives Unbewusstes
Engramm
Die Summe der Archetypen
Urformen menschlicher Erfahrungen

Frühere Leben
Engramm

Höheres Selbst
Einheitserfahrungen – Göttliches Bewusstsein

Modell von Brigitte Neusiedl, in Anlehnung an die Modelle von C. G. Jung und L. Szondi

dieser Methode ist es oft erschütternd zu sehen, wie die familiäre Bindungsliebe leidvolle Verstrickungen verursacht, die den Klienten so völlig unbewusst sind. Die von Hellinger formulierten Sätze zur Lösung der Verstrickung haben eine große emotionale Kraft und wirken befreiend und heilend. Ich möchte die Differenzierung des Unbewussten noch etwas weiter fassen, indem ich dem Kollektiven Unbewussten den Begriff „Frühere Leben" zugeordnet habe.

Wie ich in einem anderen Kapitel über Reinkarnation ausführen werde, nehme ich an, dass wir nicht nur einmal leben, sondern für unsere Entwicklungsaufgaben durchaus mehrere Leben benötigen. Ich überlasse es dem Leser, ob er daran glauben will oder nicht, und sehe es nicht als meine Aufgabe an, meine Klienten und meine Leser von der Reinkarnationstheorie zu überzeugen. Frühere Leben sind nicht wissenschaftlich beweisbar, sondern nur individuell erfahrbar. Deswegen müssen Zweifel an der Reinkarnation bleiben, ebenso wie bei allen anderen Religionen. Meine Intention ist es, Menschen seelisch-geistig in Bewegung zu bringen und ihnen zu helfen, ihre Krisen zu überwinden. Aufgrund meiner Erfahrungen mit der Reinkarnationstherapie möchte ich das Unbewusste durch die Ebene der „Früheren Leben" erweitern. Ich konnte mich nicht ganz entscheiden, dies in der Grafik als eigenständige Schicht des Unbewussten darzustellen oder unter dem Kollektiven Unbewussten einzuordnen. Eigentlich würde es besser passen, dies als weitere unbewusste Schicht zwischen dem Familiären Unbewussten und dem Kollektiven Unbewussten einzufügen. Da sich aber die Bilder in der Rückführung meiner Klienten mit Bildern aus dem Kollektiven Wissen vermischen, tendiere ich dazu, es dem Kollektiven Unbewussten zuzuordnen.

In der Tiefenentspannung mit meinen Klienten finde ich ständig die Spuren früherer Leben. Manche Schilderungen sind so eindrucksvoll, dass dann wieder Zweifel ausgeschlossen erscheinen. Selbst wenn wir die Ebene der früheren Leben weglassen, können wir trotzdem davon ausgehen, dass der Mensch zum großen Teil nicht selbstbestimmt leben kann, sondern in seinen Entscheidungen von den vielen Faktoren der unbewussten Einflüsse gesteuert wird. Unsere Vorlieben und Abneigungen gestalten sich dadurch und beeinflussen unsere täglichen kleinen und großen Entscheidungen. Wie wir die Weichen im Leben stellen, ob wir uns in beruflicher Hinsicht optimal entwickeln können und wie wir die Beziehungen zu unserem Partner, den Eltern und unseren Kindern erleben und gestalten, das hängt davon ab, wie bewusst wir handeln können. Dazu ist es nötig, dass wir unsere eigenen Motivationen, Gefühle und Triebe erkennen und lernen, verantwortungsvoll damit umzugehen.

Beobachtet man die Lebensläufe der Menschen und die Geschichte der Menschheit, so kann man davon ausgehen, dass sich unser Schicksal immer in ähnlicher Art und Weise wiederholt, damit wir lernen, wie stark wir von unserem Unbewussten manipuliert sind, und uns nach und nach von den Einflüssen der Vergangenheit befreien.

Zu diesem Thema passt eine Filmkomödie aus dem Jahr 1993 mit dem Titel „Und täglich grüßt das Murmeltier". Phil, ein menschenverachtender, egoistischer Zyniker, sitzt in einer Zeitschleife fest und erlebt immer wieder denselben Tag. Er wird vom Schicksal gezwungen, sich aus eigenem Antrieb heraus zu einem gütigen und hilfsbereiten Menschen zu entwickeln. Im Erkennen des immer wieder selben Ablaufes dieses einen Tages beginnt er, diesen Tag bewusst zu steuern. Zunächst erlaubt er sich die Erfüllung aller materiellen Wünsche und Vergnügungen mit Frauen. Er braucht sich nicht zu verantworten, denn am Morgen wacht er immer wieder im selben Zimmer auf und kann den Tag erneut beginnen, ohne mit den Folgen des vorherigen Tages konfrontiert zu werden. Allmählich wird ihm dieses Leben öde, da er sich in seine Kollegin Rita verliebt hat und sie nicht beeindrucken kann. Er beginnt am Leben der ständigen Wiederholungen zu verzweifeln, bis er sich ihr anvertraut und sich mit ihrer Hilfe zu einem besseren Menschen voller Mitgefühl und Liebe entwickelt. Er beginnt seine Talente zu entfalten, wird zum Wohltäter und kann vielen Menschen zu einem besseren Tag verhelfen, bis ihn die Liebe erhört. Dann kann er aus der Endlosschleife der Wiederholungen aussteigen.

Brauchen wir deswegen Leid und können wir Kriege, Zerstörung und Gewalt sowohl in der Familie als auch zwischen den Völkern nicht verhindern, weil wir so stark von den Mustern der Vergangenheit gesteuert sind? Sind die morphogenetischen Felder (unsichtbare Muster) einfach zu stark, und wiederholt sich deshalb immer wieder die Geschichte, weil es erhebliche Bewusstseinsanstrengungen bräuchte, um Veränderungen durchzuführen? Es scheint so zu sein. Die Entwicklung, das Wissen und die Aufklärung der Menschen schreiten voran und die Einstellung vieler zivilisierter Menschen lässt doch hoffen, dass wir eines Tages nicht mehr durch das Leid lernen müssen.

Die Chance zur Veränderung sehe ich darin, uns zu erforschen, um wirklich verantwortungsvoller und achtsamer mit uns und anderen Menschen umzugehen. Viele spüren den Wunsch nach Selbstbestimmtheit und Freiheit in sich und wissen, dass es nicht damit getan ist, unbequeme Lebenssituationen zu verlassen und sich der Verantwortung zu entziehen. Auch wenn manche die Esoterikszene oder spirituelle Bewegungen und Religionen nicht ernst nehmen, so kann man doch feststellen, dass die Annahme, dass wir bestimmte Lebenssituationen, die wir nicht lösen konnten, und das, was wir in einem früheren Leben verursachten, im nächsten Leben erfahren werden, dazu beigetragen hat, dass insgesamt mehr Verantwortungsbewusstsein entstanden ist. Ein bewusst lebender Mensch ist in der Lage, die Konflikte zu durchschauen, er kann Entscheidungen treffen und seine Gefühle formulieren und ausdrücken. Er zeigt sich mit seiner Verletzlichkeit und seinen Stärken und lernt loszulassen von ungesunden Verhaltensweisen und falschen Vorstellungen. Ihm erschließt sich sein Lebenssinn.

Eine wunderbare Beschreibung, wie die Geistebene, der Verstand, das Unbewusste und die Seele meiner Klientin sich als innere Bilder zeigen und wie diese verschiedenen Ebenen miteinander im Kontakt stehen und während der Therapie agieren, beschreibt sehr anschaulich eine erst vor ein paar Monaten durchgeführte Therapie. Den Inhalt der Sitzung darf ich mit dem Einverständnis meiner Klientin wiedergeben.

Eva begegnet ihrer Seele und besiegt ihre Prüfungsangst

Eva ist eine junge hübsche Frau von 27 Jahren. Sie wirkte blass, war nervös und verzweifelt. Mit weinerlicher Stimme erklärte sie mir ihre Lage: „Ich habe mich entschlossen, nach meiner Ausbildung als Industriekauffrau das Abitur auf dem zweiten Bildungsweg nachzuholen. Seit dreieinhalb Jahren besuche ich ein Gymnasium für Erwachsene. Jetzt, kurz vor dem Abschluss, habe ich große Angst, zu versagen. Meine Noten sind ganz gut und ich denke auch, dass ich es schaffen werde. Aber dann überkommen mich doch wieder Zweifel und Ängste. Vor einigen Tagen bekam ich, als die Lehrerin die Klausur austeilte, eine Panikattacke mit Schwindelgefühlen, Schweißausbrüchen und völligem Blackout. Ich bekam so eine Panik, dass ich das Klassenzimmer verlassen musste und die Klausur nicht schreiben konnte. Daraufhin ging ich zu meinem Hausarzt. Er verordnete mir ein Beruhigungsmittel, das mich aber müde macht, und ich bin sowieso so oft müde und einfach fertig. Ich habe Schwierigkeiten, mich zu konzentrieren, und obwohl ich viel lerne, habe ich das Gefühl, mir nichts merken zu können. Jetzt habe ich einfach nur Angst, dass sich so eine Panik bei der nächsten Klausur oder bei der Abi-Prüfung wiederholen könnte. Was kann ich bloß dagegen tun?"

Ich kannte Eva bereits aus einer Therapie vor einigen Jahren. Sie litt damals unter Antriebsschwäche und Depressionen. Ihre Mutter brachte die damals 22-Jährige zur Therapie zu mir. Die Verhaltenstherapie, die sie bereits im Jahr zuvor absolvierte, hatte sie zwar so weit stabilisiert, dass Eva nicht mehr suizidgefährdet war. Der Verlust einer großen Liebe und die Enttäuschung darüber hatten sie damals in eine solche seelische Krise gestürzt, dass sie glaubte, das Leben nicht mehr ertragen zu können.

Ich erinnerte mich noch gut an ihre Geschichte. Nach einigen Sitzungen hatten wir den ursächlichen Grund für das starke Klammern an dieser unglückseligen Beziehung finden können. Eva hatte den Tod ihres Vaters nicht verarbeitet. Sie war erst 9 Jahre alt, als ihr Vater starb. In den ersten Jahren ihrer Kindheit war sie ein sehr aufgewecktes, lebendiges und willensstarkes Mädchen gewesen. Ihr kranker Vater hat sie des Öfteren zur Ruhe gemahnt. In der Schulzeit war sie eine ruhige, eher zurückgezogene Schülerin und verhielt sich angepasst. Damals bat ich sie, doch ihre Kinderbilder mitzubringen, die deutlich eine Wandlung des fröhlichen, lebhaften Kindes zu einer in sich gekehrten, ruhigen, melancholisch wirkenden Jugendlichen zeigten. Unbewusst gab sich Eva die Schuld am Tod ihres Vaters, da sie glaubte, damals zu lebhaft, unfolgsam und böse gewesen zu sein. Infolgedessen reagierte sie ebenso unbewusst, als müsse sie alles wiedergutmachen, indem sie sich anpasste und zu rücksichtsvoll war. Sie begegnete ihrer ersten Liebe, einem Mann mit Drogenmissbrauch, dem sie helfen wollte, obwohl er sich ihr gegenüber schlecht benahm und sie immer wieder enttäuschte. Sie erkannte in inneren Bildern, dass sie eigentlich dem Vater helfen wollte. Wenn sie schon ihren geliebten Vater nicht behalten konnte und damals als Kind sich ohnmächtig fühlte, wollte sie nun alles tun, um den Freund zu retten. Eva konnte sich nach einigen Sitzungen von ihrem Freund lösen und ein Jahr später lernte sie einen anderen Mann kennen. Sie hatte den Wunsch, mehr aus ihrem Beruf zu machen, und dafür benötigte sie ein Studium. In dieser Zeit begegnete ich Eva zufällig beim Einkaufen und ich freute mich, dass sie ihre damaligen Schwierigkeiten überwunden hatte. Die Augen der jungen hübschen Frau strahlten wieder. Das sind Momente für einen Therapeuten oder einer Therapeutin, die glücklich machen.

Nun saß Eva wieder in meinem Therapieraum. Das Vertrauen zwischen uns und in ihr Unbewusstes war aufgrund der damaligen Sitzungen bereits vorhanden und Eva konnte sich sehr schnell wieder auf ihre Gefühle und inneren Bilder einlassen.

Ich merkte, dass Eva etwas kämpfte, um ihre Verzweiflung und ihre Tränen zu unterdrücken. So ließ ich ihr Raum und ermunterte sie, ihre Tränen und ihre Verzweiflung auszudrücken.

Nachfolgend beschreibe ich die inneren Bilder und Gedanken von Eva während der Sitzung. Die Therapiesitzungen und die inneren Bilder werden von mir immer protokolliert.

Evas Sitzung habe ich wörtlich mitgeschrieben, auch meine Interventionen, da ich spürte, dass ich das tun sollte, denn Eva hat einen wunderbaren Schatz an innerer Weisheit. Sie hatte bisher kein einfaches Leben, aber einen wunderbaren Zugang zu ihrer inneren Bilderwelt und sie konnte über die Therapie oft sehr schnelle und gute Einsichten erlangen.

Eva lag nun bequem auf der Therapiecouch, hatte während der ganzen Sitzung die Augen geschlossen und befand sich durch die kurze Atemanwendung in einem nicht sehr tiefen Entspannungszustand, der aber ausreichte, die Bilder und Gedanken aus ihrem Unbewussten zuzulassen. Dabei sprach sie aus, was sie gerade erlebte. Mit meinen Fragen hielt ich den Fluss der inneren Bilder in Gang und führte Eva durch ihre innere Welt mit ihren Gefühlen.

Nachfolgend beschreibe ich die Bilder und Gedanken von Eva in der Sitzung.

Durch die Atementspannung spürte Eva einen Druck in der Brust.

Eva: „Dieser Druck ist wie ein Aufbäumen. Ich spüre so viel Widerwillen gegen das Lernen. Ich würde am liebsten die Bettdecke über den Kopf ziehen und nichts mehr hören oder sehen."

Therapeutische Intervention (Th): „Gib diesem Widerwillen Raum, atme ruhig und sanft dabei weiter und geh dann zum Ursprung deines momentanen Problems."

Eva: „Ich fühle mich als kleines Mädchen, 7 Jahre alt, und ich will nicht zur Schule. Ich will nicht aufwachen und aufstehen. Aber ich muss und ich spüre Widerstand. Ich will nicht zur Schule. Ich habe Angst, nicht gut genug zu sein. Ich will einfach nur im Bett bleiben."

Th: „Gib diesem Wunsch nach und tauche noch tiefer in die Entspannung ein, warte dabei ab, welches innere Bild nun auftaucht."

Eva: „Ich fühle, dass mein Widerstand ganz alt ist. Ich bin noch gar nicht geboren, spüre mich schwebend durch den Kosmos. Es ist so, wie wenn mein Kopf ein riesiger Ballon wäre, der planlos durch Raum und Zeit schwebt.

Ich höre eine Stimme, die sagt: ‚Eva, du musst. Du musst lernen, du musst ins Leben gehen.'"

Th: „Woher kommt diese Stimme?"

Eva: „Von einer höheren Macht."

Th: „Was ist das für eine Macht?"

Eva: „Es ist etwas Starkes und es steuert alles. Ich will mich nicht von ihr steuern lassen. Es ist nichts Materielles, aber es durchflutet meinen Körper. Es ist in mir. Es ist ein Schöpfer in mir. Wie wenn etwas Göttliches in mir ist."

Eva wechselt während der Trance von der Fühlebene mehr in die Verstandesebene und spricht weiter:

„Wer glaubt denn schon an Gott. Gott, du bist nicht beweisbar. Ich habe kein Gefühl zu Gott. Ich kann dich nicht sehen, Gott, ich kann dich nicht spüren. Ich weiß nur, dass es mich selbst gibt."

Eva weint. „Ich bin nicht sicher, was ich glauben soll. Es gibt keine Beweise für Gott, und ich bin neidisch auf meine Freundin, Carmen, auf Stefan und Nick, die darauf vertrauen, dass Gott ihnen hilft, bei der

Prüfung oder im Leben. Sie bekommen dadurch Kraft und Vertrauen. Ich bin neidisch auf alle, die an Gott glauben. Sie tun sich so leicht. Ich würde das auch gerne können. Aber ich fühle mich allein, ich bin alleingelassen. Auch im Universum gibt es nur mich. Warum bin ich da? Ich will wissen, warum ich da bin?"

Eva weint und ist zornig.

„Ich will der Carmen sagen, dass Gott nicht der Helfer ist, der die Last von den Schultern nimmt. Das ist alles ein Schmarrn, mit der Kirche."

Eva weint. „Ich würde so gerne auch glauben, aber ich kann nicht. Ich würde Gott finden wollen. Möchte auch etwas, was mir hilft."

Th: „Geh in Kontakt mit dir und deiner Seele und schau, was dir hilft, wo du Vertrauen finden kannst."

Eva: „Würde gerne andere Seelen im Universum sehen, so Lichtpunkte, so wie meine Seele aussieht."

Th: „Wie siehst du deine Seele?"

Eva: „Sie ist ein Lichtkörper. Mal klein und mal groß. Sie sieht aus wie eine Spiegelung, ein Glitzern auf dem Wasser. So wie wenn ich an einem See sitzen würde und das Licht spiegelt sich im Wasser, mit den Umrissen meines oder eines Körpers, aber nicht als Schatten, sondern als Licht, das pulsiert.

Meine Seele sagt: ‚Ich möchte, dass du mir Beachtung schenkst. Lerne mich kennen!'"

Th: „Was will deine Seele, was sollst du erkennen?"

Eva: „Meine Seele möchte, dass ich mich nicht so von meinem Verstand beherrschen lasse. Sie will mehr Raum. Der Verstand drückt mich immer mehr runter."

Eva weint. „Wenn ich meiner Seele mehr Raum gebe, kommen die Emotionen, ich könnte nur noch heulen, alles dreht sich im Kreis. Es dreht mich ganz tief in meine Gefühle."

Th: „Lass sie zu, deine tiefen Gefühle."

Eva: „Sie machen mir Angst!"

Th: „Was befürchtest du? Lass ein Bild dazu kommen!"

Eva: „Ich habe schon die ganze Zeit ein Bild: Ich sehe Jesus am Kreuz und ich fühle seinen Schmerz, er hat so viel leiden müssen. Ich leide mit dir mit, Jesus. Ich habe eine Wut auf Gott. Warum hast du deinen Sohn so leiden lassen? Wenn du den Sohn doch liebst, warum lässt du ihn leiden?"

Th: „Gibt es etwas, was du jetzt gerne zu Jesus sagen möchtest?"

Eva: „Ja, Gott hat auch einen Schmerz, weil Jesus seine Liebe nicht spüren kann. Und ich kann sie auch nicht spüren. Gott hat so viel Liebe im Herzen. Aber ich kann sie nicht spüren."

Th: „Schau, was siehst du weiter. Was geschieht mit Jesus?"

Eva: „Er stirbt, er hat es hinter sich. Seine Seele fährt zum Himmel auf."

Th: „Was erlebst du, wenn du das jetzt siehst?"

Eva: „Ich möchte auch zu Gott auffahren können. Gott und Jesus sind jetzt weit weg."

Th: „Spüre nochmals nach, was du fühlst oder Jesus fühlte, als er am tiefsten Punkt oder am Ende seines Leidens war."

Eva atmet sich nochmals in das Bild hinein und fühlt: „Jesus hat losgelassen. Ich muss auch loslassen."

Th: „Ja, erlebe das."

Eva atmet wieder tief ein und aus. „Ja, das ist schön. Meine Seele ist wie eine Spiegelung auf dem Wasser. Sie ist frei. Ich fühle mich frei. Die Freiheit steht über meiner Panik. Ich komme raus aus der Endlosspirale der Panik.

Ja, das ist es, die Gelassenheit. Ich fühle mich mit Licht durchflutet. Das tut mir jetzt so gut. Meine Seele wird jetzt wieder ganz groß. Wenn ich meiner Seele (mir) vertraue, bekomme ich meine innere Kraft wieder. Ich kann wachsen. Ich vertraue meiner Seele. Ich muss loslassen vom Verstand, dann kann ich die Panik, meine Angst vor den tiefen Gefühlen beherrschen."

Th: „Schau dir jetzt deine Angst vor dem Blackout an, vor der Prüfung, wie kannst du damit umgehen?"

Eva: „Ich atme tief durch und versuche, meine Seele zu spüren. Ich werde ruhiger. Es kommt wieder eine Kraft. Ich sitze jetzt vor dem Blatt mit den Prüfungsfragen. Jetzt sehe ich einen Teil der Lösung, dann verfolge ich diesen Teil ruhig und konzentriert. Nach und nach kommt mein Wissen, das ich ja gelernt habe."

Th: „Gut so und lass diese Erkenntnis weiter auf dich wirken."

Nach dieser Sitzung bitte ich die Klientin, ein Bild von ihrer Seele zu malen und dieses Bild in der Nähe ihres Schreibtisches aufzuhängen. Damit kann sie sich immer wieder an diese Sitzung erinnern.

Eva rief mich zwei Wochen später wieder an und erzählte mir freudestrahlend, dass sie ihre Klausur nachgeschrieben habe. Sie hat die Note 2 darauf erhalten und ist mit ihrem Ergebnis sehr zufrieden. Zwischenzeitlich hat Eva ihr Abitur mit der Note 2.1 bestanden.

In dieser Sitzung von Eva kam sowohl der Verstand des Ich-Bewusstseins zu Wort als auch die anderen unbewussten Seele-Geist-Ebenen. Zum Beispiel spricht sie bewusst. „Es gibt keinen Gott, er ist nicht wissenschaftlich beweisbar. Ich will das der Carmen sagen …" In einem Bild zeigte sich ihr Persönliches Unbewusstes, nämlich das Bild des 7-jährigen Mädchens, das als Kind die Bettdecke über den Kopf zog und nicht zur Schule wollte. Dann meldete sich ihre Seele, die sie in einer Zwischeninstanz (noch nicht geboren) sieht. Es meldete sich auch eine Stimme. Etwas Mächtiges, eine Projektion ihrer eigenen Macht, ihr eigenes Schicksal (oder Gott – wer und wie auch immer), das sagt: „Eva, du musst lernen, du musst ins Leben."

Sie sieht ihre Seele als pulsierendes Licht, wie eine Schattenspiegelung im Wasser nur aus Licht, das pulsiert. Sie beschreibt, dass ihre Seele kleiner wird, wenn der Verstand überwiegt, denn dieses Denken hat seine unbewusste Programmierung der Wertlosigkeit aus der Kindheit. Wenn sie sich nun selbst vertraut, wird ihre Seele größer. Ein wunderbares Bild und eine wunderbare Beschreibung, die Eva von ihrer Seele gibt. Kein Seelsorger und kein Philosoph könnte in der Theorie so treffend die Seele beschreiben.

Eva taucht ein in das Kollektive Unbewusste und Höhere Selbst. In der Beschreibung des Mitleids mit Jesus taucht sie in die Gefühle des Kollektiven Leidens ein. Sie begegnet damit den tiefsten Gefühlen und Fragen der Menschheit. Dann begegnet sie Gott beziehungsweise ihrem Höheren Selbst. Sie konnte loslassen und dadurch Vertrauen gewinnen. Sie hat das Loslassen erlebt.

Das Leben lehrt uns, loszulassen und wir sollten vertrauen lernen. Wir werden von unserem Höheren Selbst geführt, wenn wir uns dieser inneren Kraft öffnen und sie bitten, uns den Weg zu weisen. Wer sich mit dieser inneren Instanz in uns und mit der göttlichen oder inneren

Führung und Weisheit ernsthaft auseinandersetzt, dem wird aus einer schicksalhaften Krise heraus auch geholfen werden. Dann werden wir auch erkennen, dass uns das Schicksal genau das geschickt hat, was wir zu unserer Weiterentwicklung gebraucht haben, auch wenn uns das damit verbundene Leid fast hat verzweifeln lassen. Wir können diese Führung nicht erkennen oder können sie nicht zulassen, weil wir in unserem Denken natürlich eigene Vorstellungen von unserem Leben haben. So wollen wir doch, dass uns alles gelingt, wir glücklich sind und wir möchten natürlich an Erreichtem festhalten. Manchmal ist es aber das Unglück, das uns begegnet, das uns weiterbringt. Bei Eugen Roth habe ich mal folgenden Satz gelesen: „Ein Mensch blickt in die Zeit zurück und erkennt, sein Unglück war sein Glück." Es ist eben so, dass wir dies im Nachhinein oft erst erkennen.

Ich denke, dass wir das Schicksal zum Teil selbst inszenieren und zum Teil wird es von einer übergeordneten Macht geschickt. Der Begriff Schicksal leitet sich nach Wikipedia ab vom altniederländischen Wort „schicksel" mit den Bedeutungen „Fakt", auch „Geschick – zu schicken; machen, dass etwas geschieht", „Faktum", lat. „Fatum", griechisch. „Moira", arab. „qisma(t)" oder das „Los" (Omen, Orakel) und umfasst ein weites Begriffsfeld dessen, was den Lebenslauf des Menschen darstellt oder beeinflusst. Es wird zum einen als personifizierte Macht begriffen. Die Schicksalsgöttin Fortuna schickt dem Menschen Glück, meint es gut mit uns und Moira ist die blinde, wütende, auf Rache sinnende Kraft, die hereinbricht, wenn der Mensch die Naturgesetze – die Geistigen Gesetze – übertritt. Sie stellt somit das Gleichgewicht im Universum wieder her. Das Christentum verneint das Schicksal und man spricht statt dessen von göttlicher Vorsehung.

Zum anderen gibt es eine andere Form des Schicksals, nämlich das Veränderbare.

Die Willensfreiheit des Menschen, der sein Schicksal verändern kann. Wir können nicht beeinflussen, dass Menschen sterben, dass wir eine schwere Krankheit bekommen, Unglück nicht vermeiden. Wir können mit unserer Willenskraft und Einsicht in höhere Zusammenhänge so ein Schicksal überwinden, indem wir beispielsweise lernen, es anzunehmen. Wir sind nicht hilflos unseren Gefühlen und unserer

Umwelt ausgeliefert, sondern können Anstrengungen unternehmen, belastende Lebenssituationen zu verändern.

In dem Fall von Eva können wir wohl annehmen, dass ihr Schicksal ihr diese Panikattacke beschert hat, um ihr zu helfen, ihre Aufgabe im Leben zu erfüllen, nämlich Selbstbewusstsein, Vertrauen und Hingabe zu sich selbst und in eine „Höhere Ordnung" zu entwickeln. Eva hätte natürlich auch die Möglichkeit gehabt, wieder in ihr altes Muster der Angst und der Depression zu verfallen. Ich bin froh, dass ihr die damaligen Einsichten einen anderen Weg geebnet haben.

Wenn wir unsere Probleme oder unser Schicksal verstehen wollen und erste Antworten auf unsere Fragen: Wozu geschieht mir das? Was habe ich wohl zu lernen? Was kann ich tun, damit sich mein Schicksal nicht wiederholt oder damit es mir besser geht?, finden wollen, dann ist es sehr hilfreich, sich zunächst theoretisch mit den Geistigen Gesetzen bzw. den Naturgesetzen zu beschäftigen.

Die Geistigen Gesetze

Es war eine Seltenheit, dass mein Vater Zeit für meine Probleme hatte. Als Kind war da eher meine Mutter zuständig. Trotzdem erinnere ich mich daran, dass ich ihm bei einer Autofahrt – ich war damals schon erwachsen und hatte eine eigene Familie – einmal mein Herz ausgeschüttet habe. Ich hatte Kummer und machte mir Sorgen um die Zukunft, denn mein Mann war seit längerer Zeit krank. Er hörte mir aufmerksam zu und sagte dann diesen Satz, der mir immer wieder einfällt, wann immer ich ihn heute brauche: „Das Leben hängt nicht immer nach einer Seite." Damit tröstete er mich, enthielt er doch die Weisheit, dass, wenn es im Leben bergab geht, es immer wieder auch nach oben geht. Wenn ich mein Leben so betrachte, gab es einige Höhen und Tiefen und zwischendurch natürlich ein Stück ebene Strecken. Ich habe einiges erreicht und ich habe auch gelitten. Das Schöne an meinem Leben ist, wenn ich es vom heutigen Stand überblicke, dass ich sagen kann, ich bin versöhnt und es war so, wie es war. Dass ich diesen Satz auch am Ende meines Lebens einmal sagen kann und mit einem Lächeln auf den Lippen sterbe (natürlich im biblisch weisen Alter), das wünsche ich mir.

Als ich mich vor nunmehr 25 Jahren mit den Geistigen Gesetzen (Naturgesetzen) beschäftigte und unter anderem das Polaritätsgesetz im Leben erkannt habe, bekam dieser Spruch meines Vaters, der für mich bis dahin zwar tröstend, aber doch irgendwie banal geklungen hat, die wirkliche Bedeutung für mich.

Den theoretischen Wissenschaften, die ihre physikalischen, chemischen oder biologischen Gesetze und Hypothesen fanden und formulierten – wie die Gesetze der Schwerkraft, der Trägheit, Gravitation, Relativität – stehen in unserem Zeitalter die Geistes- und Sozialwissenschaften gegenüber, mit ihrer Erfahrungswissenschaft und philosophisch wissenschaftlichen Theorien.

In der griechisch-römischen Antike entwickelten die Menschen die Philosophie und die Naturwissenschaften. Sie waren damals bis zur Neuzeit, die durch Galilei (1564–1642) und Kopernikus 1473–1543 begründet wurde, noch vereint. Jsaac Newton (1642–1727) war sowohl Physiker, Mathematiker als auch Philosoph und Alchemist. Diese strenge Trennung von theoretischen Wissenschaften und der Erfahrungswissenschaft und Philosophie gab es also bis dahin nicht.

Um das Jahr 1840 begann der gewaltige Aufschwung von Wissenschaft und Technik und es fand damit eine Spaltung der Wissenschaft in die theoretische Wissenschaft und die Erfahrungswissenschaft statt. Die Astronomie ist aus der Astrologie und die Chemie aus der Alchemie entstanden. In der Folge erhielt das rationale Denken eine enorme Bedeutung und das Erfahrungswissen wurde abgewertet, da die Beweiskraft, die wissenschaftliche Nachvollziehbarkeit durch methodische Grundlagenforschungen fehlten.

Krankheiten werden seit 1865 (Claude Bernard, Disziplin der experimentellen Physiologie) wissenschaftlich erforscht, und dadurch können die schulmedizinischen Behandlungsmethoden begründet werden.

Natürlich waren bis dahin viele überlieferte Rezepte, Gedankenmodelle und Behandlungen unsinnig und beruhten auf Vorstellungen, die wir heute nicht mehr nachvollziehen können.

Trotzdem hat sich die Naturheilkunde den ganzheitlichen Denkansatz bewahrt. Die seit alters her bekannten und bewährten Rezepte und Heilmethoden stehen heute dem Menschen weiterhin zur Verfügung.

Durch die jahrtausendelange Beobachtung der Natur, ihrer Regeln und der Auswirkungen auf den Menschen wurden die philosophischen geisteswissenschaftlichen Theorien und die Geistigen Gesetze erkannt, die die Grundlagen esoterischen Wissens (inneren Wissens) oder der spirituellen Weisheit sind.

Der Ursprung dieses Erfahrungswissens geht auf die Anfänge der Entwicklung der Schrift in Mesopotamien und Ägypten und der Gründung der Philosophie und Naturwissenschaften in der griechisch-römischen Antike zurück. Den Philosophen und den Menschen der Antike waren die Geistigen Gesetze wohl bekannt. Etwa 400 n. Chr. wurde das freiheitlich philosophische Wissen eingeschränkt und durfte immer weniger verbreitet werden. Dieses innere Wissen befähigte den Menschen zu selbstständigem Denken, Handeln und der Entfaltung der Individualität und machte ihn unabhängig vom religiösen Machtstreben. Die Katharer (1200 Jh. n. Chr.) – später Ketzer genannt – wurden deswegen verfolgt und das düstere Kapitel der mittelalterlichen Ausrottung frei denkender Menschen durch die Kirche begann. Aus diesem Grund wird das esoterische Wissen auch Geheimwissen genannt. Leider hat heute der Begriff Esoterik, durch den in den letzten Jahren entstandenen Esoterikboom mit seinen oberflächlichen Auswüchsen, einen negativen Beigeschmack bekommen, der mit dem wirklichen geistigen Gut oft wenig gemeinsam hat.

Seit einigen Jahren wandelt sich unser Weltbild und langsam beginnt eine Annäherung des Denkens zwischen den theoretischen Wissenschaften (Ratio) und der Erfahrungswissenschaft (Empirie) stattzufinden. Würden wir aufhören zu debattieren, welche Methode recht hat, sondern beide gleichzeitig nebeneinander bestehen lassen, dann könnten sie sich gegenseitig befruchten.

Die hermetische Philosophie

Die Geistigen Gesetze oder das esoterische Weltbild ist eine Weisheitslehre, die jeder nachvollziehen kann, der sich wirklich damit beschäftigt. Sie gründet auf die hermetische Philosophie des Hermes Trismegistos. Dieser dreimal große Hermes lebte in den frühesten Zeiten in Ägypten. Im Buch „Das Kybalion, Eine Studie der Hermetischen Philosophie des Alten Ägypten und Griechenlands" wird berichtet, dass dieser Hermes lange vor Moses Zeiten gelebt haben soll. Manche jüdischen Traditionen sollen so weit gehen, dass Abraham einen Teil seines jüdischen Wissens von ihm erhalten habe. Die Zusammenfassung seiner 15 Thesen, die Essenz seiner Weisheit, schrieb er auf eine Smaragdtafel, die allerdings bis heute verschollen ist. Später wurden diese grundlegenden hermetischen Lehren, die von Eingeweihten zu den Schülern immer mündlich überliefert wurden, als Maximen, Axiomen und Regeln im Kybalion zusammengefasst.

Auf die Weisheit des Hermes Trismegistos haben alle Nationen zurückgegriffen: Indien, Persien, Chaldäa, China, Japan, das alte Griechenland und Rom, um nur einige zu nennen. Diese Lehren kann man auch in jeder Religion finden. Die Ägypter machten Hermes unter dem Namen Thoth zu einem ihrer Götter.

Die Wiege unserer abendländischen Kultur fußt auf die griechisch-römische Antike und deren wechselseitigen ägyptischen Einflüssen. In unserem Sprachgebrauch findet sich noch das Wort „hermetisch", für etwas, das abgeschlossen und damit geheim ist.

Dieses Wissen bildete damals die Grundlagen der Alchemie, die die Umwandlung von unedlen Metallen in edle Metalle, d. h. Blei in Gold, möglich machen sollte. Besonders im Mittelalter wurde nach einer Legende vom „Stein des Weisen" eifrig danach geforscht. Viele wussten nicht, dass dies lediglich ein hermetisches Gleichnis, ein Sinnbild für die Transformation von niedrigen geistigen Schwingungen in höhere Schwingungen war. Die Herstellung von Gold war nie Absicht der Weisen. Die wirklich Eingeweihten der hermetischen Philosophie verstanden dies und haben nie die Massen von Anhängern gesucht, denn sie stehen den materiellen Dingen und einem geistigen Missionieren ihrer Erkenntnisse gleichgültig gegenüber. „Sie wissen, wie wenige in jeder Generation reif für die Wahrheiten sind, wie wenige die Wahrheit anerkennen würden, wenn sie ihnen dargelegt würde", wird in diesem Buch „Kybalion" beschrieben. Für mich sind sie die wahren Meister im Loslassen, denn sie haben sich selbst und die großen geistigen Lebensgesetze und Zusammenhänge erkannt, die hinter den Erscheinungsformen der materiellen Dinge liegen. Sie durchschauen die Ursachen und Wirkungen, hinterfragen Moralvorstellungen von Gut und Böse und wollen die Menschen dieser Welt nicht nach ihren Vorstellungen formen oder verändern. Sie wissen, dass es alleine die Sichtweise ist, die wir auf die Dinge haben, die es immer wieder zu verändern gilt.

Die heutige esoterische Psychologie versteht unter Transformationsprozessen, dass durch Selbsterkenntnis die niedrige Schwingung in eine höhere Schwingung umgewandelt werden kann, z. B. Hass in Liebe. Der Schweizer Psychiater und Psychoanalytiker C. G. Jung hat sich eingehend mit der hermetischen Philosophie und Alchemie beschäftigt und er sah darin ebenfalls diesen psychologischen Aspekt. Ich erlebe diese Wandlung im therapeutischen Geschehen, wenn Gefühle von

Hass und Wut ausgedrückt wurden und tiefere Einsichten gewonnen werden. Es erfolgt ein Einverstandensein mit der Situation und ein inneres Verzeihen geschieht.

Zu den wichtigsten Geistigen Gesetzen und Thesen der hermetischen Philosophie gehören: das Gesetz der Entsprechung, das Polaritätsgesetz und das Gesetz der Anziehung und Resonanz. Sie lassen uns die größeren Lebenszusammenhänge erkennen.

Das Gesetz der Entsprechung oder Analogiegesetz in seiner verkürzten Formulierung: „Wie oben, so unten und wie unten so oben", begründet sich darauf, dass überall im makrokosmischen sowie im mikrokosmischen Bereich dieselben Gesetze, Muster und die gleiche Ordnung gefunden werden können. Es besagt, dass das Oben mit dem Unten und das Innen mit dem Außen zusammenhängt. Die Kenntnis dieser Zusammenhänge ist der Schlüssel für das Verstehen der Symbolsprache, der inneren Bilder und unserer Träume. Das analoge Denken ist das Grundlagenwissen der psychologisch-medizinischen Astrologie. Es würde den Rahmen dieses Buches sprengen, wenn ich näher darauf eingehen würde. Deshalb verweise ich auf das Grundlagenwerk „Das senkrechte Weltbild – Symbolisches Denken in astrologischen Urprinzipien".

Das Gesetz der Anziehung und Resonanz wird uns in späterem Kapitel beschäftigen, denn das Polaritätsgesetz ist diesem Gesetz vorangestellt.

Unser Leben im Spannungsfeld der Polarität

Die Polarität zeigt sich im Volksmund im Ausdruck der Hoffnung, dass kein Übel lange dauert, dass dem Tief wieder das Hoch folgt. Die Weisheit, die aber über die Auseinandersetzung und Wahrnehmung des Polaritätsgesetzes erlangt wird, geht darüber weit hinaus. Unsere individuelle momentane Lösungsmöglichkeit oder Lernaufgabe kann schneller begriffen werden, denn Probleme lassen sich aus einem übergeordneten oder anderen Standpunkt heraus betrachten. Wir können unsere allzu festgelegten Bewertungen überprüfen, und damit frei werden von Schuldgefühlen und der Lähmung einer Entscheidungslosigkeit. Das Loslassen wird erleichtert durch das Verständnis des Polaritätsgesetzes.

Der Mensch wird auch fähig, einen tieferen Sinn in Ereignissen, die ihm oder in der Welt geschehen, zu erkennen. Auf Fernsehbildern von Orten, in denen eine Katastrophe oder ein Verbrechen geschehen ist, legen Menschen nicht nur Blumen nieder, sondern es finden sich Tafeln mit der Frage nach dem „Warum". Wir suchen jemanden, der schuld daran ist oder der dafür die Verantwortung übernimmt. Finden wir einen Schuldigen, wird er verurteilt und ein Ausgleich, eine Gerechtigkeit, wird dadurch hergestellt, die für den Loslassprozess wichtig ist. Trotzdem reicht das oft nicht aus, um wirklich endgültig loslassen zu können. Denn damit ist nicht beantwortet, warum dies geschehen musste. Das „Warum" möchte, dass wir dem Ganzen einen Sinn abgewinnen, und wirft damit die großen Lebensfragen auf. In dieser Auseinandersetzung können wir für uns Antworten finden, unser Leid annehmen und es wirklich loslassen.

Die Beschäftigung mit dem Sinn unseres Daseins lässt entweder den Schluss zu, dass das Universum und der Mensch zufällig entstanden sind, als eine Laune der Natur, die sich aus sich heraus immer weiter entwickelt, oder dass dem Ganzen ein Plan eines Schöpfers zugrunde liegt. Erstere These würde dann einen übergeordneten Sinn unseres Daseins erst mal verneinen.

Wenn wir aber von der Existenz eines Schöpfers ausgehen, können wir annehmen, dass er den Menschen nicht planlos geschaffen, sondern ihm bestimmte Aufgaben zugedacht hat, und von ihm auch etwas möchte. Manche Philosophen, Denker oder Mystiker glauben, dass Gott den Menschen geschaffen hat, um sich in seinem Wesen selbst zu erkennen.

Alle Religionen aber sind sich einig darin, dass der Mensch zu lernen hat, Gut und Böse zu unterscheiden, er soll Gutes tun und seine Talente entfalten. Die Religionsstifter und deren Nachfolger haben Gebote, Verbote und Regeln aufgestellt und bestimmten, was sein darf und was nicht, und beziehen sich dabei auf Gott. Ob sein Wille so richtig übermittelt wurde, darf stark bezweifelt werden, denn die wahren Hintergründe von so manchen Verboten sind leicht zu durchschauen. Außerdem unterliegt die Vorstellungen von gut und böse, richtig und falsch der jeweiligen Zeitepoche. Nun können wir natürlich jede Religion und Philosophie infrage stellen und einfach nur glauben, dass der Mensch, da er nun mal existiert, schauen muss, dass er möglichst gut durchs Leben kommt und dass es nichts bringt, sich mit einem tieferen Sinn beschäftigen zu wollen. Viele Menschen leben auch danach, sie leben, ohne an eine höhere Führung zu glauben und ohne sich mit solch tief greifenden Fragen zu beschäftigen. Ich denke aber, dass es in der Natur des Menschen liegt, diese Fragen nach dem übergeordneten Sinn des Daseins zu stellen, und dass wir das Leben oder unser(e) Leben verstehen möchten, wie das auch Maslow in seiner höchsten Stufe der Bedürfnisbefriedigung beschreibt. Woher komme ich, wer bin ich, warum bin ich und wohin gehe ich? Das sind zentrale Themen des philosophischen Denkens seit jeher.

Das Naturgesetz der Polarität wird in der hermetischen Philosophie begründet und dieses Wissen finden wir in verschiedenen philosophischen Schulen und in Religionen. Kurz gesagt, beschreibt das Polaritätsgesetz, dass in unserer Welt alles, was wir sehen und erleben, in Gegensätzen (beispielsweise Tag/Nacht) vorkommt. Diese Gegensatzpaare entstammen der Einheit, aus der sich alles entwickelt hat. Sie wird mit einem Punkt dargestellt. Ähnlich der physikalischen astronomischen Forschung, nach der die Welt mit ihren Sonnen- und Sternensystemen durch den Urknall aus einer verdichteten Masse (Punkt, Nichts …?) entstanden ist und sich ständig weiter ausdehnt.

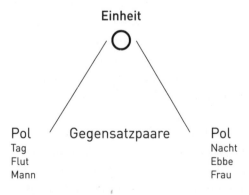

Das Seele-Geist-Wesen wird also aus der Einheit, von seinem Ursprung aus dem Zustand des Seins, dem Tao, oder religiös ausgedrückt von Gott, in unsere Welt gestürzt. In dem göttlichen Seinszustand kann es keine Entwicklung und damit Erkenntnis geben, denn alles ist hier eins. Es gibt keine Grenzen und Abgrenzungen, keine Veränderung oder Wandlung. Die Einheit kennt weder Zeit noch Raum, noch gibt es etwas Sichtbares. Sie wird als Nirwana oder auch als Nichts bezeichnet. Dort ist Vollkommenheit (Ganzheit – reine Liebe), und deswegen kann keine Individualität gebildet und gespürt werden. So wie der Wassertropfen im Meer keine Grenze mehr hat und dort mit allen Tropfen verbunden ist, so ist unsere Seele in diesem Zustand des Seins auch mit allem verbunden, und dadurch in den eigenen Grenzen aufgelöst. Durch das Heraustreten aus dieser Einheit werden wir, wie ein Wassertropfen, der aus dem Meer spritzt, zu einem Seele-Geist-Wesen. Dieses kann möglicherweise auch in anzunehmenden jenseitigen Parallelwelten mit den dortigen Zeitbegriffen oder Dimensionen existieren oder auf die Erde kommen.

Durch die Zeugung bekommt das Seele-Geist-Wesen einen Körper. Der Mensch tritt ein in die Polarität und Zeit, um sich selbst zu erfahren.

Nach all diesen Erfahrungen kehrt das Seele-Geist-Wesen wieder zurück in die Einheit, wenn es Vollkommenheit erreicht hat.

Beim Eintritt in unsere Welt finden wir nun alles in Gegensätzen (polar) wieder. Die Einheit hat sich aufgefächert in Licht und Finsternis, Ebbe und Flut, Plus und Minus, Mann und Frau, aktiv und passiv, warm und kalt, hart und weich, hoch und tief, klein und groß, gut und böse, Macht und Ohnmacht, Freude und Leid, Lachen und Weinen, Angst und Vertrauen, Täter und Opfer, Krieg und Frieden. Diese Liste ließe sich endlos fortsetzen.

Die weiteren Aussagen, die wir anhand dieses Polaritätsgesetzes machen können, sind:

1. Es gibt keinen Pol ohne den Gegenpol. Ohne Ebbe gibt es keine Flut, ohne die Nacht könnten wir den Tag nicht erkennen, die Wärme kann nur durch den Unterschied zur Kälte gespürt werden. Der Frieden kann nur empfunden werden, wenn wir wissen, was Krieg bedeutet.

2. Die Gegensätze brauchen einander. Die Elektrizität und der Magnetismus existieren nur durch die beiden Pole von Plus und Minus.

3. Hinter den Gegensätzen steht die Einheit. Sie wird gebildet durch die gegensätzlichen Pole, wie eine Münze, die zwei Seiten hat.

4. Nehme ich einen Pol weg, zerstöre ich die Einheit. Der Strom kann nur fließen, wenn beide Pole zusammengeschlossen sind.

5. Alles im Leben schwingt zwischen den Polen, und damit entsteht Rhythmus. Wir müssen ausatmen, damit wir wieder einatmen können, sonst sterben wir. Unser Herz schlägt nur, weil es sich zusammenzieht und wieder ausdehnt.

Der Rhythmus, der ständige Wechsel zwischen den Polen, ist das Grundmuster allen Lebens. Man kann auf Dauer nicht nur einen Pol leben. Kein Mensch kann nur wach sein, nur essen, nur aktiv sein, nur fröhlich sein, es geht für gewisse Zeit, bis das Pendel umschlägt. Die Beobachtung des Atemrhythmus macht dies besonders deutlich, denn wir müssen ausatmen, bevor wir wieder einatmen können.

6. Wir können die Gegensätze nur zeitlich hintereinander erfahren. Das macht es schwer, in manchen Dingen die Gegensätze als Einheit zu begreifen, beispielsweise erkennen wir nicht, dass der Gegenpol der Ohnmacht die Macht ist, oder wir verlangen vom Leben, dass wir immer nur glücklich sein sollen. Dass wir hinter der Polarität die Einheit nicht mehr erkennen, hängt also vom Faktor der Zeit ab.

„Alles ist zweifach; alles hat Pole;
alles hat seine zwei Gegensätze;
Gleich und Ungleich ist dasselbe;
Gegensätze sind nur im Grad verschieden.
Extreme begegnen einander,
alle Wahrheiten sind nur Halb-Wahrheiten;
alle Paradoxe können in Übereinstimmung gebracht werden."

Das Kybalion

Das bedeutet für uns, dass sich unser Leben und unsere Empfindungen abwechseln. Das Pendel schwingt zwischen

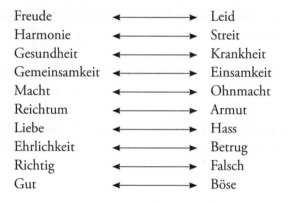

Freude ←→ Leid
Harmonie ←→ Streit
Gesundheit ←→ Krankheit
Gemeinsamkeit ←→ Einsamkeit
Macht ←→ Ohnmacht
Reichtum ←→ Armut
Liebe ←→ Hass
Ehrlichkeit ←→ Betrug
Richtig ←→ Falsch
Gut ←→ Böse

Stellen wir dem Loslassen das Festhalten gegenüber, werden wir erkennen, dass auch hier das Pendel von einer Seite zur anderen Seite schwingen muss.

Festhalten ←→ Loslassen

Binden ←→ Lösen

Wir begegnen dem Thema des Loslassens ein Leben lang, wie ich ja bereits im ersten Kapitel aufgezeigt habe. Wir müssen uns von Vorstellungen, Wünschen und Menschen immer wieder trennen. Erst dann kann das Pendel wieder in die andere Richtung schwingen und wir können wieder etwas Neues gewinnen. Es ist gegen die Natur, allzu lange etwas festhalten zu wollen. Das erzeugt Stillstand und führt zur Erstarrung bis hin zu depressiven Zuständen. Neues zu beginnen und Neues zu wagen, wäre der Gegenpol zum Stillstand. Wagen wir das Loslassen und vertrauen auf das Neue, das kommen wird. Tun wir Schritte in diese Richtung.

Verständlicherweise würden wir immer gerne Harmonie, Gesundheit, Freude und die Liebe im Leben haben wollen. „Alle Lust will Ewigkeit, will tiefe, tiefe Ewigkeit", sagt Nietzsche. Wir wollen eben Wonnezustände festhalten und streben nach Wohlstand und Glückseligkeit. Diese paradiesischen Zustände können nie bleiben, sie wollen immer wieder neu empfunden werden. Wenn es uns zu gut geht, wird das ja auch langweilig. Glück und Leid, beides gehört zusammen und wir können Glück auch nur dann wirklich empfinden, wenn wir den Gegenpol, das Leid, kennengelernt haben. Der Gegenpol des Todes ist das Leben, und das ist möglicherweise der Grund, weshalb Menschen, nachdem sie lebensgefährliche Situationen überstanden haben, ihr Leben viel intensiver spüren, mehr genießen und zufriedener sind, waren sie dem Tod doch so nahe.

Allzu leicht vergessen wir, dass beide Seiten notwendig sind, damit wir etwas erkennen, wahrnehmen und beurteilen können. Nehme ich einen Pol weg, zerstöre ich automatisch den anderen Pol. Wenn wir erkennen, dass Harmonie und Streit, Macht und Ohnmacht, Ehrlichkeit und Betrug, Geiz und Verschwendung, Aktiv und Passiv zusammengehören, wie zwei Seiten einer Münze, und alles aus der Einheit entstanden ist, hat alles seine Berechtigung, auch wenn wir wertend das eine oder das andere nicht mögen und es vermeiden.

Das Einheitserlebnis heilt

Die Einheit ist reiner Geist (Spirit) und er beinhaltet die höchste Form der Liebe. Das wird uns von Mystikern und Menschen mit Nahtoderfahrungen berichtet und sie erlebten dies als helles Licht und spürten eine tiefe Liebe. Dieses Erlebnis entzieht sich der Beschreibung. Wir können und dürfen uns daher einen Gott (er ist die Einheit) denken und vorstellen, der uns bedingungslos liebt. In diesem Sinne bedeutet Liebe, alles, was geschieht, aus einer übergeordneten Sicht zu verstehen und frei zu sein von Wertungen.

Das Gefühl der Einheit und das Eintauchen in dieses Licht und in die Liebe kann über die psychoenergetische Atmung oder in tiefen Meditationen erfahren bzw. ihre Dimension erahnt werden. Dies als Therapeutin mitzuerleben, ist für mich immer das Größte und erfüllt mich mit tiefer Dankbarkeit.

Damit begründet sich der therapeutische Ansatz der Heilung für Menschen, die in ihrem Leben wenig Liebe erfahren haben. Sie können in der tiefen Meditation oder über die psychoenergetische Atmung das

Einheitsgefühl und die Liebe erleben und sich so als Teil des göttlichen Wesens geliebt fühlen. Damit kann eine Basis geschaffen werden, auf der sie ihre Selbstliebe immer mehr entwickeln können. Sie werden unabhängiger von früheren Bezugspersonen und Partnern, die ihnen Liebe, Geborgenheit und Anerkennung ungenügend geben konnten.

Ein Tranceerlebnis mit dem Eintauchen in die Gefühle der Einheit und der Liebe ist ebenso ein wirkungsvoller therapeutischer Beitrag bei Suchtproblemen, um diesen Menschen ihre Sehnsucht nach Halt und Geborgenheit zu erfüllen. Spirit statt Spirituosen wäre die „Ein"- lösung von Suchtproblemen.

Die Auseinandersetzung mit den Polen

Unsere Bestimmung ist die Auseinandersetzung mit der polaren Welt, um alles zu erfahren, was das Leben als Lernaufgabe für uns bereithält. Deswegen werden wir bereits zu Beginn unseres Erdendaseins in Probleme mit den Eltern und der Umwelt verwickelt.

Wir erfahren durch die Erziehung Einschränkungen, Leid, übernehmen Schuldgefühle, haben Ängste und gelangen in Ohnmachtssituationen. All das, was wir in der Kindheit und im Leben erfahren, und wie wir uns mit den Eltern, Erziehern und der Umwelt in Konflikte und Schwierigkeiten verstricken, damit erschaffen wir unsere späteren leidvollen Situationen. Durch die gemachten Erfahrungen bildet sich die Individualität der Persönlichkeit aus, die es wahrzunehmen gilt. Der bewusste Mensch ist dann in der Lage, aus diesen leidvollen Situationen zu lernen und findet immer mehr zur Zufriedenheit.

Um letztendlich wieder eintauchen zu können in die Einheit, müssen alle menschlichen Erfahrungen durchlebt werden. Wir werden daher mit all dem konfrontiert, was Menschen so anrichten und sich antun, um daraus zu lernen. Wir werden in unserem Erdendasein zu Opfern von Machtmissbrauch, Missgunst und Betrug. Menschen werden im Krieg oder in Ländern, in denen Armut herrscht, geboren, leben am Existenzminimum, haben keine Aussicht auf Bildung und Wohlstand oder sterben schon als Kinder an Hunger und Aids. Ein Seele-Geist-Wesen kann als Mensch geboren werden, der als Mörder einen Menschen umbringt oder ohne Mitgefühl durch eine Ideologie und Machthunger Völker in Leid und Krieg stürzt. Wir können als rücksichtslose Egoisten geboren werden, die ihre Angehörigen und Kollegen unterdrücken und benutzen. Im Gegensatz dazu können wir die Aufgabe spüren, Menschen zu helfen. Dann arbeiten wir in einem Pflege- oder Heilberuf, machen uns als Politiker für Menschenrechte stark oder dienen als Wissenschaftler der Allgemeinheit. Ein Leben kann durch viele aufregende, chaotische und herausfordernde Situationen geprägt werden, und bei einem anderen Mensch verläuft es in gleichförmigen ruhigen Bahnen.

Wer bestimmt, ob wir als Genie geboren werden oder ob wir geistig behindert auf die Welt kommen? Wer ist dafür verantwortlich, ob wir uns leicht im Leben tun oder ob wir als ein Kind geboren werden, das sich durch das Leben mühsam kämpfen muss? Wer bestimmt, ob wir auf der Sonnenseite leben dürfen oder in der Dritten Welt aufwachsen? Das wissen wir nicht. Darüber können wir nur Vermutungen anstellen oder uns den erklärenden weltanschaulichen Theorien anschließen. Wir wissen nur, dass die Fähigkeiten und Biografien der Menschen vielfältig sind. Egal wie spektakulär oder unscheinbar ein Leben auch sein mag, der Mensch an sich ist einzigartig und macht die ihm zugedachten Erfahrungen.

Wir leben in den Gegensätzen der verschiedenen Pole und können sie in ihren Extremen erfahren oder in Nuancen. Entweder hat der Mensch viel Macht oder wenig, er besitzt ein großes Ego oder er zeigt sich eher bescheiden. Er betrügt ein wenig oder ist ein notorischer Falschspieler. Seine harte Seite ist übermäßig ausgeprägt oder er ist zu sensibel, er ist zu impulsiv oder zu bedächtig.

In der Seele sind aber alle Charaktereigenschaften in ihren Gegensätzen zu finden. In der Extremform erkennen wir die Polarität leichter und machen stärkere Erfahrungen. Deswegen werden in Filmen Charaktere gerne überzeichnet, um den Inhalt des Stückes und die Persönlichkeit besser darzustellen. Viele Menschen empfinden sich und auch ihr Leben als extrem oder suchen solche Erfahrungen. Oft müssen sie sogar bis zum Äußersten gehen, um danach ihre Mitte finden zu können.

Erleben wir die Polarität in Nuancen, können wir die Pole schlechter erkennen, genauso wie wir einen Grad Unterschied der Raumtemperatur weniger spüren, aber ein Absinken um 10 Grad lässt uns sofort frieren.

Erlebt ein Mensch in seinem Leben viele ohnmächtige Situationen, kann man davon ausgehen, dass er ein Thema mit der Macht hat. Bereits das Wort „Ohn-macht" (ohne Macht) drückt das aus. Ein Therapeut kann dem Menschen helfen, das zu erkennen und ihn ermuntern, seine Stärken zu entwickeln. Leidet ein Mensch unter einem rücksichtslosen und egoistischen Partner, wird dem Klienten geholfen werden müssen, sein „Ich" mehr zu entwickeln, um aus der Opferrolle herauszufinden.

Macht ⟵⟶ Ohnmacht

Das Gesetz des Ausgleichs bestimmt, dass beide Seiten gesehen und gespürt werden sollten, damit der Mensch harmonisch leben kann. Eine Voraussetzung, um loslassen zu können, liegt darin, den Ausgleich herzustellen.

Das Gesetz des Ausgleichs und unser Bedürfnis nach Gerechtigkeit

Durch das bewusste Erkennen des Gegenpolaren können wir auch einen Ausgleich schaffen und uns wieder wohlfühlen. Unser inneres Bedürfnis ist ein Streben nach Ausgleich, anders ausgedrückt, das ist unser Wunsch nach Gerechtigkeit.

Wer in seinen Gefühlen verletzt und gedemütigt wurde, wird irgendwann innerlich so viel Wut und Hass aufbauen, dass er bewusst oder unbewusst auch verletzt. Dies kann dann auch unschuldige Menschen treffen. Die Rache ist der unbewusste Versuch, Macht zu erlangen, um Gerechtigkeit zu erleben. Dies muss natürlich nicht immer in der gleichen Form z. B. durch Aggressionsausbrüche erfolgen, sondern kann andere Ausdrucksvarianten (Bestrafung durch Rückzug, Distanz, Schweigen, Trennung, Entzug von Liebe) annehmen.

Das geschieht häufig in Partnerschaften, wo unbewusst der Partner oder die Partnerin für die „Sünden" der Schwiegerväter oder Schwiegermütter „büßen". Dies wird uns in der dritten Stufe „Die Auseinandersetzung mit dem Schatten", „die Welt als großer Spiegel" und „Projektion Partnerschaft" beschäftigen. Darin werden Sie auch eine Erklärung finden, warum Partnerschaften häufig unglücklich sind oder zerbrechen. Weiter ist zu beobachten, dass das Gesetz des Ausgleichs innerhalb der Familie wirkt, um einem Familienmitglied zur Bewusstheit zu verhelfen. Dazu bedarf es der Konflikte. Lebt jemand eine Charaktereigenschaft stark aus, wird ein Gegengewicht gebraucht, damit eine Gegenbewegung stattfinden kann.

Johanna, eine Frau, die sehr viel Wert auf Leistung und Ordnung legte, musste erleben, dass ihre fast schon erwachsene Tochter völlig chaotisch lebte, wenig Lust zeigte, ihr Leben aktiv in die Hand zu nehmen, und sie jegliches Leistungsstreben zutiefst verachtete.

Margot und Roman – beide sind sehr religiös und seit einigen Jahren aktiv in einer sehr konservativen christlichen Kirche engagiert – mussten mit Entsetzen feststellen, dass ihr Sohn Satansposter im Zimmer aufhängte und entsprechende aggressive Musik hörte, sich also dem Antichristen zuwandte.

Sarah, die sich immer freundlich, nett, liebevoll und Harmonie liebend zeigte, litt unter den unkontrollierten Wutausbrüchen ihres Mannes.

Maria, die ihren Mann verwöhnte, ihm jeden Wunsch erfüllte und sich selbst stark in ihrer Bedürfnisbefriedigung einschränkte, erlebte, dass ihr Mann zunehmend mehr forderte und immer egoistischer wurde.

Wenn wir uns also bewusst mit den Polaritäten auseinandersetzen, werden wir erkennen, welche Eigenschaften in uns mehr entwickelt werden möchten. Nehmen wir letzteres Beispiel, so sollte sich Maria mehr um ihre Bedürfnisbefriedigung kümmern, statt ihrem Mann im Stillen seinen Egoismus vorzuwerfen. Außerdem könnte sie ihr Motiv hinterfragen, warum sie ihren Mann so verwöhnt. Was will sie damit erreichen und wovor hat sie Angst?

Wie Sie bereits spüren, lohnt es, sich mit den Geistigen Gesetzen zu beschäftigen. Vieles wird dadurch verständlicher, wenn auch die Lösung nicht immer so einfach und leicht durchzuführen ist.

Wollen wir innerlich frei werden, so ist es nötig, sich den unterdrückten Gefühlen zu stellen. Meinen Klienten, die sehr traurig oder wütend sind, helfe ich dadurch, indem ich sie ermuntere, ihre Stimmung bewusst wahrzunehmen, um sie zu verstärken. Dadurch erreiche ich, dass sie diese Emotionen ausdrücken können, und leite einen Umschwung im Gefühlsbereich ein.

Traurigkeit  Freude

Wer Traurigkeit in sich spürt und ganz tief in diese Traurigkeit hineinfühlt und sie zulässt, wird dann die Freude finden. Ich erlebe dies manchmal in einem Konzert, dass in der tiefen Melancholie eines Stückes, z. B. von Bach, Freude und Erfüllung liegt. Wenn das Pendel ganz nach einer Seite schwingt, schlägt es in das Gegenteil um. Am Punkt der tiefsten Traurigkeit, der tiefsten Verzweiflung kommt der Umschwung zur Freude. Dies kann man in Werken von Dichtern empfinden. Khalil Gibran lässt in dem Stück „Die Seele" Gott zur Seele sprechen: „… als er ihr den Kelch der Trauer reichte, sagte er: ‚Wenn du davon trinkst, gelangst du zum Wesen der Freude' …"

Der Volksmund weiß das auch, wenn er vom Licht am Ende des Tunnels spricht. Das Leben ist Rhythmus und schwingt immer hin und her. Das ist ein Trost in schweren Stunden, denn nichts bleibt, alles verändert sich. Wie lange wir aber in depressiven Zuständen bleiben, das können wir durch Selbsterkenntnis und Sinnsuche entscheidend selbst beeinflussen.

> Dass die Vögel der Sorge und des Kummers
> über deinem Haupte fliegen, kannst du nicht ändern.
> Aber dass sie Nester in deinem Haar bauen,
> das kannst du verhindern.
>
> CHINESISCHES SPRICHWORT

Das Problem der Wertung

Nach dem bisher Gesagten könnten Sie nun denken, wenn die Polarität gelebt werden soll, führt das nicht zu Egoismus oder zu Machtmissbrauch und sind da nicht Gewalt, ungezügelte Triebe und schlechte Verhaltensweisen die Folgen? Was ist mit Gut und Böse und welche Wertmaßstäbe gelten? Die negativen Charaktereigenschaften schlummern im Unbewussten. Sie möchten lediglich erkannt werden. Das heißt natürlich nicht, dass wir sie dann auch in die Tat umsetzen müssen. Das wäre doch fatal. Wird das Bedürfnis, z. B. nach Rache oder Ausgleich, erkannt, dann muss es nicht mehr unbewusst ausgelebt werden. Alleine das Eingeständnis und das bewusste Spüren des Rachebedürfnisses und das damit verbundene befriedigende Gefühl der Gerechtigkeit bewirken häufig, dass wir die alte Verletzung nun loslassen können. Wir brauchen nicht mehr unbewusst zurückzahlen oder uns in Gedanken an den Ausgleich durch „höhere Gerechtigkeit" verlieren, sondern können die zurückliegende Verletzung loslassen und, wenn nötig, klärende Gespräche führen.

> Wir müssen uns nicht fürchten vor dem, was uns bewusst wird,
> sondern vor dem, was im Unbewussten bleibt
> und dort sein unkontrolliertes Eigenleben entwickelt.

Die negativen Eigenschaften schaden uns dann nicht mehr, wenn wir sie kennen. Gewöhnlich verdrängen wir die dunklen Eigenschaften wie Wut, Eifersucht, Gier, Macht und Neid ins Unbewusste, weil wir fürchten, wenn wir sie uns eingestehen, nicht mehr so gut vor uns selbst und anderen dazustehen. Trotzdem bleibt doch eine Ahnung von diesen Schattenseiten in unserem Bewusstsein. Je mehr wir sie als moralisch verwerflich empfinden, desto mehr hindern sie uns an der freien Entfaltung unserer Persönlichkeit und wir werden ängstlich, verklemmt oder krank. Heben wir diese Eigenschaften ins Bewusstsein, so verlieren sie ihre destruktiven Kräfte und wir können sie analysieren und transformieren. Ein bewusster Mensch wird zunehmend freier und selbstbewusster. Er weiß seine Triebe zu steuern und seine

Kräfte zum Wohle der Menschheit, und damit zu seinem eigenen Wohl einzusetzen. Die Achtung und das Mitgefühl für jegliches Wesen bekommen einen höheren Stellenwert als das Ego.

Viele Menschen haben Schwierigkeiten mit der Macht. Sie wollen sie weder sehen noch gestehen sie sich diese zu, da der Begriff der Macht mit Vorstellungsbildern des Machtmissbrauchs aus unserer politischen, religiösen und familiären Geschichte verbunden ist. Sie möchten vordergründig nichts mit ihr zu tun haben, denn sie haben Angst vor dieser negativen Seite. Die uns zugedachte Macht zu leben, bedeutet nicht zwangsläufig, dass sie an jemandem ausgeübt oder demonstriert werden muss. Menschen, die ihre Macht erkennen, können sie in Bahnen lenken, die der Umwelt nützt und sich für den Betreffenden gut anfühlt. Wer seine begrenzenden alten Verhaltensmuster sehen gelernt hat, sich selbst reflektiert und sich seiner Macht bewusst ist, dem gelingt es, anderen Menschen keine Macht über sich einzuräumen. Das Zusammenleben der Menschen würde nicht ohne Wertmaßstäbe funktionieren und wir brauchen diese Richtlinien im Sinne von richtig und falsch, gut und böse. Aber wann ist etwas gut und wann böse? Was richtig oder falsch ist, empfindet jeder auch individuell anders. Unsere Werte, nach denen wir unsere Entscheidungen ausrichten, haben sich im Laufe unserer Geschichte immer wieder verändert. Die Sexualität war früher ein Tabuthema und schambesetzt, uneheliche Kinder waren eine Schande und Homosexualität wurde sogar strafrechtlich verfolgt.

Heute haben wir andere Wertmaßstäbe zu finden. Wann wird die Grenze der Treue und Loyalität überschritten? Wo beginnt der Betrug, der Machtmissbrauch, der Egoismus und die Gier? Ist Liebe wirklich nur begrenzt auf eine Person und kann man nicht zwei Partner gleichzeitig lieben? Wem solche Dinge geschehen und wer vor solche Fragen gestellt wird, wird dies anders bewerten als jemand, der entsprechende Erlebnisse nicht kennt.

Betrachten wir die Dinge immer wieder von einem anderen Standpunkt aus, so werden wir zwangsläufig die Wertmaßstäbe infrage stellen. Wir werden andere nicht mehr richten und bewerten wollen und gelangen zu mehr Toleranz und Verständnis. Die Machtspiele unseres Egos und die niederen Triebe gilt es zu durchschauen. Wir haben alle

Macht. Wenn wir lernen, sie bewusst zu gebrauchen, können wir auf zermürbende, nicht bewusste Machtspiele verzichten. Sehen wir unsere Macht und erlauben wir uns, sie zu spüren und uns an ihr zu freuen, dann lernen wir am besten den Umgang mit der uns zugedachten Macht und werden sie nicht unbewusst missbrauchen.

Wer seine Macht und die ihr gesetzten Grenzen kennt und sein Mitgefühl nicht vergessen hat, der besitzt gute Führungsqualitäten.

Ein wichtiger Schritt zur Bewusstheit ist, die Motive für die eigenen Handlungen zu sehen, sich immer wieder auch selbst zu hinterfragen, wozu tue ich etwas. Was ist mein persönlicher Gewinn daraus, der nicht unbedingt materieller Natur sein muss. Vieles tun wir, weil wir ein gutes Gefühl dabei haben. Wir fühlen uns vielleicht wichtig und gebraucht. Das Tragische dabei ist aber, dass wir das oft nicht merken oder uns so verhalten, als dürften wir uns gar nicht wichtig nehmen, und so schleicht sich dieses Bedürfnis ungewollt doch ein. Wir wollen nicht auffallen oder Umstände machen und tun es doch. Jeder kennt das Problem, wenn er vielleicht verspätet einen Raum betritt und sich vorgenommen hat, nicht zu stören, aber die Tür knallt hinter ihm zu und plötzlich schauen alle auf ihn. Wer sich ständig entschuldigt und keine Umstände machen will, ist anstrengend.

Das Selbstbewusstsein kann dadurch gefördert werden, dass wir uns selbst loben, selbst wichtig nehmen und selbst lieben. Nehmen Sie auch Lob an, freuen Sie sich über ein Kompliment. Bedanken Sie sich dafür, wenn jemand Ihnen sagt: „Sie sehen in dem neuen Kleid gut aus", statt zu antworten: „Das war nicht teuer", oder: „Es macht doch eine kleine Falte an der Hüfte." Erzählen Sie ruhig, wenn Ihnen etwas gut gelungen ist, und freuen Sie sich darüber.

Viele Menschen haben das Gefühl, sie dürften das nicht tun und sich nicht wichtig nehmen, denn das würde ihnen nicht zustehen. Hier schwingt die alte Angst „Hochmut kommt vor dem Fall" mit. Das ist ein Hauptlaster der sieben Laster der klassischen Theologie, die dem Hochmut noch die weiteren „schlechten" Charaktereigenschaften Übermut, Stolz und Ruhmsucht zuordnet.

Die Erfahrung aber zeigt, dass alle „schlechten" Persönlichkeitsanteile und Gefühle wie Egoismus, Herrschsucht, Wut, Neid, Gier, Hass, sexuelle Lust, Scham, etc., die wir unterdrücken, doch irgendwann wieder zum Vorschein kommen. Je mehr wir sie verdrängen, weil wir nur den „guten Menschen" in uns sehen wollen, desto mächtiger regieren uns diese negativen Eigenschaften aus dem Unbewussten. Bildlich gesehen, sperren wir diese in den Keller und glauben, dadurch haben wir mit ihnen nichts mehr zu tun. Diese unliebsamen „bösen" Kellerbewohner verhalten sich aber nicht ruhig und wollen befreit werden, denn sie gehören doch zum Menschsein. Krankheiten oder Lebenskrisen sind also die Klopfzeichen bzw. die Botschaften aus dem Keller bzw. unserem Unbewussten.

Um zu wirklich „guten" oder vollkommenen Menschen zu werden, müssen wir uns also sehen lernen, wie wir wirklich sind, und uns auch mit den Schattenseiten unserer Persönlichkeit annehmen. Erst dann besteht die Möglichkeit zur Verwandlung. Die Wut kann zur Tatkraft, der Neid zum Ansporn, die Gier zur Lebenslust, das Machtstreben zu mehr Liebe und Hingabe, die Angst zum Vertrauen, die Zwanghaftigkeit zur Freiheit, die Abhängigkeit zur Eigenständigkeit und das Minderwertigkeitsgefühl zum Selbstwertgefühl werden.

Zusammenfassend möchte ich sagen, wir brauchen Werte, nach denen wir uns ausrichten können und die wir auch in der Erziehung weitergeben sollten oder müssen. Aber wir sollten die Moral, die diese Wertmaßstäbe festgelegt hat, hinterfragen und sie von mehreren Seiten betrachten.

Manchmal ist das vermeintlich Böse und Zerstörerische auch unser Glück und bewirkt Gutes. Das thematisiert Goethe in seinem Faust. Darin wird Mephistopheles (Teufel) als eine Schöpfung Gottes, eingebunden in seinen göttlichen Plan, dargestellt. Nach diesem Plan besteht ein fortwährender Wandel zwischen Schöpfung und Zerstörung und der Teufel gehört als der Zerstörer zu diesem Plan. Da er aber von Gott gelenkt wird, wird er niemals sein Ziel, die Zerstörung der ganzen Schöpfung, erreichen. Der Mephistopheles ist sich aber seiner Rolle als Zerstörer voll bewusst und geht, obwohl er letztendlich nicht gewinnen kann, mit seiner ganzen Kraft ans Werk. Auf die Frage von Faust „Wer bist du denn?", als sich der schwarze Pudel in den Mephistopheles (Teufel) verwandelt hatte, antwortete Mephistopheles: „… ein Teil von jener Kraft, die stets das Böse will und stets das Gute schafft."

Die Zerstörung des alten Zustandes bewirkt, dass das Neue entstehen kann. Es ist also manchmal nicht so einfach zu sagen, was gut und was böse ist.

Magdalenas Geschichte – oder die Gut-Böse-Falle

Magdalena, eine 38-jährige Frau, suchte mich auf, da sie sich seit längerer Zeit müde und gestresst fühlte. Sie schilderte sich als eine aktive Frau, die sich in letzter Zeit wegen ihrer Antriebsarmut und Niedergeschlagenheit kaum noch wiedererkannt habe. Sie litt unter innerer Unruhe und unter Stimmungsschwankungen. Wegen häufiger Infektionen, Blasenentzündungen und Schmerzen im Halswirbelsäulenbereich musste sie mehrfach mit Antibiotika behandelt werden. Trotz gesunder Ernährung, der zusätzlichen Einnahme von Vitaminen und naturheilkundlicher Medikamente konnte sie ihren Gesundheits- und Gemützustand nicht verbessern. Der Haushalt und ihre zwei Kinder im Alter von 12 und 15 Jahren überforderten sie. Da ihr Mann beruflich ebenfalls sehr angespannt war, konnte er sie nur begrenzt unterstützen. Er hatte ihr deswegen vorgeschlagen, ihre Halbtagsstelle im Büro zu kündigen. Ihr Beruf sei ihr aber wichtig, erklärte sie mir, denn damit sei sie etwas unabhängiger von den familiären Pflichten. Früher habe sie viel mehr leisten können. Da ihre Stimmung häufig gereizt sei und sie sich zunehmend depressiver fühle, habe ihr eine Bekannte von der therapeutischen Möglichkeit der Atemtherapie mit inneren Bildern bei mir erzählt.

In der Therapie erfuhr ich, dass Magdalena von Freundinnen als „gute Seele" sehr geschätzt wird. Da sie sehr viel Mitleid für alle Menschen, die leiden, empfindet, versuchte sie zu helfen, wo immer sie das Gefühl hatte, gebraucht zu werden. Sie hörte sich die Probleme ihrer Schwester an und sorgte sich um den kranken Bruder.

Die Schwiegermutter wohnte mit im Haus und wurde von ihr fast ein Jahr lang intensiv gepflegt, bis sie starb. Das lag nun 2 Jahre zurück. Von den Geschwistern des Mannes bekam sie dafür aber keine Anerkennung und Dankbarkeit, sondern diese hatten erwartet, dass

Magdalena rund um die Uhr für die Kranke da war. Diese Zeit sei sehr belastend gewesen, aber sie habe das alles hinter sich gelassen, meinte sie. Was sie aber momentan belasten würde, wäre ihr Verhältnis zu ihrer Freundin. Als Magdalena sie einmal um Hilfe bat, hatte diese eine fadenscheinige Ausrede gebraucht und sie fühlte sich dadurch sehr verletzt. „Jeder kann bei mir seine Sorgen abladen, ich bin immer für andere Menschen da gewesen. Ich fühle mich so ausgenutzt", weinte sie. Immer mehr merkte sie, dass die Hilfe, die sie anderen gegeben hatte, nicht zurückkam, sodass sie immer frustrierter deswegen wurde.

In der Folge hatte sie sich von den Freundinnen und den Verwandten zurückgezogen. Sie aber litt darunter, denn diese schienen ihr Ausbleiben gar nicht so bemerkt zu haben und kamen ohne sie zurecht.

Magdalena drückte in der Therapie zunächst ihre Enttäuschung darüber aus. Der jahrelang geschluckte Frust und die unbewältigten Konflikte mit den Geschwistern ihres Mannes kamen zum Vorschein. Ebenso wurden die Pflege ihrer Schwiegermutter und ihr Verhältnis zueinander zum Thema einiger Sitzungen, obwohl Magdalena dachte, das hätte sie losgelassen und ihrer Schwiegermutter verziehen. Von Anfang an fühlte sich Magdalena von ihr abgelehnt und unterdrückt. Sie versuchte zu Beginn ihres Zusammenlebens, sie zufriedenzustellen, aber die junge Frau konnte damals nichts recht machen. Je mehr sie sich bemühte, desto mehr forderte die Schwiegermutter von ihr. Obwohl diese bis zu ihrem Tod noch geistig fit gewesen war, ertrug Magdalena ihre Demütigungen stumm. Magdalena kochte nicht das Richtige, putzte die Fenster nicht oft genug, pflanzte zu wenig Gemüse in den Garten. Sie erzog den kleinen Sohn falsch und überhaupt habe sie ja kein Recht auf das gemeinsame Haus, da sie zu wenig Geld mit in die Ehe gebracht habe. Ihre Schwiegermutter ließ sie immer wieder spüren, dass sie nichts taugen würde. Das ständige Nörgeln und ihre Boshaftigkeit ertrug Magdalena mit einer Engelsgeduld. Wenn sie sich bei ihrem Mann darüber beschwerte, sagte dieser nur, du weißt doch, wie sie ist, sie ist halt eine unzufriedene alte Frau. Magdalena versuchte auch auf Anraten ihrer Mutter, die auch sehr angepasst und bescheiden war, mit der Mutter ihres Mannes gut auszukommen, was immer schwieriger wurde. Die bettlägerige Frau zu versorgen, ging über ihre Kräfte, und eigentlich wollte sie nur noch weglaufen. Den

Tod der Schwiegermutter erlebte sie daher als Befreiung, wofür sie sich aber schämte und Schuldgefühle hatte.

In der darauffolgenden Atemsitzung erlebte Magdalena, wie viel sie an Traurigkeit und Wut in diesen Jahren aufgestaut hatte, und konnte sich von den unterdrückten Gefühlen, die sie krank und depressiv hatten werden lassen, befreien. Sie erkannte die Gut-Böse-Falle, in der sie sich befunden hatte. Je mehr sie sich bemühte, immer gut und verständnisvoll zu sein, umso mehr konnte die Schwiegermutter ihre Macht und Boshaftigkeit an ihr auslassen, was sicherlich zum großen Teil auch von der kranken Frau nicht so gewollt und empfunden wurde. Magdalena fehlte es an Selbstwertgefühl und Eigenliebe, und so konnte sie sich gegen die als mächtig empfundene Schwiegermutter nicht wehren. Im weiteren Verlauf der Therapie mit inneren Bildern erlebte die Klientin, dass sie als Kind oft das Gefühl hatte, nur etwas wert zu sein, wenn sie sich brav und folgsam verhielt. Die Eltern arbeiteten viel, um einen gewissen Lebensstandard zu erreichen. Als Erstgeborene von 5 Kindern kümmerte sie sich um ihre Geschwister, damit ihre Mutter entlastet war. Sie trug schon früh Verantwortung. Gelobt wurde sie dafür nicht. „Auch da war alles schon selbstverständlich, was ich tat", meinte Magdalena in einer Trancesitzung. Sie war nie richtig Kind, sondern eine kleine Erwachsene. Der Vater arbeitete neben der Landwirtschaft noch in einem anderen Betrieb, sodass er am Abend entsprechend gestresst auf ihre kleinen Wünsche und Bedürfnisse reagierte. Dies führte zu einem angepassten Verhalten und dazu, dass sie sich ein wenig Anerkennung erhoffte, wenn sie ihm in der Landwirtschaft half. Sie genoss es, wenn er ihr einen wohlwollenden Blick schenkte.

Magdalena erkannte, dass sie sich erschöpfen würde, wenn sie weiter erwartete, für ihre Hilfsbereitschaft Anerkennung zu bekommen. Sie musste jetzt mehr auf sich schauen und sich wichtiger nehmen, das wurde ihr in der Therapie sehr deutlich.

Sie konnte in unserer gemeinsamen Arbeit spüren, wie gut es sich anfühlte, für andere da zu sein, wie wichtig sie für die Geschwister und für die Familie und Freunde war. Sie erkannte hinter ihrem „Helfersyndrom" auch das Ego ihrer Seele. Ihr Wichtigsein für andere Menschen war auch eine Form der Selbstdarstellung und hat sie in ihrem Selbstwert genährt. Sie war also doch nicht ganz so uneigennützig, wie sie geglaubt hatte, und konnte daher ihre Enttäuschung über die mangelnde Anerkennung und Liebe loslassen, sich entsprechend abgrenzen und aus ihren alten Mustern aussteigen. Sie empfand, dass ihre Hilfsbereitschaft in Ordnung sei, es aber jetzt für sie enorm wichtig sein würde, ein gesundes Ego zu entwickeln.

Nach einigen Therapiestunden konnte sie nun ihre eigenen Ziele und Wünsche im Leben bewusster wahrnehmen, sie formulieren und fühlte sich besser, denn sie entwickelte mehr Eigenliebe. Sie nahm sich mehr Zeit für sich und entdeckte dadurch das Aquarellmalen als seelischen Ausgleich. Auch auf ihren Mann wirkte ihre zunehmende Zufriedenheit positiv, sodass er wieder mehr Lust verspürte, gemeinsam mit der Familie etwas zu unternehmen.

Gedanken über das Schicksal

Alle Menschen haben mehr oder weniger mit dem seelischen „Trägheitsgesetz" zu kämpfen, da wir Veränderungen nicht besonders mögen, sie machen Angst. Es ist nicht einfach, neue Wege zu gehen und Gewohnheiten aufzugeben. Deshalb ist es immer noch nötig, dass uns das Schicksal etwas schickt, was uns dazu bewegt, unsere Seele weiterzuentwickeln. Das bedeutet, dass wir lernen müssen, uns von starren Überzeugungen, Illusionen, veralteten Moral- und Lebensvorstellungen zu trennen. Dies macht uns innerlich frei, wir können unsere Individualität leben und unseren Platz in dieser Welt finden. Im Übrigen ist das Schicksal nicht eine von außen wirkende böse Macht, die uns Knüppel zwischen die Beine wirft – auch wenn wir das in einer akuten Krise so empfinden –, sondern eine Instanz in uns, die uns das aufbürdet, was es zu lernen gilt.

Innere seelische Triebe, aufgestaute Gefühle, Konflikte und Schatten der Vergangenheit zwingen uns dazu, dass wir unsere Lernaufgaben selbst kreieren. Wir wissen es nur nicht. Es bedarf einer „bösen Schwiegermutter" im Außen, um innerseelische alte Muster bewusst zu machen, und Magdalena musste lernen, ein gesundes Ego und Selbstwertgefühl zu entwickeln.

„Wenn es dem Esel zu wohl ist, geht er auf das Eis." Damit beschreibt der Volksmund einen Menschen, dem es zu gut geht und der ein Risiko eingeht. Er oder sie geht vielleicht fremd und setzen damit die Ehe aufs Spiel. So verletzend, angstvoll und enttäuschend so ein Erlebnis auch ist, es beinhaltet auch immer die Möglichkeit zur Selbstfindung und damit sogar manchmal zur Neubelebung der Partnerschaft.

„Nichts ist schwerer zu ertragen als eine Reihe guter Tage", heißt ein anderes Sprichwort. Wir wünschen uns das zwar, aber es wird uns dabei mehr oder minder schnell langweilig, wenn neue Herausforderungen fehlen.

Also fordert uns das Leben heraus oder wir tun es. Manche Menschen suchen den Kick, um sich in Extremsituationen zu beweisen und ein Glücksgefühl zu erreichen. Der Psychologe Mihaly Csikszentmihalyi hat in „Flow, das Geheimnis des Glücks" die Ergebnisse jahrzehntelanger Forschungsarbeit darüber, welche Erfahrungen Menschen glücklich und zufrieden machen, dagestellt. Er schreibt: „Was den Menschen wirklich befriedigt, ist nicht, schlank oder reich zu sein, sondern sich im eigenen Leben wohlzufühlen." Als „Flow" beschrieben ihm Menschen den Zustand in Augenblicken, wenn das Bewusstsein harmonisch geordnet ist und sie etwas um der Sache willen tun. Freude, an allem, was man tut, zu empfinden, kann die Hindernisse auf dem Weg zu einem erfüllten Leben überwinden. Durch die Reflexion seiner eigenen positiven Erfahrungen kann jeder Mensch herausfinden, was ihn glücklich und zufrieden sein lässt.

Die Erforschung des Unbewussten heilt also nicht nur die seelischen Wunden, sondern erhellt uns den Weg zu einem erfüllten Leben.

Ihre ersten Schritte zum Loslassen

Auf dem Weg zum Unbewussten können Sie sich zunächst über die Selbstanalyse nähern. Ich möchte an dieser Stelle ausdrücklich betonen, dass die hier gemachten Vorschläge nur für Menschen gelten, die ansonsten seelisch stabil sind und noch die Kraft besitzen, aus einer solchen Krise selbst herauszufinden.

Nehmen Sie sich Zeit und betrachten Sie Ihr Problem. Formulieren Sie es und schreiben es auf. Dann teilen Sie Ihr Blatt in eine linke und rechte Hälfte. Auf die linke Seite schreiben Sie, welche Nachteile Ihnen dadurch entstanden sind, alles, was Sie quält und was Sie befürchten.

Dann schreiben Sie die Vorteile auf, die Sie durch dieses Ereignis haben, auch wenn es zunächst noch so banal klingen mag.

Versuchen Sie, auch wenn Sie noch so verzweifelt sind, die Vorteile dieser Situation, in der Sie sich gerade befinden, zu sehen. Auch wenn Sie jetzt traurig sind und sich als Opfer der Umstände fühlen und gemein behandelt wurden, lassen Sie die Themen auf der rechten Seite zu. Sie können es noch nicht, der Schmerz ist noch zu groß? Dann tun Sie das später. Trotzdem sind es die Aspekte, die sie zu gegebener Zeit aus dieser Ohnmacht herausführen werden. Wenn Sie dieses Buch bisher lesen konnten, dann dürften Sie wahrscheinlich emotional so weit sein, dass es Ihnen gelingt. Im akuten Zustand eines Schmerzes, eines Verlustes ist es erst mal wichtig, die Verzweiflung zuzulassen und sich jemandem anzuvertrauen, bei dem Sie sich wohlfühlen und darüber reden können. Natürlich ist da der Schmerz noch so übermächtig, dass jede Sinnfrage und jeder Trost sich erst mal wie eine Farce anhört oder anfühlt.

Ich muss als Therapeutin auch den richtigen Zeitpunkt bei der Therapie finden, wenn ich z. B. eine Klientin mit Brustkrebs bitten möchte, die Vorteile der Erkrankung aufzuschreiben. Das empfinde ich natürlich selbst als unangemessen und dreist im Angesicht dieser Erkrankung, und doch ist dies der Weg, der zur Veränderung führen wird, wenn die Klientin erkennt, dass sie mehr auf sich hören sollte. Meist kann sie durch diese Übung erst mal herausfinden, dass sie ihr Ego mehr zu entwickeln hat und von der Familie loslassen und mehr ihre eigenen Wünsche verwirklichen könnte. Sie wird dann nach und nach bewusster leben lernen und Geborgenheit und Anerkennung für sich selbst finden, statt dies im Außen unbewusst einzufordern.

Wenn Sie von Ihrem Partner oder der Partnerin verlassen wurden, hilft es, wenn Sie sich auch hier die Vorteile bewusst machen. Sie können das natürlich für sich behalten, aber es hilft Ihnen etwas aus der Opferrolle heraus. Auch wenn Sie glauben, nie wieder lieben und vertrauen zu können, glauben Sie mir, der Zeitpunkt wird kommen, wo Sie erkennen werden, dass diese Trennung für Sie doch irgendwie gut gewesen ist.

Es ist immer Ihre Entscheidung, wie lange Sie in der Opferrolle bleiben, ob Sie verbittert im Leben werden, oder ob Sie in der Lage sind, tragischen Geschehnissen auch etwas Positives abzugewinnen.

Menschen, die ihr Schicksal gemeistert haben und in der Lage waren, den Groll loszulassen, konnten manchmal sogar das Schlimme, das sie erlebt haben, in positive Hilfe verwandeln. Sie entwickelten eine innere Reife und Stärke und wurden uns so zum Vorbild. Denken wir hier an Menschen, die die Naziherrschaft in einem Konzentrationslager überwunden haben, oder an diejenigen, die mehrere Angehörige im Krieg verloren haben und trotz ihres schlimmen Leids doch noch etwas Positives aus ihrem Leben machten. Der Österreicher Hermann Gmeiner wurde mit 5 Jahren durch den Tod seiner Mutter zur Halbwaise und gründete nach dem 2. Weltkrieg die SOS-Kinderdörfer, die heute ein weltweites Netzwerk für Waisenkinder bilden, in der Kinder in einer familienähnlichen Struktur aufwachsen können.

Eine weitere Möglichkeit, eine seelische Verletzung selbst zu verarbeiten, ist das Schreiben. Gerade wenn es Ihnen schlecht geht, die Gedanken im Kopf kreisen, was Sie vielleicht jemandem, der Sie enttäuscht hat, sagen wollen, dann vertrauen Sie das einem Tagebuch an. Schreiben Sie der betreffenden Person einen Brief, in dem Sie alles, auch Ihre Wut, Ihre Traurigkeit, Ihr Unverständnis und alles, was Sie zu sagen haben, niederschreiben. Aber bitte schicken Sie so einen Brief niemals ab. Denn mit Beschuldigungen, Vorwürfen und der Wut über diese Situation erreichen Sie bei dem Betreffenden nichts, nur weitere Ablehnung. Auch liebevolle Bettelbriefe um den Erhalt einer Beziehung bleiben meist unbeantwortet. Dahinter steht nicht allein die Ablehnung Ihrer Person, sondern auch das Unvermögen des Verletzers, mit dieser Situation umzugehen.

Erst dann, wenn Sie genügend Abstand haben und im Loslassen sind, kann ein klärender Brief sinnvoll sein, der dann die größere Chance bietet, dass er beantwortet wird, damit die für Sie noch wichtigen Fragen geklärt werden können.

Lassen Sie Ihre Gefühle zu!
Es ist sehr wichtig, wenn Sie einen Brief schreiben und Gefühle dabei hochkommen, diese auszudrücken. Wenn Sie nicht weinen können und sich nur leer fühlen, kann es hilfreich sein, eine Musik einzulegen, die Sie traurig stimmt, damit endlich die erlösenden Tränen fließen

können (Verstärkung der Gefühle). Es geht uns in der Regel immer besser, wenn wir weinen oder unsere Wut ausdrücken können. Wenn Sie wütend sind, dann lassen Sie auch die Wut zu. Stampfen Sie z. B. mit dem Fuß auf, zerreißen Sie voller Wut ein altes Telefonbuch oder Zeitschriften, lassen Sie Ihre Wut und Ihren Zerstörungstrieb zu.

Denn alles, was Sie bewusst tun, brauchen Sie nicht unbewusst zu tun, und andere Menschen müssen nicht unter Ihrem derzeitigen Befinden leiden.

Es gibt dazu eine gute Meditation von Bhagwan Shree Rajneesh. Sie ist beschrieben im Orangenen Buch und heißt: „Sei so negativ, wie du kannst."

Ich schlage Sie Ihnen in abgewandelter Form vor.

Setzen Sie sich in einen Raum. Sorgen Sie dafür, dass Sie ungestört sind.

Räumen Sie möglichst vorher wertvolle Gegenstände, die leicht zerbrechlich sind, weg. Setzen Sie sich und legen vor sich ein Kissen. Diesem Kissen erzählen Sie laut alles, was Sie geärgert hat. Legen Sie eine traurige oder aggressive Musik dazu ein und drehen Sie sie ruhig etwas lauter. Natürlich so, dass kein Nachbar gestört wird. Falls Sie zu Hause nicht ungestört sind, fahren Sie mit dem Auto in die freie Natur. Dort können Sie im Auto auch lauter sein.

Wurden Sie betrogen, so stellen Sie sich vor, das Kissen ist derjenige, der Ihnen die Enttäuschung zugefügt hat. Auch wenn Sie sich dabei furchtbar blöd vorkommen und Ihr Verstand Ihnen sagt, was soll der ganze Zirkus, bin ich denn bescheuert, so etwas zu tun. Tun Sie es trotzdem. Es befreit Sie.

Erzählen Sie also dem Kissen, was Ihnen angetan wurde und wie Sie sich dabei fühlen. Wenn Sie traurig sind, lassen Sie die Tränen zu. Wenn Sie wütend sind, nehmen Sie ein Handtuch, schlagen auf das Kissen ein. Machen Sie diese Übung wirklich mindestens 30 Minuten lang und wiederholen Sie das zweimal die Woche oder öfter. Wann immer Ihnen danach ist. Erst wenn Sie die Traurigkeit und Wut ausdrücken konnten, ist Ihre Seele auch wirklich zur Veränderung und zu weiteren Erkenntnisprozessen bereit.

Ach ja, seien Sie richtig böse und gebrauchen ruhig Kraftausdrücke (Kraftwörter haben Kraft) und achten Sie darauf, dass Sie nicht in das

„Ich kann ja verstehen ..." abrutschen, denn das blockiert Sie im Ausdrücken der Gefühle. Machen Sie sich klar, es geht dabei nur darum, dass Sie Ihre aufgestauten Gefühle ausdrücken, um nichts sonst. Das Verständnis ist zeitlich später dran.

Nach so einer Meditationsübung (Meditation kann übrigens auch dynamisch sein) duschen Sie oder baden Sie ausgiebig, um den Rest der gelösten Energie wegzuwaschen. Dann tun Sie sich was Gutes. Jetzt kann es sinnvoll sein, sich abzulenken, schlafen Sie sich aus oder gehen Sie ins Kino. Am nächsten Morgen schaut dann alles schon wieder wesentlich freundlicher aus. Auch wenn das Thema natürlich noch nicht gelöst ist. Das sind die ersten Schritte des Loslass- und Reifungsprozesses. Den Konflikt da sein lassen und das Ausdrücken der Gefühle. Je mehr Sie Ihre Gefühle unterdrücken und stark sein wollen, desto mehr laufen Sie Gefahr, dass Sie wieder verletzt werden. Manchmal ist es so, als würden wir Probleme und Konflikte zu unserem bestehenden Leid erst recht noch anziehen, damit sie sich so stark aufstauen, bis wir die Kontrolle darüber aufgeben müssen. Halten wir die Gefühle trotzdem weiter fest, so schwächt uns dies, weil wir mit der Unterdrückung viel an Lebenskraft verbrauchen. Wir fühlen uns dann ausgebrannt.

Sowohl das Schreiben als auch das Ausdrücken der Wut ist nur dazu da, dass es Ihnen besser geht. Wenn Sie z. B. des Nachts nicht schlafen können, weil Sie an jemanden denken müssen, der Sie verletzt hat, dann stehen Sie auf und schreiben Sie.

Durch das Schreiben werden die kreisenden Gedanken, die sonst im Kopf bleiben, auf Papier bzw. in den Computer geschrieben. Die Energie geht also vom Kopf in die Hände und damit raus. Sie werden wieder klarer im Kopf und können dann schlafen. Also einfach mal ausprobieren.

Zweite Stufe:
Heilung der Gefühle

In der Psychotherapie erhält der Klient Raum, um sich in seiner Gefühlswelt so zu zeigen, wie ihm zumute ist. Ein einfühlsamer Therapeut wird dabei eine Haltung einnehmen, die dem Klienten vermittelt, dass seine Gefühle willkommen sind, damit sie sich nicht länger blockierend auf die Lebenskraft auswirken. Durch die Erziehung lernten wir, unsere Emotionen zu kontrollieren und unterdrückten sie dabei. Es wurde Wert auf gute Leistungen und Gehorsam gelegt. Um geliebt und anerkannt zu werden, war ein angepasstes Verhalten nötig. Traurigkeit, Wut und Ängste konnten daher nicht zugelassen oder ausgedrückt werden. Die christlichen Moralvorstellungen, die uns unter anderem Gott fürchten lehrten, brachten die Menschen beispielsweise dazu, ihre sexuellen Lustgefühle zu verdrängen. Viele Paare haben deswegen mit den Auswirkungen dieser unbewussten Schuldgefühle, mit Ängsten und Hemmungen, in ihrer Beziehung zu kämpfen. Auch wenn das Gottesbild eines vertrauensvollen lieben Gottes dies auch auszugleichen vermag, ist der alttestamentarisch strafende, sich rächende Gott in unserem Kollektiven Unbewussten verankert. Er ist es, der uns bei Schicksalsschlägen fragen lässt: Warum werde ich so gestraft? Statt sich das Büßerhemd überzuziehen und über eine vermeintliche Schuld nachzugrübeln, sollten wir uns von diesem destruktiven Erbe des Kollektiven und Familiären Unbewussten lösen. Wenn wir nicht nur erkennen, sondern es auch durchleben, wie wir durch die frühkindliche Erziehung in unserem Verhalten geprägt wurden, können wir den Ängsten und Selbstzweifeln begegnen und zu der Persönlichkeit heranreifen, die in uns angelegt ist.

Die autoritären Erziehungskonzepte, die durch Regeln, Strenge, totale Unterordnung, Befehlen zum Gehorsam, Bestrafungen, Unterdrückung der eigenen Triebwünsche die Kinder zu einer verfremdeten Persönlichkeit erzogen haben, wurden durch den antiautoritären Erziehungsstil der 60er-Jahre abgelöst. Den Kindern wurde möglichst viel Freiraum zur Entfaltung ihrer Persönlichkeit gewährt und eine radikale Abkehr von bestrafenden, Einfluss nehmenden Erziehungskonzepten fand statt. Kinder mussten sich nicht mehr dem von den Eltern erwünschten Lebens- oder Berufsweg unterordnen. Dem Kind wurde nun fast grenzenlose Freiheit ermöglicht, der Bedürfnisbefriedigung und den Erfahrungsmöglichkeiten sollten keine Einschränkungen gesetzt werden. Sie wurden zur Konflikt- und Kritikfähigkeit erzogen und der strenge, oft noch körperlich züchtigende Pädagoge musste sich zurücknehmen. Dieser neue Erziehungsstil der 60er-Jahre war Ausdruck und Reaktion auf die Totalitätsherrschaft im Nationalsozialismus, um zukünftigen autoritären Machtstrukturen begegnen zu können.

Dies brachte aber mit sich, dass die Kinder in den letzten Jahren vielfach zu freiheitlich erzogen wurden, sie durften machen, was sie wollten, benahmen sich Erwachsenen und Lehrern gegenüber respektlos und ungezogen. Heute beschäftigt uns die Frage, wie viel Freiheit und wie viel Lenkung, Strenge oder Grenzen braucht ein Kind.

Die Wichtigkeit, Kindern Grenzen zu setzen, beschreiben viele Erziehungsratgeber.

Trotzdem fällt es vielen Eltern und Erziehern heute schwer, dies entsprechend umzusetzen. Je stärker sie negativ vom autoritären oder antiautoritären Erziehungsstil geprägt wurden, desto stärker werden sie die jeweilige Gegenposition einnehmen, wollen sie es doch bei den eigenen Kindern besser machen.

Im Ausdruck der Gefühle sind die Jugendlichen heute meist freier, spontaner und leiden daher weniger als ihre Eltern unter den unterdrückten Gefühlen. Trotzdem können viele nicht mit den Gefühlen umgehen. Einige Heranwachsende übertreiben das „ge-waltig" im Sinne von „ungezügelter" Aggression und Zerstörungswut. Es ist immer wieder zu beobachten, dass Kinder stellvertretend die Gefühlsblockierungen der Eltern ausleben. Dies mag mit ein Grund sein, warum die Zahl der Kinder, die an Hyperaktivität und Aufmerksamkeitsdefiziten leiden, immer mehr zunimmt. Eines ist auf alle Fälle unbestritten, dass die unterschwelligen Gefühle und Stimmungen, die in der Familie herrschen, von den Kindern aufgenommen werden.

Die Hyperaktivität von Johannes, die bereits im Kindergarten auffällig wurde, konnte durch die Arbeit der Mutter an ihrer Seele und dem Ausdruck ihrer verdrängten Aggressionen wesentlich verbessert werden und stellt heute im Schulalltag kein Problem mehr dar. Es sind häufiger die Mütter, die dafür sorgen, dass dieses Problem bearbeitet wird, die bereit sind, sich mit der Seele des Kindes und der eigenen Seele zu beschäftigen. Das bedeutet nicht, dass sie die „Schuldigen" an dieser Situation sind und dass nur sie die ungelösten Probleme weitergeben. Natürlich sind es auch die Väter. Es ist aber leider selten, dass sich die Väter selbst reflektieren oder in die Therapie begeben, denn sie haben nicht diesen Leidensdruck wie die Mütter, die ja zeitlich mehr in Kontakt mit den Kindern sind. Außerdem beschäftigen sich Männer nicht so sehr mit ihrer Seele. Es ist nicht ihr Metier. Meist veranlasst sie nur ein enorm quälender Zustand dazu, therapeutische Hilfe in Anspruch zu nehmen.

Aufgrund der Gewaltbereitschaft der Jugendlichen haben ein Umdenken in den Erziehungsmethoden und eine Diskussion über neue Werte bereits begonnen. Sicher ist es sinnvoll, den Umgang mit Gefühlen und ein neues Wertebewusstsein als Unterrichtsfach anzubieten. Auch als eine Art Gegenbewegung zu einigen Medien, die schlechtes Benehmen und Taktlosigkeit als cooles Verhalten oder Selbstbestimmtheit dargestellt haben. Ich könnte mir vorstellen, dass sich das in der schulischen Erziehung mit den Fächern Ethik (Wertebewusstsein) und Sport (Abbau von Aggressionen) verbinden ließe. Vielversprechende Ansätze gibt es schon. Ich bin mir sicher, dass in den nächsten Jahren in dieser Richtung viel geschehen wird. Dabei geht es nicht darum, wieder zum autoritären Erziehungsstil zurückzukehren, sondern die Auswüchse in richtige Bahnen zu lenken. Sie bedürfen einer sozialen und politischen Gegensteuerung. Es geht um eine Änderung auch des kollektiven Bewusstseins, damit wieder mehr Mitgefühl und soziales Verhalten in unserer Gesellschaft möglich werden.

Eine Veränderung in diese Richtung fängt aber immer bei uns selbst an, in unserer Seele. Wir werden weder uns noch andere Menschen ändern können, wenn wir nicht bereit sind, unser Verhalten oder das eines anderen Menschen zu hinterfragen. Statt Gefühle als negativ zu bewerten, sollten wir herausfinden, warum sie so sind, wie sie sind. Wenn wir dann unsere Prägungen und unsere Gefühlsstruktur annehmen, lässt sie sich in Kreativität verwandeln. Wer mit einer Charakterstruktur geboren wurde, die dazu neigt, schnell wütend zu werden, und andererseits eine ausgeprägte sensible Seite besitzt, wird seine Aggressionen nicht spüren wollen und sie nicht zeigen. Er lebt wie ein Wolf im Schafspelz. Das kostet unglaublich viel Kraft, wenn diese aggressive Energie in Schach gehalten werden muss. Diese Menschen neigen entweder dazu, dass ihnen andere oft grundlos aggressiv und rücksichtslos begegnen, oder sie werden krank, depressiv und erleiden Unfälle.

Die Lösung könnte sein, erstens zu erkennen, ich bin ein Wolf, und zweitens die Aggression (Lat. aggredi: herangehen, angreifen) nicht zerstörerisch auszudrücken, sondern sie im Beruf (Wettbewerb) oder im Einsatz für Schwächere und im Sport auszuleben.

Verdrängte Gefühle machen krank

In meiner Praxis habe ich kaum mit gewaltbereiten Jugendlichen zu tun, sondern ich bin vielmehr mit dem Gegenpol, den verdrängten Gefühlen meiner Klienten, beschäftigt.

Es ist mittlerweile hinreichend bekannt, dass verdrängte Gefühle krank machen und viele körperliche Beschwerden, aber auch Suchtprobleme, Depressionen, Burn-out und suizidales Verhalten dadurch entstehen. Leider glauben manche Menschen, den leichteren Weg zu gehen, wenn sie sich durch Alkohol und sonstige Suchtmittel ihren Problemen und seelischen Schmerzen entziehen. Dramatisch ist dieses Sich-Entziehen, wenn der Lebensmut völlig zum Erliegen kommt.

Deswegen ist es für mich in der Therapie besonders wichtig, auf dieser Gefühlsebene zu arbeiten. Damit die Klienten ihre seelischen Schmerzen loslassen können, reicht es meist nicht aus, sich nur auf der analytischen Ebene dem Problem zu nähern und es damit zu verändern. Es sollte auch eine sogenannte Katharsis (griechisch: „Reinigung") stattfinden. Gefühle und verdrängte Konflikte müssen durchlebt werden. Damit findet eine seelische Reinigung statt und Klienten berichten nach diesen Erlebnissen, dass sie jetzt wirklich frei sind. Allerdings verspricht das Ausleben der Emotionen ohne weitere Einsichten über die seelische Verstrickung keinen nachhaltigen Erfolg. Es ist natürlich nicht damit getan, auf ein Kissen einzuschlagen oder die Traurigkeit fließen zu lassen, sondern sich in diesem Prozess entsprechend weiterzuentwickeln. Beides ist nötig, um verzeihen und loslassen zu können. Eine wunderbare Möglichkeit bietet die psychoenergetische Atemarbeit. Es kommt in dieser tiefen Entspannung mit inneren Bildern zu wertvollen inneren Versöhnungserlebnissen, und damit erfolgt eine nachhaltige Heilung der Probleme.

Alle Stufen des Loslass- und Heilungsprozesses müssen eben durchlaufen werden. In der Atemtherapie – sie werde ich in späterem Kapitel beschreiben – wird seelisches Erinnern auch über seelische Blockaden, die körperlich stärker empfunden werden, möglich. Der Ausspruch „Mir wird es so schwer ums Herz" beschreibt so eine energetische Blockade, ebenso wie der Kloß im Hals, den wir oft herunterschlucken müssen. Schwierige Lebenssituationen, in denen wir Traurigkeit und Ärger empfinden und nicht ausdrücken können, untergraben unsere Lebendigkeit und können somit zu körperlichen und seelischen Krankheiten führen.

Wie unterdrückte Gefühle krank machen, zeigt die Grafik:

Seelische Verletzungen entstehen durch

| Demütigungen, Enttäuschungen, Verluste etc. |

Sie erzeugen Gefühle von

| Traurigkeit, Wut, Angst, Scham, Schuld |

Sie können nicht ausgedrückt werden.
Weitere Enttäuschungen kommen hinzu, die den Sinn haben, die bestehenden Gefühlsblockierungen zu verstärken, um sie in die Lösung und Aufarbeitung zu bringen.

Geschieht dies nicht, entstehen:

| seelische Leere, Burnout, Depressionen, körperliche Beschwerden und Krankheiten |

Die oft beschriebene seelische Leere ist ein Ausdruck für das Nicht-mehr-fühlen-Können-und-Wollen. Ein seelisches Schutzprogramm, das allerdings, wenn es zu lange besteht, in den Zustand der Depression oder Krankheit münden kann.

Stellen wir uns unseren Seelenkörper als ein Gefäß vor (passendes Symbol wäre ein Kelch). Dieser Kelch ist angefüllt mit Lebensenergie (Prana). Sie fließt aus der unendlichen schöpferischen Energie allen Seins. Dieses Fluidum belebt unseren Körper. Kann sie ungehindert fließen, dann fühlen wir uns wohl, wir sind zufrieden, lebensfroh und voller Tatendrang. Durch seelische Verletzungen, unerfüllte Wünsche und Träume aber wird diese Lebensenergie zugedeckt. Je mehr wir also unsere Gefühle kontrollieren und sie wegdrängen, desto mehr nimmt unsere Lebendigkeit ab und Krankheiten können entstehen.

Gründe für Gefühlsverdrängungen

Die Zusammenfassung der häufigsten inneren Glaubenssätze, die durch die Erziehung geprägt wurden, zeigt auf, warum wir Gefühle nicht zulassen oder ausdrücken können. Sie werden dadurch eingeschlossen und belasten uns.

Erziehung und innere Glaubenssätze

Man zeigt keine Gefühle.
Wie es in mir aussieht, geht keinen etwas an.
Wenn ich meine Gefühle offenbare, bin ich schwach.
Ich werde wieder verletzt, wenn ich meine Gefühle zeige.
Wenn ich wütend werde, bin ich schlecht.
Wenn ich Lust empfinde, muss ich mich schämen.
Wenn ich traurig bin, ändert sich deswegen auch nichts.

Das Verständnis unterdrückt die Gefühle

Ich muss vernünftig sein.
Denke positiv.
Ich verstehe es, dass mein Vater mich geschlagen hat. Das war auch bei ihm so.

Ich verstehe, dass meine Mutter keine Liebe zeigen konnte, da sie selbst auch keine bekommen hat.
Das ist schon so lange her, das berührt mich heute nicht mehr.
Mein Vater ist bereits gestorben, da kann ich nichts mehr ändern. Das ist vorbei.
Man darf über Verstorbene nicht schlecht reden.
Meine Mutter musste noch so leiden, wie könnte ich ihr da böse sein.

Natürlich ist das Verständnis für die Eltern oder unsere Mitmenschen, die uns seelisch verletzt haben, eine wichtige Voraussetzung, um loslassen zu können.

Dabei sollte aber immer wieder überprüft werden, ob dieses Verstehen auch von der Seele her erfolgt ist. Das können wir daran erkennen, dass wir uns nun im inneren Frieden mit dieser Person befinden und in ähnlichen Situationen gleichmütig sind. Wir reagieren daher nicht mehr mit einem tiefen Seufzer, sind gereizt oder lenken das Gespräch auf andere Themen, ja wir nehmen es eigentlich gar nicht mehr wahr, dass uns solche Gegebenheiten früher belastet haben.

Das positive Denken kann ebenfalls zu Gefühlsverdrängungen führen. Dies trifft auf jene Menschen zu, die verkrampft oder aufgesetzt versuchen, positiv zu denken, egal wie es in ihnen tatsächlich aussieht.

In der Therapie decken wir viele dieser Glaubenssätze und unbewusste Verhaltensmuster auf.

Befreiung aus der Depression – Die Therapie mit Gabi

Tief verwurzelt ist die Meinung, sich in seiner Verletzlichkeit zu zeigen, bedeutet, schwach zu sein. Diese innere Einstellung ist eng verbunden mit dem Gefühl des Ausgeliefertseins, was wiederum auf unbewussten Ängsten und Minderwertigkeitsgefühlen beruht.

Das Ausgeliefertsein an etwas, das stärker und mächtiger ist, bedroht unsere Existenz. Letztendlich lassen sich alle Ängste auf diese Grundangst zurückführen. Nehmen wir das Beispiel der Versagensangst. Die Angst, eine Prüfung nicht zu bestehen oder vor Menschen einen

Vortrag zu halten und dabei nicht gut zu sein, erzeugt zunächst in uns Nervosität. Sie ist Ausdruck der Versagensangst und der damit verbundenen Empfindung der Wertlosigkeit. Spüren wir dem in einem therapeutischen Geschehen nach, so könnte dabei eine frühkindliche seelische Programmierung von „Ich habe die Liebe nicht verdient" zum Vorschein kommen. Damit ist häufig ein Trauma des Alleingelassenwerdens verbunden. Auf die Frage: „Was befürchten Sie, wenn Sie das erleben?", könnten die als Baby oder Kleinkind empfundenen Ängste und Einsamkeitsgefühle zum Vorschein kommen. In dieser Situation glaubte die „Baby-Geist-Seele", nichts wert zu sein oder hatte die Befürchtung, nicht mehr versorgt zu werden und sterben zu müssen. So ein Erlebnis kann also tiefsitzende Gefühle von Schwachsein, Ausgeliefertsein, Hilflosigkeit und Existenzängsten hervorrufen, die erst viele Jahre später in einer entsprechend ähnlich belastenden Situation dann ausgelöst werden. Wenn in einer Prüfungssituation starke Ängste bis hin zu Panikattacken auftreten, sind häufig solche Ursachen dafür verantwortlich. Auffällig ist, dass Menschen mit diesen seelischen Wunden ein großes Freiheitsbedürfnis haben, und sie vermeiden Erlebnisse, bei denen sie das Gefühl haben, von anderen Menschen abhängig zu sein.

Meiner Klientin wurden diese beschriebenen Urängste ihrer Seele und die Zusammenhänge mit der später aufgetretenen körperlichen Erkrankung durch die Therapie bewusst.

Gabi, eine 40-jährige sympathische Frau, kam im Sommer 2006 in meine Praxis. Sie litt seit vielen Jahren an Depressionen, die im Frühjahr und Herbst stärker wurden. Als Gabi vor mir saß, konnte sie ihre Beine nicht ruhig halten, sie zitterten und bewegten sich heftig. Ebenso zitterten ihre Hände, so, als wollte sie Wassertropfen abschütteln. Teils kam das Zittern von innen heraus und teils machte sie kontrollierte heftigere Bewegungen, um die innere Nervosität loszuwerden. Die Diagnose Tremor (ein starkes Zittern) sei bereits vor einem Jahr gestellt worden, erklärte sie. Zwar habe sie gelernt, damit zurechtzukommen, aber sie leide unter einer starken inneren Unruhe, sei innerlich sehr angespannt und nervös. Einige Krankheitsbilder, die als Begleiterscheinung dieses Zittern hervorrufen würden, seien untersucht und von den Ärzten ausgeschlossen worden. Der Arzt habe ihr daraufhin ein Antidepressivum und ein Beruhigungsmittel verschrieben. Das Zittern habe sich dadurch nicht gebessert. Ihre innere Unruhe und ihre Anspannung seien zwar leicht gedämpft worden, aber sie erlebe sich deswegen auch müde und lustlos. Ihr Wunsch sei es, die Medikamente wieder abzusetzen, und durch die Therapie mit inneren Bildern erhoffe sie sich eine Klärung der Ursachen und eine Besserung ihrer Beschwerden.

Gabi arbeitet in einer leitenden Position und trägt viel Verantwortung. Als Single kann sie ihre Freiheit sehr schätzen, verreist gerne und treibt Sport. Durch diese Aktivitäten ist sie in einem kleinen Freundeskreis integriert. Sie lebt in der Nähe ihrer Mutter und ihrer beiden Schwestern auf dem Land. Ihr Vater ist vor einigen Jahren gestorben. Das Verhältnis zu ihrer Familie ist gut, zwar gefühlsmäßig distanziert, was aber für sie kein Problem darstellt. Im Alter von etwa 29 Jahren hatte sie einen „Beinahe-Tod" aufgrund einer Gehirnblutung erlebt. Die daraufhin erfolgte Operation war gut verlaufen.

Gabi berichtete, dass die Ärzte ihr gesagt hätten, sie habe ein großes Glück gehabt. Dieses Gefühl hatte sie damals nicht empfinden können. Aber ihre depressiven Schübe hatten sich durch eine Malgruppe mit anschließenden therapeutischen Gesprächen verbessert, sodass sie dadurch ihrer Arbeit hatte nachgehen und weitgehend auf Medikamente verzichten können.

Bereits in der ersten Atemsitzung konnte ich feststellen, dass ihr Körper durch die Konzentration auf den Atem und die inneren Bilder ganz ruhig auf der Therapiecouch lag. Das Zittern hatte durch die tiefe Entspannung aufgehört. In diesem Zustand tauchten in ihr die Bilder des Krankenhausaufenthaltes auf. Nach ihrer Operation am Kopf hatte sie sich hilflos erlebt. Die von mir zunächst vermutete unterdrückte damalige Angst, sterben zu müssen, war nicht ihr Problem.

Das Gefühl, hilflos zu sein und anderen zur Last zu fallen, das war für sie viel schrecklicher. Ihr wurde in der Trance bewusst, dass sie damals ihrer Mutter durch diese lebensbedrohliche Krankheit große Sorgen bereitet hatte. Ihr verdrängtes Gefühl der Schuld und der Last, als die sie sich für die Mutter empfand, kam zum Vorschein.

In der daran anschließenden Besprechung der inneren Bilder und Gefühle, die mit diesem Erlebnis verbunden waren, erinnerte sich Gabi plötzlich wieder an den genauen Zeitpunkt, als der Tremor zum ersten Mal aufgetreten war. Während eines Kuraufenthaltes hatte sie mehrmals vergeblich versucht, ihre Mutter zu Hause anzurufen. Weil Gabi sie nicht telefonisch erreichen konnte, hatte sie sich eines Abends große Sorgen um ihre Mutter gemacht, sich ausgemalt, ihr wäre etwas Schlimmes zugestoßen. Einen ganzen Abend lang war sie sehr nervös und angespannt gewesen, bis sich am nächsten Tag herausgestellt hatte, dass alles in Ordnung war. Diese Angst um ihre Mutter, so war sie sich jetzt ganz sicher, war der Auslöser für den Tremor gewesen. Denn während dieser Kur hatte das Zittern begonnen und war danach immer heftiger geworden.

In einer weiteren Sitzung mit inneren Bildern sah sich die Klientin wieder im Krankenhaus, und zwar als Baby im Alter von 10 Monaten. Auch hier hatte sie operiert werden müssen. Wieder empfand sie sich als Last. Eine Schwester im Krankenhaus wurde als streng, kalt und lieblos erlebt, sodass sie sich sehr einsam und verlassen fühlte. Gabi fiel es sehr schwer, ihre Verzweiflung und ihre Traurigkeit, die sie als Kleinkind empfunden hatte, während dieses Wiedererlebens auszudrücken. Auch damals hatte sie brav diese Situation ertragen, aus einer Angst heraus, sonst von der Krankenschwester (wie vorher von ihrer Mutter) verlassen zu werden und ganz alleine zu sein.

In der Nachbesprechung zu diesen Bildern berichtete mir Gabi, dass sie eine große Traurigkeit und Wut über das Alleingelassenwerden gespürt hatte, sie hatte Angst vor der Krankenschwester gehabt und sich hilflos und ausgeliefert erlebt. Sie erklärte, sie könne jetzt nicht mehr böse auf ihre Eltern sein, denn es sei halt so gewesen. Die Eltern hätten damals bei ihren Kindern nicht bleiben können und ihre Mama wäre bestimmt gekommen, wenn sie nicht so viel hätte arbeiten müssen.

Gabi sah das sehr richtig. Es geht in der Therapie nicht darum, den Eltern Schuld für Probleme zu geben. Auch in Gabis Fall war die Mutter nicht für ihre Ängste und Verzweiflung verantwortlich zu machen. Es war jetzt wichtig, herauszufinden, welche Schutzmechanismen sie errichtet hatte, damit sie den Schmerz der Verlassenheit künftig nicht mehr erleben musste. Solche seelischen Abwehrmechanismen schützen uns zwar vor Verletzungen, führen aber dazu, dass Menschen sich immer mehr in sich selbst zurückziehen und zunehmend ihre seelische Lebendigkeit und Lebensfreude verlieren.

Um wieder gesund zu werden und ihre Seele von diesen unterdrückten Gefühlen zu befreien, war es notwendig, die Traurigkeit oder Wut von damals auch ausdrücken zu können. Ich erklärte ihr, dass sie dadurch lernen würde, ihre Gefühle in der Zukunft mehr zuzulassen und sie kreativ auszuleben.

Sofort erwiderte Gabi: „Ich habe meine Gefühle ganz tief vergraben, sodass ich sie fast selbst nicht mehr spüre. Nur noch das Nervöse spüre ich. Wenn ich jetzt weinen würde, hätte ich Angst, nie mehr aufhören zu können. Hinter dieser Unruhe kann ich meine Gefühle verstecken. Der Tremor tut nicht weh. Aber dieser Schmerz, eine Last zu sein, das Gefühl, nichts wert zu sein, und die Angst, verlassen zu werden, das ist so schlimm. Wenn ich weine und schreie, hört mich ja eh keiner. Eine Traurigkeit bringt nichts, ebenso wie die Wut nichts bringt." Diese Sätze deuteten auf Kindheitserlebnisse hin, in denen Gabi wohl Trost gebraucht hätte, aber diesen nicht bekommen konnte.

Im weiteren Verlauf der Therapie erkannte Gabi, dass in ihrer inneren Unruhe viele Gefühle steckten. Sie erlebte die Enttäuschung der Mutter, weil sie schon wieder ein Mädchen zur Welt gebracht hatte, und ihren Vater, der sich über einen Sohn gefreut hätte. Dann sah sie sich mit dem Vater und fühlte sich als Mädchen abgelehnt und wertlos und wollte ihm durch Fußball spielen gefallen. Nach und nach lernte Gabi, ihre Gefühle in der Therapie auszuleben. Nicht, um die Wut über diese Verletzung an den Eltern auszulassen, sondern sie tat es für sich, um frei von diesen blockierten Gefühlen zu werden. Bereits nach einigen Sitzungen war der Erfolg der Therapie besonders auffällig, denn Gabi zitterte überhaupt nicht mehr und fühlte sich ruhig und ausgeglichener. Ihre depressive Verstimmung verbesserte sich, sodass ihr Arzt die Medikamente kurz nach ihrem Therapiebeginn absetzen konnte. Der Tremor ist bis heute (2 Jahre nach Beendigung der Kurzzeittherapie) nicht mehr aufgetreten, ebenso blieben bislang ihre depressiven Schübe aus.

Die seelische Mauer

Wenn Menschen seelisch verletzt werden, lernen sie sich zu schützen. Sie zeigen nicht, wie es in ihnen aussieht. Deshalb wirken sie kalt, arrogant, gehemmt oder zurückgezogen. An dem Grad ihrer vermeintlichen Gefühlskälte, ihrer Arroganz und ihrem Zynismus kann man die Schwere der seelischen Wunde vermuten. Sie können Nähe nur schwer zulassen und öffnen sich in einer Partnerschaft zögerlich oder nie wirklich. Sie leiden oft unter innerer Einsamkeit und Sinnlosigkeit. Sehr oft haben sie sich von ihrer Vergangenheit distanziert und wollen möglichst nicht mehr an die Kindheit erinnert werden. Häufig erlebe ich Klienten, die schwere seelische Verletzungen im Kleinkindalter erlitten haben und ihre verdrängte Wut oder Traurigkeit nicht wahrnehmen und ausdrücken können. Sie leben lieber in der Distanz mit ihren Gefühlen, versuchen ihre Probleme herunterzuspielen oder über irgendwelche intellektuell konstruierten Gedankengebäude zu erklären. Zu ihren Eltern besteht kaum eine Beziehung oder sie ist abgebrochen. Häufig haben sie schon im Kleinkindalter eine Mauer um ihre Seele gezogen, um sich vor weiteren Verletzungen zu schützen. Ihre seelischen Wunden sind verkrustet, aber nicht geheilt. Sie bleiben seelisch verschlossen und ein liebevolles Miteinander mit einem späteren Partner oder einer Partnerin kann nicht mehr gelingen oder ist immer wieder gestört.

„Mein Vater hat sich nicht um mich gekümmert, warum soll ich ihn jetzt besuchen? Ich habe kein Gefühl ihm gegenüber", drückt Martha aus. Dies ist natürlich verständlich, wenn man ihre Geschichte kennt. Trotzdem leidet sie, zwar nicht direkt unter ihrem Vater, sondern unter Beziehungslosigkeit und depressiver Verstimmung, denn die Sehnsucht nach Nähe und Liebe will erfüllt werden. Erst als Martha diese kindliche Wut, Traurigkeit und Verzweiflung zulassen konnte, war es ihr möglich, sich auf eine tiefere Liebesbeziehung mit einem Mann einzulassen.

Wer im Kindesalter Wut zu spüren bekommen hat, wird später oft selbst zum Schläger, weil er ein Mitgefühl für andere Menschen durch die seelische Verhärtung nicht mehr empfinden kann. Diese Kindheitserlebnisse können sich aber auch so auswirken, dass der spätere Erwachsene jegliches aggressive Geschehen strikt ablehnt. In letzterem Fall besteht allerdings das Problem, dass diese Menschen in kindlichen Ohnmachtsgefühlen gefangen bleiben, die ihnen ein Stück Lebens- und Durchsetzungskraft nehmen. Sie können oft Hektik und Lärm schlecht ertragen, brauchen übermäßig viel Ruhe, ziehen sich in sich selbst zurück, sind mit ihrer Umwelt unzufrieden und können verbittert werden. Das Erkennen, dass Aggressionen ein Bestandteil aller Menschen sind, sie bei sich selbst auch sehen zu lernen und sie aber in Kreativität, Sport und in Tatkraft auszudrücken, um sie zu beherrschen, statt zu verletzen, könnte hier die Lernaufgabe für die so verletzten Menschen sein.

Die Last unbewusster Schuldgefühle

Schuldgefühle und Schamgefühle werden auch häufig im Kindesalter von der Familie übernommen und können ein Leben lang belastend wirken. Deshalb bin ich sehr froh, wenn schon junge Menschen den Weg finden, um sich von diesen Bürden zu befreien, damit ihr Leben davon nicht bestimmt wird. Viele Schuldgefühle, die wir mit uns herumtragen, sind keine wirkliche Schuld, sondern beruhen auf einer übernommenen oder angemaßten Schuld. Bei dieser Form handelt es sich um Schuldgefühle, bei denen man seine Verantwortung überschätzt. Rolf war 5 Jahre alt, als sein Vater an einem Herzinfarkt starb. Er hat das miterlebt. Es war abends und die Mutter hatte ihm zuvor ein paar Mal gesagt, dass er zu Bett gehen sollte. Rolf entwickelte Schuldgefühle, da er glaubte, dass der Vater wegen seiner Unfolgsamkeit gestorben war.

Sabines Eltern haben sich getrennt, als sie 3 Jahre alt war. Sie fühlte sich schuldig und nicht wertvoll genug, denn ihr Dasein reichte nicht aus, um zu verhindern, dass die Eltern sich trennen.

Die Bindungsliebe in der Familie ist ein häufiger Grund für unbewusste Schuldgefühle.

Johanna hat bereits im Mutterleib Schuldgefühle entwickelt, als ihr Zwillingsgeschwisterchen im Embryonalstadium abgestorben ist und sie überleben durfte. Ein Leben lang fühlte sie eine Sehnsucht nach etwas, was ihr immer gefehlt hatte, und sie konnte in der Therapie die Trauer und die Schuldgefühle endlich loslassen. Die Therapie mit Johanna zeigte mir wieder einmal auf, wie präsent die Seele bereits in diesem frühen Stadium fühlt und sich schon in Schuldgefühle verstrickt. Wird das nicht aufgedeckt, bleiben zudem ein Leben lang diese Sehnsuchts- und Einsamkeitsgefühle bestehen.

Dieses Erlebnis des verlorenen Zwillings und die seelischen Folgen für den überlebenden Zwilling ließen mich nach ähnlichen Erfahrungen von Therapeuten suchen. Mein Supervisionstherapeut machte mich auf das Buch „Der Kain-Komplex – Neue Wege in der Systemischen Familientherapie" von Dr. Norbert Mayer aufmerksam.

Ein großer Teil der Schuldgefühle, die Klienten haben, ist die angemaßte Schuld. Sie beruht letztendlich auf einem unbewussten Größenwahn bzw. auf Anmaßung (Hybris) mit ebenso unbewussten Machtfantasien. Damit fühlen wir uns verantwortlich für schicksalhafte Geschehnisse und laden uns Schuldgefühle auf. Erst in der tiefen Therapie können wir diese Hybris erkennen und uns von unserer selbst auferlegten Last befreien. Die Magie, das Schicksal steuern zu können, ist eben faszinierend und tief in unserer Seele verwurzelt. Wie oft erlebe ich in therapeutischen Sitzungen mit, wie gut es tut, wieder ein wenig mehr die Demut zu spüren. Das ist wohl das größte Erlebnis des Loslassens. Religiös ausgedrückt: „Herr, dein Wille geschehe." Dieser Satz hat seine Wirkung und wird erst dann zur Bedeutung für uns Menschen, wenn wir die Grenze unserer Macht erkannt und akzeptiert haben.

Die persönliche wirkliche Schuld taucht in der Therapie wesentlich weniger auf. Natürlich erkennen Menschen, welche Fehler oder Fehlentscheidungen sie getroffen haben. Gleichzeitig wird aber auch deutlich, weshalb sie so handelten. Damit erfolgt auch eine Versöhnung mit sich selbst. Es entsteht immer eine gute Kraft, wenn die Schuld oder der begangene Fehler angenommen werden kann. An dieser Stelle möchte ich nochmals daran erinnern, dass der Begriff der Schuld immer eng verbunden ist mit der Moral, die wiederum dem Zeitgeist unterliegt. Dies zeigt sich besonders in der Sexualität. Über so manches moralische Verhalten und manche Anekdote früherer Zeit können wir heute nur noch schmunzeln und werden aber trotzdem noch von unbewussten Hemmungen und Schuldgefühlen geplagt, denn die alten Verbote leben noch in unserer Seele weiter.

Wer Angst vor Schuld und Strafe hat, ist oft in seinen Entscheidungen gehemmt. Meist stützen sich diese Menschen gerne auf andere Personen und vielfach lassen sie lieber diese entscheiden. Oder sie wollen auf Nummer sicher gehen und benötigen viele Informationen für ihre Entschlusskraft. Sie legen darauf Wert, möglichst viele Meinungen zu hören, um handeln zu können. Die Angst vor Fehlentscheidungen und ihren Folgen aber lässt sie auch so manche Probleme aufschieben und fördert damit ihre Unzufriedenheit.

Diese Menschen sollten ihre strengen Wertmaßstäbe, die sie bei sich und anderen anlegen, überprüfen und einsehen, dass es nur natürlich ist, wenn Menschen in ihren Entscheidungen auch Fehler machen. Jeder Mensch möchte sie natürlich vermeiden, und deshalb können wir immer nur aufgrund der momentan gegebenen Fakten entscheiden. Bei der heutigen Wissensflut können wir oft gar nicht alles bedenken und müssen häufig schnell zu Lösungen kommen. Wie erstaunlich, dass oft sehr schnelle auch aus dem Bauch heraus getroffene Entscheidungen richtig sind.

Wenn der Verstand die Gefühle unterdrückt

Menschen, die sehr verstandesbetont, analytisch oder wissenschaftlich gebildet sind, haben sich, wenn sie in meine Praxis kommen, bereits selbst eingehend mit ihren Lebensproblemen beschäftigt. Sie können ihre Schwierigkeiten erkennen, und trotzdem ist es ihnen nicht möglich, ihre Erkenntnisse zu verwirklichen, und deswegen können sie nicht loslassen. Es fehlt das seelische Durchleben der Gefühle und die Integration des neuen Verhaltens.

Ich erlebe, dass Problemlösungen nicht besonders effektiv in den Gesprächstherapien mit den Klienten gefunden werden, und manchmal kreist der Therapeut zusammen mit dem Klienten immer wieder um denselben Konflikt. Führe ich ihn dann in seine innere Bilderwelt, erleben wir, dass die zuvor beschriebenen Schwierigkeiten in einer früheren seelischen Wunde liegen, die aufgearbeitet werden möchte.

Dadurch wird auch das leidvolle Problem, das mit der aktuellen Person oder Situation verbunden ist, gemildert.

Erich ist ein verstandesbetonter, analytischer und redseliger Mann. Wegen Partnerschaftsproblemen suchte er mich auf. Erich konnte sich mit seiner Partnerin nicht richtig über ein Problem auseinandersetzen. Ihre Gespräche arteten zu Streitgesprächen aus und er hatte das Gefühl, ihr wenig entgegensetzen zu können. Er fühlte sich unverstanden und wurde dann schnell wütend. Diese Wut war eine Reaktion auf seine Angst, später mal als Trottel dazustehen, wie er dies in der Elternbeziehung erlebt hatte. Seine eigene Dominanz konnte er nicht sehen und Streit verabscheute er eigentlich. Trotzdem endeten die Gespräche meistens mit einem Wutausbruch seinerseits. Da beide Pädagogen sind, versuchten sie, ihre Probleme vernünftig im Gespräch zu lösen, und verwickelten sich in endlos zermürbende Gespräche, mit dem Gefühl, keiner versteht das, was der andere zu sagen hat. „Wir sprechen verschiedene Sprachen", erklärte er mir verzweifelt. Durch die Erforschung seiner frühkindlichen Prägungen erkannte er sein tief verschleiertes Minderwertigkeitsgefühl. Er hatte dies zwar durch berufliche Leistungen und politisches Engagement kompensiert, seine Frau aber aktivierte unbewusst seine kindlichen Wunden, was wiederum in Machtdemonstrationen ihr gegenüber endete, indem er sie kritisierte und zynische Bemerkungen über ihre Alltagsschwächen machte. So führte er einen Kampf um ihre Eigenheiten. Zum Beispiel zynische Bemerkungen und Streit über ihre Angewohnheit, ihr Glas oder ihre Tasse nie ganz auszutrinken, benutzte Dinge nicht an den gleichen Platz zurückzulegen, also alles Dinge im Sinne von „offener Zahnpastatube".

Es gelang ihm aber nicht, ihr das abzugewöhnen, was ihn zunehmend weiter frustrierte.

Nach einigen therapeutischen Sitzungen erkannte er seine Dominanz und die dahinterstehende Angst. Durch diese Bewusstwerdung und das Durchleben der früheren Traumen entstand ein neues Selbstwertgefühl. Er seufzte: „Ich muss endlich nicht mehr kämpfen, um mich zu beweisen." Zum Abschluss dieser Sitzung fand ich „zufällig" für ihn noch einen passenden Spruch, den ich ihm mitgab:

Mit 18 wollte ich die Welt verändern, mit 30 Jahren meine Frau, mit 40 Jahren meine Kinder und mit jetzt fast 50 Jahren habe ich erkannt, dass das Einzige, was ich wirklich ändern kann, ich selbst bin.

Heilung durch innere Bilder

In den ersten Kapiteln dieses Buches habe ich die inneren Bilder in meiner psychotherapeutischen Arbeit erwähnt. In der Einleitung zu diesem Buch erzähle ich, wie ich 1987 eine therapeutische Methode kennenlernen durfte, ohne die ich die vielen Schicksalskrisen in meinem Leben nie bewältigt hätte. Ich hätte den Sinn und die Aufgabe in meinem Leben nicht erkannt und es wäre gut möglich gewesen, dass ich entweder krank oder verbittert geworden wäre. Wie bereits erwähnt, empfinde ich meine psychotherapeutische Arbeit daher auch als Berufung. Es liegt mir sehr am Herzen, Menschen ihre Angst zu nehmen, sich ihrem Unbewussten anzuvertrauen, damit sie diesen wunderbaren Erfahrungsweg gehen können, um an Leib und Seele wieder zu gesunden.

Viele Menschen haben Angst, sich mit ihrer Seele zu beschäftigen, denn sie befürchten, Dinge zu sehen, die sie besser im Unbewussten belassen. Sie wissen, dass sie Seelenanteile unterdrückt haben, die von der Gesellschaft als nicht „gut" bewertet werden. Deswegen stehen ihnen ihre eigene Bewertung, was sein darf und was nicht sein darf, und die Angst, – auch vor sich selbst – nicht gut dazustehen, im Wege, sich auf ihre Seele einzulassen und therapeutische Hilfe anzunehmen. Hinzu kommt, dass es bei der Vielzahl der psychotherapeutischen Verfahren und der spirituellen oder esoterischen Therapien nicht ganz einfach ist, zu durchschauen: Was bringt mich wirklich weiter und bei welchem Therapeuten kann ich mich öffnen?

Zwischen dem Klienten und dem Therapeuten muss ein Vertrauensverhältnis entstehen, damit sich der Klient auf die Therapie einlassen kann. Zusätzlich zu seiner Ausbildung sind das Einfühlungsvermögen des Therapeuten und seine Art, dem Klienten verständnisvoll zu begegnen, die wichtigsten Voraussetzungen dafür, dass in der Therapie ein Klima des vertrauensvollen Miteinanders geschaffen werden kann.

Diese Empathie kann nicht theoretisch erlernt werden, sondern ist im Charakter eines Menschen angelegt und entwickelt sich durch die Reifung seiner Persönlichkeit. Dafür müssen wir die Fähigkeit erwerben, uns weitestgehend auch von unbewussten Wertungen zu befreien. Haben wir selbst das Vertrauen, dass alles, was geschieht, in einem größeren Zusammenhang steht und daher seine Berechtigung hat, dann können wir als Therapeuten auch dieses Vertrauen ausstrahlen. Das bedeutet nicht, dass wir nicht auch zweifeln dürfen und alles verstehen müssen, sonst wären die Therapeuten übermenschlich und wahrscheinlich nicht mehr gut in ihrer Arbeit. Therapeuten sollten auch nicht über ihren Gefühlen stehen, sondern gelernt haben, mit ihnen umzugehen. Dann können sie ihr Gespür und ihre Intuition noch besser weiterentwickeln, um in der Interaktion mit dem Klienten diesem wertvolle Bewusstseinsinhalte zu vermitteln. Therapeutin zu sein, bedeutet für mich auch, meine Schattenseiten zu sehen, anzunehmen und mein Spürbewusstsein weiter zu entfalten. Wie Sie sehen, haben wir Therapeuten also eine Menge zu lernen.

Das Spürbewusstsein

Das Leben des Menschen ist in Harmonie, wenn der Verstand und das Gefühl im Einklang sind und wenn wir Entscheidungen treffen können, die sowohl von unserer Intuition als auch aus logischen Erwägungen heraus als sinnvoll bewertet werden können. Wir sind ständig von unserem Unbewussten und von unseren Stimmungen beeinflusst. „Die Zeit" lässt dazu in ihrem Heft Zeitwissen, 02/2006, im Artikel „Ich fühle, also bin ich", den Hirnforscher Gerhard Roth, Universität Bremen, zu Wort kommen: „Alle Entscheidungen sind letztlich Gefühlsentscheidungen. Grundlage unserer Motivation ist immer das Gefühl, dazwischen kommt eventuell die Ratio ins Spiel. Das Bewusstsein bewältigt, so schätzt man, ungefähr 50 Basiseinheiten von Informationen (Bits) pro Sekunde. Das Unbewusste dagegen wird sogar mit Millionen von Bits fertig. Nur ein Bruchteil davon gelangt ins Bewusstsein. Weniger als 0,1 Prozent dessen, was das Gehirn tut, ist uns aktuell bewusst. Der Rest wird unbewusst erledigt. Das Unbewusste kann also eine Vielzahl von Informationen gleichzeitig verarbeiten."

Der bewusste Verstand arbeitet detailgenau, aber fokussiert, fixiert sich auf Details und verliert schnell das Große und Ganze aus den Augen. Das unbewusste Gespür aber kann ein Problem aus einem großen und übergeordneten Blickwinkel heraus betrachten. „Wer denken will, muss fühlen', ist das Fazit vieler Kognitionsforscher", schreibt Die Zeit in ihrem Artikel. Das ist sicher richtig. „Höre auf deinen Bauch oder auf dein Herz", das wird uns ja häufig geraten. Leider ist das nicht so einfach. Denn wenn alle Bauchentscheidungen immer richtig wären, würden wir das doch tun. Wie aber weiß ich, ob mein Gefühl aus einer Angst, einer momentanen Laune der Gier oder aus meinen unbewussten Verstrickungen entstanden ist und daher wirklich gut für mich ist?

Wenn also Entscheidungen letztlich Gefühlsentscheidungen sind, sollten wir folglich unserer Unbewusstes kennenlernen, dann wissen wir, welche innere Stimme zu uns spricht, und können dem wirklich aus guten Erfahrungen gelernten Bauchgefühl vertrauen.

Jeden Tag müssen wir kleine oder große Entscheidungen treffen und wir möchten natürlich alles richtig machen. Jeder weiß, wie lähmend sich das auf unsere Stimmung auswirkt, wenn wir uns nicht entschließen, dies oder jenes zu tun. Erfolgreiche Menschen erkennt man daran, dass sie sehr schnell Entscheidungen treffen können und dies oft intuitiv tun. Sie sind risikobereiter und/oder verfügen über ein gesundes Selbstbewusstsein und lassen sich weniger von unbewussten Ängsten und Schuldgefühlen leiten. Das bedeutet aber nicht, dass diese Menschen unbedingt intelligenter sein müssen, um erfolgreich zu sein. Der Mensch definiert sich bis heute über den Verstand und wissenschaftliche Erkenntnisse sind bedeutender als das Empfinden, das natürlich subjektiv ist und sich der Beweiskraft naturgemäß entzieht. Gefühle werden immer noch verachtet, galten sie doch jahrhundertelang als peinlich, denn sie waren körperlich und mussten über den Verstand in Kontrolle gehalten werden. Seit den 90er-Jahren beginnt sich das langsam zu verändern. Im Gegensatz zum IQ (Intelligenzquotient) spricht man nun vom EQ (emotionaler Quotient), dem Begriff der Emotionalen Intelligenz, der die Fähigkeit im Umgang mit eigenen und fremden Gefühlen und Persönlichkeitseigenschaften beschreibt. Der Psychologe Goleman benennt in seinem Buch „Emotionale Intelligenz" fünf menschliche Fähigkeiten, nämlich Selbstbewusstheit, Selbstmotivation, Selbststeuerung, Soziale Kompetenz und Empathie (die Fähigkeit, andere Menschen in ihren Empfindungen zu verstehen). Sie sind die Voraussetzungen dafür, wie Menschen ihre Aufgaben bewältigen und ihren Verstand benutzen.

Diese Attribute können wir erreichen, wenn wir in der Trance oder in der Tiefenentspannung unser Unbewusstes ausdehnen und dadurch unserem Selbst bewusst begegnen. Wir können in unsere Seele und Geistebene des Persönlichen Unbewussten und in die weiteren tieferen Schichten bis hin zum Kollektiven Unbewussten eintauchen und unsere innere Seelenlandschaft bereisen. Dabei erfahren wir die Hintergründe, Ursachen und Lösungsmöglichkeiten und erahnen das Große und Ganze, das uns steuert.

Die Reise in unsere Seele

Die Reise in unsere Seelenlandschaft und die damit verbundenen Einsichten, die das Unbewusste uns ermöglicht, können wir vergleichen mit einer Bergwanderung. Stehen wir oben auf dem Berg, können wir die Landschaft unter uns betrachten. Wir bekommen einen Überblick über das unten liegende Dorf, über das Bächlein, wo es vielleicht aus dem Berg entspringt und ins Tal fließt, oder sogar, wo es mündet, wie Wege und Straßen angelegt sind, wo der Fernsehturm steht etc.

Je höher wir auf den Berg steigen, desto größer der Überblick. Ein Bergwanderer, der sich verlaufen hat und vielleicht trotz seiner Karte nicht weiterkommt, wird sich immer einen höheren Punkt suchen, um wieder einen Überblick zu bekommen.

Wenn wir in einem Konflikt oder Problem feststecken und all die Gedanken um diese Schwierigkeiten kreisen, dann können wir durch die Hinwendung an unser Unbewusstes ebenfalls einen Abstand gewinnen und aus dieser Distanz heraus zu wertvollen Erkenntnissen gelangen.

Stellen Sie sich weiter vor, Sie können vom Berg aus jeden beliebigen Ort auch schnell erreichen, indem Sie dort wie ein Vogel hinfliegen, um sich das genauer anzuschauen. Sie haben aber statt der Flügel eine kleine Flugmaschine auf dem Rücken, die auch eine Zeitmaschine ist.

Damit ist es Ihnen möglich, von jedem beliebigen Ort aus auch in der Zeit zurückzufliegen und die Vergangenheit zu bereisen.

Jetzt erleben Sie das Vergessene nochmals und haben sogar die Gelegenheit, etwas nachzuholen, was Sie vielleicht versäumt haben.

Außerdem ist es nun möglich, das Geschehene aus einem anderen Blickwinkel zu betrachten, um mehr darüber zu erfahren und es mit der jetzigen Sichtweise der Dinge abzuklären. Na ja, wie eben einen Film ein zweites Mal anschauen und Wichtiges erkennen, was Sie damals nicht erkannt haben.

Dieser kleine Vergleich beschreibt sehr genau, was meine Klienten in der Therapie erleben und was ich mit ihnen erleben darf.

Dabei ist es meine therapeutische Aufgabe, eine Art Bergführer oder Lotse zu sein, der den Blickwinkel des Klienten auf das immer wieder zu erkennende Thema lenkt. Natürlich muss ich meine Klienten auch in Landschaftsebenen hineinbegleiten, die nicht so freundlich und übersichtlich sind wie eine Blumenwiese, sondern sie auch ermuntern, mal in unübersichtliches Gelände durch Wälder und düstere Gänge zu gehen und in Höhlen hineinzuschauen, um unterirdische Seen und bizarre Landschaften zu entdecken.

Wer diese Seelenreise unternimmt, hat natürlich auch ein wenig Reisefieber, denn es ist ein kleines Abenteuer, wie jede Reise. Man weiß ja nie genau, ob das Hotel so ist, wie man es gebucht hat, und hofft, dass der Flieger pünktlich ist, die Koffer dabei sind etc. Aber je öfter wir verreisen, desto weniger bekommen wir Bedenken, desto selbstverständlicher wird das Reisen.

So weiß der Klient nicht genau, wohin die Seelenreise geht und was er erleben wird. Im Gespräch mit meinem Klienten kläre ich ihn darüber auf und kann auf die vielen positiven Erfahrungen verweisen. Im Kapitel über das Katathyme Bilderleben und das Imaginieren früherer Leben werde ich die Erlebnisse weiter beschreiben.

Beschäftigen wir uns aber zunächst mit der Frage: Was bringt uns in unser Unbewusstes und wie können wir dort innere Bilder erleben? Also womit reisen wir eigentlich? Flugzeug, Zug, Auto etc. Kann ich mich da einfach zurücklehnen oder muss ich selbst fahren? Fahre ich möglicherweise mit einem Schlafwagen und wache dann an einem völlig anderen Ort auf oder schaue ich während der Fahrt aus dem Fenster und bekomme bereits einige Eindrücke?

Wir reisen mit unserem Atem. Um noch bei der bildhaften Beschreibung zu bleiben: Wir nehmen ein besonderes Fahrzeug und Sie steuern. Unser Transportmittel kann Flügel ausfahren und fliegen, es lässt sich zu einem Boot umgestalten und es kann sogar zum U-Boot werden. Ich nehme auf dem Beifahrersitz Platz und halte die Karte in der Hand, damit wir unser Ziel nicht aus den Augen verlieren, und gebe ab und zu Hinweise.

So ähnlich fühlt sich der Beginn der Atem- und Bilderreise in das Unbewusste an, wenn meine Klienten für 10 bis 15 Minuten ihre Konzentration auf den Atem lenken und kräftig, rund und voll ein- und ausatmen. Die Augen sind dabei geschlossen und sie liegen ruhig auf der Therapieliege. Dieses tiefe Ein- und Ausatmen ist zu Beginn oft etwas anstrengend, führt aber nach kurzer Zeit zu einer tiefen Entspannung. Diese Zeit reicht aus, um von den Gedanken des oft stressigen Alltags loslassen zu können. Sie erleben sich in inneren Bildern, die sie ähnlich wie im Traum sehen oder spüren, nur dass sie gleichzeitig noch bewusst alles um sich herum wahrnehmen können.

Selbst Menschen, die behaupten, sich nicht entspannen und abschalten zu können, erleben, dass dies bei richtiger Vorbereitung durch den Therapeuten und mit dieser besonderen Atemmethode sehr rasch gelingt.

Der bewusst gelenkte Atem

Der bewusste und gelenkte Atem ist die einfachste und wirkungsvollste Art, um eine Tiefenentspannung herbeizuführen und um Körper, Seele und Geist in Harmonie zu bringen. Der Atem ist mehr als nur die Aufnahme von Sauerstoff bzw. der Gasaustausch des Körpers. Der Atem ist die Verbindung von Körper, Seele und Geist und er enthält die Lebensenergie (Prana). Dieser Lebensodem kommt aus dem Äther der feinstofflichen Welt und fließt und belebt die Seele und den Geist des Menschen. Diesen Begriff kennen wir aus unserer Religion und wir hörten, dass Gott uns damit das Leben einhauchte. Der Atem verbindet die geistige Welt mit der stofflichen Welt. Diese

Verbindung können wir nutzen, um in unser Unbewusstes zu gelangen. Alleine die Beobachtung des Atems und des Atemflusses reicht aus, um zur Ruhe zu kommen und sich zu entspannen. Dies wird im Autogenen Training gelehrt.

Bereits in der antiken Hochkultur in Ägypten, Griechenland aber auch in Japan, Indien und in Tibet hatte die Atemtherapie zur Heilung von Krankheiten einen hohen Stellenwert. Ein indisches Sprichwort sagt:

> Schlecht atmen ist der Tod aller Kräfte,
> gut atmen konzentriert die Kräfte.

Die Atemschulung, die im Yoga, im Tai-Chi und vielen anderen spirituellen Therapien gelehrt wird, bezieht sich auf jahrtausendelange Erfahrung und Weisheit des Buddhismus und des Taoismus. Bei uns dürfte Hildegard von Bingen (1098–1179) über große Kenntnisse des Atems und der damit verbundenen Heilkraft verfügt haben.

> Ein großer Teil der menschlichen Krankheiten
> könnte durch richtige Atmung geheilt werden.
> VOLTAIRE

Mit Beginn der Psychoanalyse beschäftigte man sich wieder mit der Wirkung des Atems und hat bestimmte Atemtherapieformen entwickelt. Graf Dürckheim, Ilse Middendorf, Alexander Lowen, Wilhelm Reich, Leonard Orr und insbesondere Stanislav Grof erforschten und lehrten ihre Atemmethoden.

Aus dieser Beobachtung und der Erfahrung mit dem Atem sind zwei wesentliche Richtungen entstanden: die Atementspannung und Schulung des richtigen Atmens und die Atemtherapie des gelenkten, kraftvollen Atems.

Das Autogene Training, die Atemtherapie nach Middendorf und andere Entspannungsmethoden lenken die Aufmerksamkeit des Menschen auf den Atem, um ihn bewusst zu erspüren. Das Bewusstwerden des Atems und das damit verbundene Körperbewusstsein bewirken eine Entspannung und bringen den Menschen in Harmonie.

Eine therapeutische Form der Atemarbeit, die von Dr. med. Dr. phil. Stanislav Grof etwa seit den 70er-Jahren unter dem Begriff Holotrope Atemarbeit bekannt ist und gelehrt wird, ist eine volle runde und kraftvolle Atemtechnik, durch die der Körper vermehrt Sauerstoff und Lebensenergie (Prana, Od; oder nach Wilhelm Reich: Orgon) aufnimmt. Dadurch gelangt der Mensch zu den tieferen Schichten des Unbewussten, mit dem Ziel, sich in seiner Ganzheit zu erleben. „Holotrop" bedeutet, sich auf die Ganzheit zubewegen.

„Holos" bedeutet ganz und „trop" (trepein) kann mit hinführen übersetzt werden (Die Welt der Psyche, Stanislav Grof, Rowohlt Taschenbuch Verlag). Mit dieser Atemtechnik geschieht also ein Hinführen zum Unbewussten und zum Höheren Selbst. Der Klient wird angeleitet, tief ein- und auszuatmen. Dabei wird darauf geachtet, dass zwischen dem Ein- und Ausatmen keine Pausen entstehen. Unterstützt wird der Atemprozess durch rhythmische, tragende Entspannungsmusik und der Anleitung des Therapeuten. Dabei lösen sich seelische Blockaden auf, sodass die Lebensenergie wieder fließen kann. Der bewusst gelenkte Atem schafft eine tiefe Entspannung und das Bewusstsein erweitert sich und bringt die nicht bewussten traumatischen, aber auch glücklichen Erlebnisse aus der Kindheit und der vorgeburtlichen Phase zum Vorschein. Die aufsteigenden inneren Bilder und Gefühle werden vom Klienten als erlösend und klärend empfunden. In diesem Zustand findet eine Selbstdistanzierung statt und dadurch kann man die leiderzeugenden Lebenskonzepte und Verhaltensmuster von einem übergeordneten Standpunkt aus betrachten. So wie der Bergwanderer, der auf dem Berg steht und aus der Entfernung das Problem, aber auch die weitere Umgebung sieht. Damit wird ihm möglich, zu erkennen, wie sich die Dinge entwickelt haben und wo die wirklichen Ursachen liegen. Lösungsmöglichkeiten werden erkannt und die oft schon angestrebte Verhaltensänderung kann endlich gelingen. Alte Gefühlsstauungen kommen ins Fließen und körperliche Verspannungen und häufig auch Schmerzen lösen sich. Die Klienten fühlen sich danach befreit, kraftvoll und gestärkt. Sogar körperliche Heilungsprozesse geschehen und können dadurch in Gang gesetzt werden. So ist es für mich immer faszinierend mitzuerleben, wie sich diese innere Arbeit an der Seele auf den Körper auswirkt. Beispielsweise konnten bei einer Patientin nässende und blutige Ekzeme völlig ohne Medikamente abheilen und in anderen Fällen konnten sich rheumatische Schmerzen extrem verbessern, sodass Medikamente abgesetzt werden konnten. Ebenso konnten Menschen mit lang anhaltenden Verdauungsstörungen und vielen anderen Beschwerden gesund werden. Weitere Beispiele ließen sich aufzeigen, die ich nicht ausführen will, um die Grenze zu Heilversprechen nicht zu überschreiten, denn allzu leicht erweckt man damit auch unrealistische Hoffnungen.

Da es in den Anfängen dieser Atemarbeit oft zum spontanen Wiedererleben der eigenen Geburt kam, wurde diese Atemtechnik auch als Rebirthing bezeichnet (Das Rebirthingbuch, Orr u. Halbig). Diese Atemtechnik ist auch unter dem Begriff der psychoenergetischen Atmung bekannt. Diese Bezeichnung empfinde ich als die treffendste Ausdrucksweise für dieses Geschehen, denn es wird eine enorme seelische Kraft freigesetzt. Diese Tiefe und Heilkraft hat so eine große Dimension und Bedeutung, die man mit Worten eigentlich nicht ausdrücken kann, und geht weit über eine Entspannungstechnik hinaus. Diese seelischen Empfindungen und Erfahrungen sind nur schwer zu beschreiben, denn man muss es einfach selbst erleben. Es ergreift und befriedigt die tiefsten Schichten der menschlichen und göttlichen Seele. Die Erfahrungen, die gemacht werden können, reichen von einem Zustand tiefer Entspannung und nachhaltigem Befreitsein bis hin zu glückseligen Gefühlen der Einheitserfahrung.

Das macht die Atemtherapie auch so wertvoll für Menschen, die auf der Suche nach sich selbst sind oder eine tiefe spirituelle Erfahrung machen möchten, um ihrem Leben mehr Sinn zu geben. Diese Sehnsucht nach einer spirituellen Erfahrung trägt jeder Mensch in sich. Bei einigen ist sie stärker ausgeprägt und wird, da sie unbewusst ist, oft als innere Unzufriedenheit oder Depression erlebt. Eine starke unbewusste Sehnsucht nach den Gefühlen des Einsseins, nach den inneren Glücksgefühlen, dem inneren Licht, ist die tiefere Ursache des Suchtverhaltens von Menschen. In schwierigen Lebensphasen wird die Flucht in Scheinbefriedigungen gesucht, die in ihrer Form und Intensität bis hin zur Selbstzerstörung führen können. Wird die Suchttendenz rechtzeitig erkannt oder ist ein Entzug gelungen, sind die spirituellen Erfahrungen, die über die psychoenergetische Atmung erlebt werden können, dazu hervorragend geeignet, um das Leben dieser Menschen weiter zu stabilisieren.

Gerade Personen, die eine Neigung zur Sucht haben, haben auch die Fähigkeit zur Hingabe an die tiefe Dimension der glückseligen Erfahrungen, die im Atem gemacht werden können.

Nach Stanislav Grof lassen sich die seelischen und körperlichen Zustände, die mit der intensiven Atemtherapie auftreten, im Wesentlichen in vier Kategorien zusammenfassen.

1. Körperliche Empfindungen jeglicher Art:
   Gefühle von Leichtigkeit, Schweben, ein Loslassen
2. Biografische Erfahrungen: Wiedererleben von Ereignissen aus der persönlichen Lebensgeschichte
3. Perinatale Erfahrungen: Erfahrungen rund um die Schwangerschaft und Geburt
   Störungen in diesem Lebensabschnitt haben gravierende Auswirkungen auf das spätere Leben (z. B. Gefühlsübertragung der Mutter).
4. Transpersonale Erfahrungen: Erlebnisse, die über das alltägliche Erfahrungsspektrum hinausreichen, beispielsweise Einssein mit der Natur (Tiere und Pflanzen), besondere spirituelle Erfahrungen von Sinnhaftigkeit und Einheit

Die Psychoenergetische Atemtherapie ist eine wirkungsvolle Methode, um einen raschen und nachhaltigen Klärungs- und Heilungsprozess einzuleiten. Oft reichen wenige Sitzungen aus, um aktuelle Probleme nachhaltig zu lösen. Verbunden mit der Bearbeitung der aufsteigenden inneren Bilder gehört sie wohl zur effektivsten Therapieform.

Diese Form der Atemtherapie sollte nur unter therapeutischer Anleitung durchgeführt werden. Durch die erhöhte Aufnahme von Sauerstoff und dem Abatmen von Kohlendioxid entstehen Kribbelgefühle im Körper, die bei weiterer Hyperventilation (Überatmung) oft zu kurzzeitigen Verkrampfungen um den Mund und an den Händen führt. Dies ist durch die leichte Verschiebung des Säure-Basen-Gleichgewichts in Richtung basisch bedingt, denn ein Teil der in der Muskulatur gespeicherten Kalzium-Ionen werden zur Gegenregulation im Blut benötigt. Dieser an sich völlig ungefährliche Vorgang kann aber für Menschen mit schweren Herzschäden und anderen schweren Krankheiten durchaus belastend wirken. Der Klient wird vom ausgebildeten Atemtherapeuten auch durch die über die Verspannungen auftretenden Gefühlsverstärkungen und Ängste begleitet, sodass auch tiefsitzende krankmachende Emotionen gelöst werden können. Für eine Tranceerfahrung ist eine Hyperventilation aber nicht erforderlich.

Die Trance oder Tiefenentspannung

Seit Tausenden von Jahren haben Menschen verschiedenste Methoden entwickelt, um erweiterte Bewusstseinszustände zu erreichen und zu nutzen. Bei den Schamanen und Priestern aller Völker gehörten dazu der rituelle Tanz, Trommeln, der Gesang, das monotone Beten, Fasten, das Einnehmen von Drogen aus psychedelischen Pflanzen und Pilzen und natürlich das intensive Atemerlebnis. Unsere Kultur ist nun wieder auf dem Weg, diese Erfahrungen mit anderen Bewusstseinszuständen neu zu würdigen. Dabei ist das psychoenergetische Atmen die natürlichste und gesündeste Form, um Bilder aus dem Unbewussten aufsteigen zu lassen.

Der Zustand, in dem sich die Klienten befinden, nennt man Tiefenentspannung, Trance oder Hypnotherapie. Dabei unterscheidet man zwischen einer leichten, mittleren oder stärkeren Form von hypnotischen Zuständen.

Für die Erzeugung innerer Bilder reicht meist eine leichte bis mittlere Form aus. Der Klient ist dabei halb bewusst. Es entsteht kein Kontrollverlust. Es ist also ein ganz alltägliches Geschehen, in dem wir uns beispielsweise morgens, wenn wir noch ein wenig Zeit haben und im Bett liegen bleiben können, erleben. Wir sind zwar schon wach, aber träumen im Halbschlaf noch ein wenig so dahin. Je nachdem, wie wach wir dabei noch sind, daran könnte man die verschiedenen Stufen einer Tiefenentspannung oder Trance beschreiben.

Die tiefe Hypnose, bei der sich der Klient an die Geschehnisse und inneren Bilder durch einen posthypnotischen Befehl (am Schluss einer Hypnose) nicht erinnert, ist für aufdeckende Therapie ungeeignet und wird heute therapeutisch kaum noch eingesetzt. Die Erforschung des

Unbewussten möchte ja die Inhalte bewusst machen, daher findet bei einer Trance eben kein Erinnerungs- bzw. Kontrollverlust statt. Deswegen braucht der Klient bei dieser Arbeit auch keine Angst vor Manipulationen haben. Ein Therapeut hat normalerweise kein Interesse, den Klienten für seine Zwecke zu manipulieren.

Der Atem bewirkt auch ein intensiveres Erfühlen und Erleben dieser inneren Bilder. Die aufsteigenden Bilder werden in der Trance vom Klienten ausgesprochen. Der Therapeut hält den Fluss der Bilder durch gezieltes Fragen in Gang und führt durch sein Wissen und seine Erfahrungen den Klienten so, dass dieser die Lösung für seine Probleme selbst finden kann.

Die inneren Bilder

Jede Nacht träumt der Mensch und im Unbewussten vermischen sich die Eindrücke des Tages mit Szenen längst vergangener Bilder und Erfahrungen aus unserem gesamten Leben. Da wir im Schlaf immer wieder tiefe Schlafphasen haben, erinnern wir uns meistens nicht an diese Träume. Können wir am Wochenende morgens ausschlafen und schlummern wir so dahin, dann bleiben uns diese inneren Bilder und Szenen, die wir morgens geträumt haben, im Gedächtnis. Im Stammhirn, dem ältesten Gehirnteil des Menschen, werden diese inneren Bilder unter der Mitwirkung des Großhirns erzeugt. Die beiden Gehirnhälften, die walnussförmig aussehen, sind auf bestimmte Aufgaben spezialisiert. Bei Rechtshändern sind Kreativität, Emotionen und innere Bilder eher in der rechten Hirnhälfte zu finden, und in der linken Hälfte sind die Sprache und die Logik angesiedelt. Die Informationen werden im Gehirn verarbeitet und im Gedächtnis gespeichert. Dabei brauchen wir beide Gehirnhälften und es mag daher nicht verwundern, dass wir uns Dinge leichter merken können, wenn wir dazu ein Bild oder ein Symbol gebrauchen, das wir mit einem Begriff oder mit einem abstrakten Gedanken, den wir uns merken wollen, verbinden. Das Wort Schnee bleibt nur ein Wort. Was Schnee ist, können wir nur wissen, wenn wir ihn berühren oder wenn wir uns an eine verschneite Landschaft erinnern. Menschen, die ihre Träume beachten, also bewusst träumen, sind kreativer, gesünder und leistungsfähiger.

Sie sind besser in der Lage, Problemlösungen zu entwickeln und können sehr gut auf komplexe und hohe Anforderungen reagieren. Dies wurde in zahlreichen Studien wissenschaftlich belegt.

Träume sind lebensnotwendig, und wenn der Schlafende während der REM-Phase (in dieser Zeit träumt der Mensch) immer wieder durch Außenreize gestört wird, leidet er in der Folge nicht nur unter Nervosität, sondern er wird zunehmend aggressiver und triebhafter. Das Hungergefühl ist verstärkt, Lern- und Konzentrationsschwierigkeiten treten auf und die Gedächtnisleistung lässt nach. Mit zunehmendem Alter häufen sich einerseits die zu bewältigenden Gefühle im Unbewussten an und andererseits ist das Schlafbedürfnis geringer, sodass der Mensch Stress immer schlechter verarbeiten kann. Der Mensch verliert immer mehr seine Lebenskraft.

In den REM-Phasen ist das Gehirn sehr aktiv, der Körper aber ist völlig entspannt und es findet eine Verarbeitung des Tagesgeschehens statt. Jetzt beginnt das Aufräumen und Sortieren im Gehirn in unserem Unbewussten, ähnlich dem Vorgang, wenn wir während der Nacht die Festplatte unseres Computers aufräumen lassen. Im Traum wird also der Trieb reguliert, der Stress bewältigt und die aufgenommene Information verarbeitet. Das Traumthema steht im Zusammenhang mit realen Geschehnissen während des Tages. Es verbindet aber dabei frühere Erlebnisse, Personen, Symbole, Tiere oder Orte, die mit dem wirklichen Geschehen für uns erst mal nichts zu tun haben und daher unverständlich bleiben.

Menschen haben immer schon versucht, ihre Träume zu deuten oder sie deuten zu lassen. Sigmund Freud erkannte, dass jeder Traum von Tageserlebnissen ausgehend Kindheitserinnerungen, unterdrückte Konflikte und Wünsche enthält, die die Grundlage psychotherapeutischer Arbeit darstellen, und von C. G. Jung und anderen Psychoanalytikern wurden Regeln und Methoden zur Traumdeutung vermittelt.

Ob man sich an seine Träume erinnert und dabei wertvolle Hinweise aus dem Unbewussten erlangen kann, ist dabei von Mensch zu Mensch verschieden. Die Traumforschung konnte belegen, dass Frauen sich besser als Männer an ihre Träume erinnern.

Wie Sie Ihre Träume besser verstehen

Beschäftigen wir uns mit den Träumen und spüren wir sie auf und ihnen nach, dann lässt sich die Erinnerung an sie beträchtlich steigern. Unsere Träume helfen uns, unser aktuelles Problem loszulassen. Wir erfahren, dass das Unbewusste wichtige Botschaften für uns bereithält.

Beginnen Sie damit, dass Sie ein Traumtagebuch führen, das Sie neben Ihrem Bett bereithalten. Schreiben Sie sich sofort beim Aufwachen den Traum auf. Auch wenn Sie noch Zeit haben und vielleicht noch ein wenig weiterschlafen möchten. Der Trauminhalt geht dann meistens verloren. Also wenigstens Stichpunkte aufschreiben.

Bitten Sie am Abend Ihr Unbewusstes oder Höheres Selbst um einen Traum, der Ihnen hilft und den Weg weisen kann. Wenn Sie Ihren inneren Heiler, Ihren weisen alten Mann oder die weise Frau oder Ihr weises Wesen bereits kennen, bitten Sie dieses um Hilfe. Genauso können Sie Gott, einen Schutzengel oder ein geistiges Wesen um Hilfe für einen Traum bitten. Haben Sie dabei Vertrauen und ein wenig Ausdauer. Sie werden die Botschaft zum richtigen Zeitpunkt erhalten. Auch das Gespür werden Sie bald entwickeln, welche Träume bedeutungsvoll sind und Ihnen im Leben weiterhelfen und welche zur Kategorie des Aufräumens und Ordnens in die Schubladen Ihres Unbewussten gehören.

Was Sie tun können, ist einfach nur darauf zu achten, was Sie träumen und in welcher Stimmung Sie sich beim Aufwachen befinden. Manchmal können Sie selbst diesen Traum deuten oder Sie sprechen mit einer vertrauten Person darüber und deuten ihn aber selbst. Es ist ja Ihr Traum. Ihr Gesprächspartner kann aber seine Sichtweise über den Traum schildern und Ihnen zu einer weiteren Sichtweise verhelfen. Sie aber spüren, ob diese Erklärung für Sie stimmig ist. Eine weitere Möglichkeit ist das Malen Ihres Traumes. Hier kann es zu plötzlichen Eingebungen aus dem Unbewussten kommen, und damit gewinnen Sie wertvolle Einsichten. Wenn Sie malen, bringt Sie das mit ihrer kreativen Seite in Kontakt und diese entstammt Ihrem Unbewussten. Gleichzeitig fördern Sie die Entspannung, indem Sie von der Ebene der Gedanken in die Handlung gehen und Bilder produzieren.

Die therapeutische Arbeit mit inneren Bildern und Träumen

Träumen wir in der Nacht und ist dieser Traum verbunden mit Ängsten und starken Gefühlen, so wachen wir auf, um aus diesem Traum zu fliehen. Manchmal lässt uns ein Schreien, ein Stöhnen oder ein Weinen erwachen. Wir hatten dann einen Albtraum. Nicht verarbeitete Träume belasten auch das Unbewusste und drängen den Menschen dazu, aktiv und bewusst nach Lösungsmöglichkeiten zu suchen. Unsere Tagesstimmung ist auch abhängig von dem Traum in der Nacht.

Es mag sein, dass Sie schon mal erlebt haben, dass Ihnen Ihr Traum nicht gefallen hat, und Sie haben sich so halb bewusst entschlossen, ihn angenehmer weiterzuträumen, oder versuchten, eine Lösung für den schlechten Traum zu finden. Dies ist die Technik, die wir therapeutisch nutzen und als luzides Träumen (von Lateinisch lux = Licht, meint also: ein klarer Traum) bezeichnen. Das luzide Träumen setzt also voraus, dass der Träumer sich dessen bewusst ist, dass er träumt, und dass er die Fähigkeit hat, den Traum willentlich zu steuern. Das Wachbewusstsein wird mit dem Traum aus dem Unbewussten verbunden.

In der Therapie arbeite ich so mit den inneren Bildern, die aus dem Unbewussten aufsteigen. Der Klient liegt bequem auf der Therapiecouch und ist dabei halb bewusst. Das bedeutet, er hört meine Stimme, nimmt die Therapiemusik wahr und ist auch fähig, irgendwelche Nebengeräusche (z. B. Straßenlärm, spielende Kinder, etc.) wahrzunehmen. Die Konzentration ist aufgrund des entspannten körperlichen Zustandes auf seine inneren Bilder und Szenen seines Traumes gerichtet, sodass er die Nebengeräusche ausblenden kann.

Es ist auch möglich, dass der Klient auf einem bequemen Stuhl sitzen bleibt, die Augen geschlossen hält und in innere Bilder eintaucht. Es wird aber in der Regel als angenehmer empfunden, sich hinzulegen, um es bequem zu haben. Wird eine intensivere Atmung zur Entspannung und Trance eingesetzt, geschieht das im Liegen.

Jeder Mensch besitzt einen reichen Schatz an inneren Bildern. Diese Visionen und Fantasien erlauben uns, größer und weiter zu denken. Jeder Entdeckung ging ein Wunschtraum voraus, in dem eine Idee geboren wurde. So hilft das Imaginieren innerer Bilder, loszulassen von

Vorstellungen und Fantasien, die uns behindern, und zeigt uns auch Möglichkeiten einer neuen Handlungsweise auf. Der Begriff Imagination leitet sich vom Lateinischen ab und bedeutet, sich etwas vorstellen, etwas bildlich werden zu lassen, etwas zu ersinnen. Unser Leben wird größtenteils gelenkt durch unsere Gedanken und unsere Wahrnehmung der Umwelt, die von der Fantasie (Vorstellung) beeinflusst wird.

Wie uns negative Vorstellungen leiden lassen und behindern, zeigt nachfolgende Geschichte auf humorvolle Weise. Ich las sie in Paul Watzlawicks „Anleitung zum Unglücklichsein". Darin geht es um einen Mann, der ein Bild aufhängen will, doch keinen Hammer zur Hand hat. Somit macht er sich auf den Weg zu seinem Nachbarn, wobei in ihm die Unsicherheit wächst, ob dieser ihm wohl helfen würde, während er sich zugleich allerlei Gründe ausdenkt, seinen Zweifel zu untermauern. Er stellt fest, dass der Nachbar kürzlich nur flüchtig in scheinbarer Eile grüßte, obwohl er diesem nichts getan hat, was er als Einbildung interpretiert. Er würde seinem Nachbarn sofort den Hammer borgen. Aber warum der Nachbar nicht ihm? Wie kann der Nachbar sich anderen gegenüber nur so übel verhalten und deren Leben vergiften und sich zugleich in der Vorstellung baden, dass andere auf seinen Hammer angewiesen wären? Ihm platzt beinahe der Kragen, als er in Richtung Haustür des Nachbarn stürmt, klingelt und grußlos brüllt: „Behalten Sie ihren Hammer, Sie unverschämter Kerl!"

Eine witzige Geschichte, so mitten aus dem Leben, ein wenig überzeichnet, aber wir finden uns darin mehr oder weniger wieder.
Wir fantasieren ständig über das Verhalten unserer Mitmenschen und setzen das in Bezug zu unserem Erleben. Das ist uns meist nicht bewusst. Achten Sie einmal darauf, wie oft Sie eine vorgefasste Meinung über jemanden haben, den Sie nur flüchtig kennen, und wie schnell haben Sie ihn bewertet und in Ihre Schublade eingeordnet. Überlegen Sie, wie sehr Sie damit beschäftigt sind, was ein Mensch, den Sie schätzen, von Ihnen denkt, wenn Sie ihm näherkommen möchten. Wie erstaunt sind Sie manchmal, wie andere Menschen Sie einschätzen, und wie oft glauben Sie, dass Ihr Gegenüber dies oder jenes fühlt. In Bezie-

hungen ist dies häufig ein Problem, wenn man seine eigenen Fantasien oder Projektionen von Gefühlen dem anderen überstülpt und nicht klärt, ob der Partner das auch wirklich so wahrnimmt. Verstricken Sie sich auch häufig in endloses Rechtfertigen oder sind Sie sauer, wenn Ihr Partner Ihnen dies oder jenes unterstellt und Sie das ganz anders erleben? Viele Missverständnisse, Enttäuschungen, unnötige Streitigkeiten und Verletzungen könnten vermieden werden, wenn wir uns bewusst auseinandersetzen mit unseren Fantasien und Projektionen. Dazu müssen wir zunächst einmal wissen, welche unbewussten Schutzmechanismen haben wir entwickelt, um unsere Seele vor weiteren Verletzungen zu bewahren, und welche Fantasien sind damit verbunden? Dann können wir die hemmenden Verhaltensmuster abbauen, werden selbstbewusster und können den Mitmenschen wertneutraler und liebevoller begegnen.

Eine wunderbare Möglichkeit, in das Reich Ihrer Fantasien und inneren Bilder einzutreten, bieten Imaginationstherapien wie das Katathyme Bilderleben und die Reinkarnationstherapie.

Das Katathyme Bilderleben

Das Katathyme Bilderleben ist eine tiefenpsychologische Methode, die mithilfe bestimmter Motive innere Bilder und Erinnerungen aus dem Unbewussten auftauchen lässt. Der Begriff katathym leitet sich vom Griechischen (*kata:* „gemäß" und *thymos:* „Seele bzw. Emotionalität") ab und kann mit „Bilder aus der Seele", „wunsch- oder affektbedingt" übersetzt werden. In aufeinanderfolgenden Sitzungen werden bestimmte Motive vorgegeben wie, sich eine Wiese vorzustellen, einen Berg und dessen Besteigung, ein Haus oder eine Landschaft zu beschreiben. In weiteren Sitzungen kann eine Höhle, ein Waldrand oder ein Meer, an dem man sich befindet, imaginiert werden. In der ersten Sitzung nach einer etwa 10- bis 15-minütigen Entspannungseinleitung spricht der Klient darüber, wie er sich die Wiese vorstellt. Beispielsweise berichtet er von Blumen, Schmetterlingen, einem Bach, einem Baum, einem Feldkreuz, einem abgeernteten Feld, einem Stacheldrahtzaun oder von Tieren und Menschen, die ihm begegnen.

Der Klient wird nun aufgefordert, sich selbst auf dieser Wiese zu sehen und sich zu erleben. Es geschieht sehr häufig, dass er sich dabei als jünger erlebt oder sich als Kind sieht. Dabei ist also schon eine Zeitregression (ein Zurückgehen in die Vergangenheit) eingetreten, die dem Therapeuten zu erkennen gibt, in welchem Lebensalter sich die ersten ursächlichen Konflikte und Verwicklungen mit Bezugspersonen ergeben haben könnten. Die Bilder werden durch gezieltes Nachfragen des Therapeuten weiter begleitet, bis dem Klienten deutlich wird, was ihm fehlt, wonach er sich sehnt und welches unbewältigte Thema weiterbearbeitet werden sollte.

Die gesehenen Wiesenbilder erlauben dem Therapeuten eine erste Einschätzung der Persönlichkeit, der momentanen Lebenssituation und des zu lösenden Konfliktes.

Die Beziehung zu den auftauchenden Bezugspersonen aus der Kindheit, die dem Klienten auf der Wiese oder in späteren Sitzungen begegnen, zeigen oft schon den ursächlichen Konflikt oder die emotionalen Defizite, die dem Klienten heute Schwierigkeiten bereiten.

Eine kurze Deutung von Wiesenbildern soll dies veranschaulichen. Nach Prof. Leuner (Katathymes Bilderleben in der therapeutischen Praxis, Schattauer Verlag) geben die Jahreszeiten in der Beschreibung des Wiesenbildes wahrscheinlich Auskunft über die tiefere Grundstimmung. So deutet der Frühling eine optimistische Erwartung an, der Sommer steht für eine befriedigende Erfüllung, der Herbst lässt eine traurige Stimmung und der Winter eine triste, depressive Verstimmtheit vermuten.

Natürlich ist die Deutung der gesehenen inneren Bilder nicht so einfach. Sieht ein Klient eine liebliche Frühlings- und Sommerwiese mit vielen Blumen und fühlt er sich wohl, könnte man ihm eine positive gesunde Grundhaltung unterstellen und verdrängte Schwierigkeiten übersehen. Dieses zunächst positive Wiesenbild kann bei Menschen mit unbewussten Schuldgefühlen vorkommen, die sie stark verdrängt haben. Erst in weiteren Sitzungen, wenn das Vertrauen in das therapeutische Geschehen aufgebaut wurde, zeigt sich die seelische Wunde. Die Beschreibung einer abgemähten Wiese, eines Stoppelfelds, verbrannter Erde, Wüste deutet auf eine traurige Verstimmung, Verlassenheitsgefühle, Einsamkeit, Verlustsituationen und Depressionen hin. Die eingegrenzte Wiese (z. B. Stacheldraht) oder streng abgeteilte Wiese weist auf Einengungsgefühle hin und lässt Zwänge vermuten.

Der Wald symbolisiert das Unbewusste mit den verdrängten Gefühlen von Ängsten, Aggressionen, Schuld, etc.

Der Berg und dessen Höhe zeigt die Anspruchshaltung, den Ehrgeiz und/oder ein Verantwortungsproblem, unser Leistungsstreben und ob wir dem inneren Bild genügen. Eine hohe Anspruchshaltung wird oft über Themen mit dem Vater oder in Problemen mit Autoritätspersonen deutlich. Dabei werden Versagensängste, Misstrauen, Wertlosigkeit oder Aggressionen zutage gefördert und durchlebt. Ein See in der Wiese weist auf ein weibliches Thema (Hingabeproblematik und die Angst, z. B. Traurigkeit zu zeigen) hin. Der Bach ist Ausdruck der fließenden seelischen Entwicklung bzw. der Entfaltung von Energie und Lebenskraft (das Leben ist ohne Wasser nicht möglich!).

Das Motiv des Hauses wird meist in der zweiten Sitzung imaginiert. Wie der Klient dieses Haus beschreibt und was er darin erlebt, zeigt seine Persönlichkeit, so, wie er sich selbst sieht oder sehen möchte (das ideale oder das verwundete Selbstbild), und offenbart die ersten Prägungen aus der Kindheit. Es werden auch entsprechende Persönlichkeitsanteile und unbewusste Triebtendenzen deutlich.

Ich bin ein Geschenk – Minderwertigkeitsgefühle loslassen

Die Geschichte von Hannes zeigt auf, wie die Ursachen seiner Minderwertigkeits- und Schamgefühle in der ersten Wiesensitzung bewusst werden konnten.

Hannes kam mit 32 Jahren zur mir in die Therapie. Er lebte zum Zeitpunkt der Therapie mit seiner Freundin zusammen. Er hatte wenig Energie, musste sich täglich motivieren, um die Anforderungen in seinem Beruf als qualifizierter Fachangestellter in einem größeren Betrieb zu erfüllen. Auch litt er seit Jahren immer wieder unter Depressionen, die ihm die Kraft raubten, seinen Alltag zu bewältigen, sodass er öfter zum Arzt musste, der ihn dann wieder einige Tage krankschrieb. Seine Freundin beschwerte sich bei ihm, dass er sich häufig auch bei gemeinsamen Aktivitäten mit Freunden zurückziehen würde. Besonders schwer fiel es ihm, auf Menschen zuzugehen. Bei gemeinsamen Freunden fühlte er sich sehr häufig unwohl, ohne dass er genaue Gründe nennen konnte, am ehesten fühlte er sich wertlos und einfach nicht dazugehörig. Eine Verhaltenstherapie hatte ihm bereits während und nach der Lehrzeit geholfen, sich beruflich und seelisch zu stabilisieren. Er konnte zwar etwas besser mit seiner Antriebslosigkeit umgehen, aber er schleppte sich mehr schlecht als recht durch sein junges Leben.

Hannes wuchs bei seiner Mutter und teilweise bei den Großeltern auf. Sein leiblicher Vater hatte die Mutter während der Schwangerschaft im Stich gelassen. Zur Mutter hatte Hannes eine sehr enge Beziehung. Tägliche kurze Besuche bei ihr waren üblich, um nach ihr zu schauen. Seine Mutter hatte, als Hannes ein Kind war, einige ernstere Erkrankungen, später litt sie unter Ängsten, Nervosität und war seelisch labil.

Hannes' Wunsch war, wieder mehr Kraft im Leben zu bekommen und die depressiven Stimmungen zu überwinden. Er hatte Angst, dass die Depressionen sich verstärken und er seinen Arbeitsplatz dadurch verlieren könnte. Er wollte das Leben endlich fröhlicher und leichter nehmen und sich mit der Freundin und im Freundeskreis wieder wohler fühlen.

Hannes erlebt die Wiese so:
H: „Ich sehe eine Wiese, es ist eine Lichtung im Wald. Es geht leicht bergauf. Das Gras ist ein sattes Grün und es riecht nach frischem Waldboden."
Th: „Wie siehst du dich?"
H: „Ich bin ein Kind, ein Kleinkind, stehe auf dieser Lichtung. Bin voller Entdeckungsfreude und schaue jetzt in den umgebenden Wald. Ich spüre aber auch Angst und weiß nicht, warum. Es gibt auf der Wiese rote Blumen, Steine und Felsenblöcke. Ich sehe graue Vögel, sie machen mir aber keine Angst."
Th: „Schau dich weiter um."
H: „Ich gehe jetzt auf einem Schotterweg zum Wald hin. Jetzt spüre ich wieder Angst."
Th: „Was befürchtest du?"

H: „Ich sehe Augen im Wald. Sie gehören zu wilden Tieren. Ich kann sie nicht sehen, aber die Augen sind provozierend. Ich will da nicht weiter hinschauen, will mich abwenden. Aber die grauen Vögel sagen, schau da hin. Die Vögel werden vorwurfsvoll und sind zornig. Die Lichtung wird dunkler und die Vögel sagen: ‚Du hast keine Berechtigung, da zu sein.' Jetzt werde ich immer kleiner und sehe einen Vogel, der schaut mich böse an. Seine Augen erinnern mich an meinen Großvater. Der Opa schaut mich an, wie die Tiere im Wald. Ich bin klein, er ist groß.

Ich krabble im Wohnzimmer unter den Tisch. Jetzt schaut der Opa auf die Oma. Er schaut sie böse an. Ich sehe die kalten Augen der Oma und ich weiß, ich darf nicht laut sein, sonst schimpft sie. Ich muss mich ruhig verhalten. Beide streiten sich.

Ich möchte gar nicht da sein und verhalte mich ruhig unter dem Tisch."

Th: „Was geschieht weiter?"

H: „Jetzt sehe ich mich als Baby auf dem Arm meiner Mutter. Ich fühle mich gut. Die Großmutter schaut mich kalt an und jetzt nimmt sie mich. Ich fühle mich unsicher und ungeborgen. Sie macht mir Angst. Habe das Gefühl, sie ist wie eine Hexe. Spüre, wie sie mir die Freude nimmt. Sie hat kaum eine Augenfarbe, sie lächelt, aber ihr Lächeln ist nicht echt. Ihre Augen sind leer. Sie ist wie eine schwarze Königin. Sie nimmt mir die Lust am Leben, wie dem Opa. Es funktioniert, beim Opa hat es auch funktioniert. Sie selbst hat keine Freude und sie kann anderen ihre Freude nicht gönnen. Wenn es mal fröhlich zugeht, dann nörgelt sie und macht alles schlecht."

Th: „Wie siehst du das?"

H: „Tanten, Onkels und der Großvater. Sie sitzen alle um einen großen Tisch. Es ist Weihnachten. Die Oma macht die Mutter lächerlich. Das Essen schmeckt nicht. Ich spüre, die Mutter ist nichts wert und ich bin ein Fratz. Ich bin in der Nähe der Mutter in einem kleinen Bettchen, ich fühle mich ganz allein. Die Mutter kann mich nicht beschützen. Ich schäme mich. Ich glaube, die Mutter schämt sich auch."

Hannes ist traurig und einige Tränen beginnen sich zu lösen. „Ich bin doch ein Geschenk. Ich sollte doch ein Geschenk sein.

Ich fühle mich wie weggezoomt. Die Mutter weint, der Großvater schimpft. Du bist nichts und hast nichts. Mutter und ich weinen. Aber ich glaube, wir zeigen das nicht. Weinen nur innerlich. Die Mutter ist nur nervös.
Ich muss auf die Mutter aufpassen. Sie ist schwach und hilflos. Ich fühle das so und habe Angst, dass Mutter sterben muss. Ich weiß nicht warum, aber dann wäre ich bei den Großeltern ganz alleine. Das will ich nicht."
Hannes weint und kämpft mit den Tränen.
Th: „Gib deiner Traurigkeit Raum."
H: „Ich weiß nicht. Jetzt fühle ich mich wie weggezoomt in einem Nebel, der Nebel ist schön. Er trägt mich. Sehe schöne helle Blitze in Rosa und Rot – alles pulsiert. Wie eine neue Lebensenergie. Komisch, ich sehe jetzt einen abgedunkelten Raum, dort ist es sicher. Es fühlt sich warm und weich an. Fühle mich ganz klein und werde versorgt durch eine pulsierende Schnur. Da ist alles so schön."
Th: „Genieße diesen Zustand."

Hannes konnte in dieser Sitzung den Grund für seine innerlichen Minderwertigkeitsgefühle und Schamgefühle sehen. Außerdem erkannte er, dass er sehr viel Wut und Hass auf die Großeltern in sich trug. Er musste sich so oft ruhig verhalten. Die ständigen Streitigkeiten zwischen den Großeltern und die Vorwürfe, die sie ihrer Tochter über den nicht ehelichen Hannes machten, ließen ihn immer mehr in den Rückzug gehen. Nach und nach konnten wir in weiteren Sitzungen die aufgestaute Wut über die Großeltern lösen. Dadurch bekam Hannes wieder mehr Kraft im Leben. Er erkannte, dass er aus einem überhöhten Verantwortungs- und Schuldgefühl heraus die Gefühle der Mutter übernommen hatte, die ihm enorm viel Lebenskraft raubten. Er spürte sich als Geschenk und wertvollen Menschen, dessen Lebensberechtigung nicht davon abhängig ist, ob er als Baby von den Großeltern gewollt war oder nicht.

Dritte Stufe: Auseinandersetzung mit dem Schatten

In den ersten beiden Stufen der Voraussetzungen, um wirklich loslassen zu können, haben wir uns mit dem Erkenntnisprozess und dem Zulassen der Gefühle beschäftigt. Wie Sie bereits lesen konnten, laufen die von mir formulierten acht Loslass-Stufen nicht zeitlich hintereinander so ab, sondern fließen immer ineinander. Es kann also sein, dass Sie in der ersten Stufe bereits den Sinn Ihres Loslass-Themas (8. Stufe) erahnt haben und daher schon mehr ein inneres Einverstandensein spüren oder in der Bearbeitung Ihrer Gefühle eine Befreiung erlebt haben. Wer sich den ersten beiden Stufen stellt, fühlt sich meist schon gelöster und hat auch schon einige Antworten gefunden. Die Spitze der Belastung ist weg und der Alltag kann wieder gut gemeistert werden. Manche Menschen finden sich schneller mit einer neuen Lebenssituation zurecht als andere. Das ist abhängig von der Wesensart, der Lebensgeschichte und den Lernaufgaben, die vom Betreffenden zu bewältigen sind.

Menschen mit einer Neigung zu intensiven Gefühlen und der Suche nach tiefgründigen Antworten können oft erst loslassen, wenn sie die Krise als Chance zur Selbsterkenntnis nutzen konnten. Andere wiederum hoffen, dass die Zeit ihre Wunden heilt oder warten auf jemanden, der sie von ihrem Leid erlöst.

Die Zeit heilt keine Wunden

Die Zeit heilt keine Wunden, aber je mehr Zeit vergeht, desto größer wird der Abstand zu den Geschehnissen und der Alltag mit seinen Forderungen lenkt zudem ab. Diesen Vorteil nutzen häufig Männer, die nach einer kurzen Verzweiflungsphase die Zähne zusammenbeißen und sich wieder in die Arbeit stürzen, um zu vergessen. Das funktioniert auch ganz gut. Es ist weder sinnvoll, sich allzu lange der Grübelei, den Selbstvorwürfen oder der depressiven Stimmung hinzugeben, noch ist das andere Extrem gesund, nämlich, ein Trauma und die Auseinandersetzung damit zu verdrängen. Im letzten Fall läuft man Gefahr, hart, zynisch oder verbittert zu werden. Manchmal bleibt uns gar nichts anderes übrig, als zu verdrängen und zu funktionieren.

Die schwere Krankheit ihrer Mutter war für Christa ein Schock. Da sie selbst gerade erst zum zweiten Mal Mutter geworden war, hatte sie ihren Beruf aufgegeben und wollte sich eigentlich ganz ihren Kindern, dem Mann und dem Haushalt widmen. Sie übernahm nun zusätzlich die aufwendige Pflege ihrer Mutter und war auch für ihren Vater eine große Stütze. Zu dieser Zeit wurde Christas Mann schwer krank und er musste für einige Monate ins Krankenhaus. Sie war vom Schicksal doppelt belastet. Beim Tod ihrer Mutter hatte sie wenig seelische Unterstützung bekommen, sie zeigte sich nach außen auch stark. Für ihre Familie musste sie weiterhin funktionieren und konnte ihre Traurigkeit viel zu wenig zulassen. Erst 15 Jahre später, als sie mich wegen einer Enttäuschung in der Partnerschaft und Existenzängsten aufsuchte, kamen die alten Belastungen, der Schock und die Ängste, die sie damals anlässlich der Krankheit der Mutter unterdrücken musste, wieder zum Vorschein. Die nicht ausgelebte Trauer und ihre Verlustängste machten sie unfrei und sie klammerte sich deswegen stark an ihre Beziehung, was erhebliche Probleme beim freiheitsliebenden Ehemann auslöste und ihn überforderte.

Auch dieses Beispiel aus der täglichen psychotherapeutischen Arbeit zeigt auf, dass seelische Traumen nicht heilen können, wenn sie nur unzureichend bewältigt sind. Ähnlich wie eine blutende Wunde, bei der sich nur eine Kruste gebildet hat, so verschorft auch die Seele. Verletzt man sich erneut an derselben Stelle oder reizt sie, blutet sie wieder, bis sie dann vernarbt ist. Wie Narben die Haut verdicken und die Schönheit einer Person entstellen, so geschieht Ähnliches in der Seele. Die Lebensenergie ist blockiert und die Unbeschwertheit, Zufriedenheit, Freude weicht einer harten oder verbitterten Lebenseinstellung, die wir – ob wir wollen oder nicht – ausstrahlen. Auf die Zeit zu setzen, dass sie schlimme seelische Wunden heilt, erscheint mir nur dann gut zu gelingen, wenn eine gewisse Fähigkeit und Reife der Seele vorhanden ist, mit Krisen und Verletzungen bewusst umzugehen. Diese seelische Reife kann bereits angeboren sein. Manchmal bemerken wir diese Ausstrahlung bereits bei Babys. Meistens wird dieses Charisma (Aura) erworben, aber jede Lebenskrise ist in der Lage, so eine Ausstrahlung auszubilden, wie es in den acht Stufen des Loslass- und Reifungsprozesses dargestellt wird. Lebenskrisen sind daher immer eine Chance und eine Aufforderung, in diesen Reifungsprozess einzutreten, mit dem Ziel, ein vollkommener Mensch und ein nützliches Mitglied in der Gesellschaft zu werden.

Manchmal sind wir ungeduldig mit uns selbst, wenn wir merken, dass uns alte Schwierigkeiten wieder begegnet sind oder der alte Schmerz uns wieder eingeholt hat. Dies ist besonders dann der Fall, wenn wir eine gute Phase hatten und schon glaubten, das quälende Problem oder die Verletzung überwunden zu haben. Es hilft uns, wenn wir das Loslassen als Weg begreifen, der die acht Entwicklungsstufen beinhaltet, die wir beschreiten müssen, um wirklich frei zu werden. Damit kann ein Rückfall in alte Verhaltensweisen mit ähnlich belastenden Situationen weitgehend vermieden werden.

Hannes war noch nicht wirklich frei von der Verantwortungsverstrickung mit seiner Mutter. Wie im vorigen Kapitel in der Geschichte von Hannes bereits beschrieben, ging es ihm nach etwa zehn Sitzungen sehr gut, er war motiviert, konnte arbeiten und öffnete sich zunehmend seinen Freunden und der Gruppe. Ein Jahr später verschlechterte sich der Gesundheitszustand der Mutter zum wiederholten Male. Sie entwickelte stärkere Depressionen und suchte oft bei Hannes Rat und Hilfe. Obwohl sie sich in ärztlicher Dauerbehandlung befand, fühlte er, wie ihn das Leid seiner Mutter zunehmend belastete. Er grenzte sich darauf hin von ihr ziemlich ab und besuchte sie kaum noch. Damit war aber keine wirkliche Lösung von der Mutter erfolgt, er erkannte, dass er wieder in sein altes Muster, Rückzug und längere depressive Stimmungen, verfallen war. Er nahm erneut einige Therapiesitzungen, um seinen Weg der Erkenntnis weiterzuführen. Seine erste Frage war: „Warum habe ich so eine kranke Mutter und musste in so eine Familie mit diesen schrecklichen Großeltern geboren werden?" Damit sprach Hannes die dritte Stufe als Voraussetzung für einen Loslass-

und Heilungsprozess an, nämlich die Auseinandersetzung mit dem Schatten unserer Persönlichkeit und die damit verbundenen weiteren Erkenntnisstufen.

Der Schatten, das Verborgene unserer Seele

Die Auseinandersetzung mit dem Schatten unserer Persönlichkeit ist wichtig, damit wir uns selbst ganz erkennen können. Sie erinnern sich, unter Schatten versteht die Psychologie all das, was im Verborgenen liegt und was wir deswegen nicht bewusst sehen können. Der Schatten ist sozusagen unsere „andere Seite", mit der der Mensch eine Ganzheit bildet, die aber im Leben des Betreffenden noch keinen Ausdruck findet. Hierzu gehören alle nicht gelebten bzw. unterdrückten Persönlichkeitsanteile und ihre Emotionen. Das sind Gefühle und Verhaltensweisen wie Wut, Angst, Traurigkeit, Neid, Gier, Dominanz, Egoismus, Kontrollsucht, Betrügereien, Sturheit, ungewöhnliche sexuelle Vorlieben und Tabus, Machtmissbrauch, unsoziales Benehmen und alles, was mehr oder minder von uns „negativ" oder „sündhaft" bewertet wird, also unsere „dunkle" Seite oder unsere „Schwächen". An dieser Stelle setze ich diese Eigenschaftswörter „gut" und „böse", „negativ" und „positiv" etc., die Bewertungen ausdrücken, die wir auch hinterfragen können, in Anführungszeichen. Auch die „positiven" Persönlichkeitsanteile liegen im Schatten und hier sprechen wir vom „lichten" Schatten. Dies sind alle Verhaltensweisen und Gefühle wie Liebe, Mitleid, Altruismus (Uneigennützigkeit), Opferbereitschaft und Heldentum etc., also alles, was wir, die Gesellschaft und Religion als gute Eigenschaften bezeichnen. In diesen unbewussten Schichten liegen unsere Fähigkeiten, Talente, die Kreativität und unsere Ideale und Ziele verborgen, die es zu erkennen und zu entwickeln gilt. Sie sind uns häufig nicht bewusst oder von Minderwertigkeitskomplexen überlagert. Zu letzteren Charakterzügen sagen wir „Ja, so möchten wir auch sein" und projizieren diesen Anteil auf Personen, die wir bewundern. Ein gesundes Selbstbewusstsein zu entwickeln, bedeutet, sich selbst in beiden Seiten zu erkennen und sich so anzunehmen. Natürlich fällt es leichter, sich in seinen „guten" Seiten anzunehmen, als sich mit seinen „schlechten Seiten" anzufreunden. Sie verdrängen wir allzu gerne, weil wir vor uns selbst, den anderen oder vor Gott – aufgrund alter religiöser Erziehungsmethoden – gut dastehen wollen und müssen, um geliebt zu werden. Das führt zu übermäßiger Anpassung und damit zur Verdrängung unserer wirklichen Bedürfnisse, Einstellungen und der Entfaltung unserer Persönlichkeit.

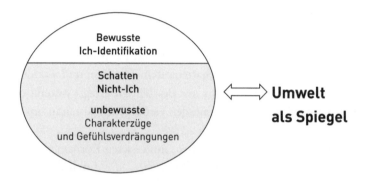

Die Welt als großer Spiegel

Wir können unsere Umwelt nur aus unserer subjektiven Sicht wahrnehmen. Damit wird unsere Umgebung und unser soziales Umfeld zu einem großen Spiegel für alles, was wir sind, und was in uns ist. Eigenschaften unserer Persönlichkeit, die wir mögen, bejahen wir, aber Wesensarten, die wir nicht besonders schätzen, verbergen wir oder verleugnen sie. Wir haben Neigungen und Verhaltensweisen, die wir strikt ablehnen und wir werden sogar böse, falls uns jemand so eine Eigenschaft unterstellt. Hören oder begegnen wir Personen, die „böse", „gemein" oder „schlecht" handeln, so können wir uns gar nicht vorstellen, dass wir auch so sein könnten, und weisen das ganz schnell von uns. Das Wissen, dass im Menschen auch „schlechte" oder übermäßig „egoistische" Charakterzüge vorhanden sind, wollen wir für uns selbst nicht so gerne gelten lassen.

„Nein, so bin ich nicht, das würde ich nie so machen", betonte eine Frau in einer Therapiesitzung, deren Mann sie über eine längere

Zeit betrogen und die Familie verlassen hatte. Sie war zudem wütend auf die Geliebte des Mannes und verurteilte deren Verhalten, in ihre Ehe eingebrochen zu sein und diese zerstört zu haben. „So egoistisch, zerstörerisch und schamlos wie diese Person, so darf man nicht sein."

Einige Monate später verliebte sich meine Klientin in einen verheirateten Mann und musste einsehen, dass auch sie in ihrer Verliebtheit Dinge tat, die sie vorher für sich ausgeschlossen hätte.

Im Laufe unseres Lebens haben wir Beziehungen und Kontakte zu verschiedenen Personen mit ihrer individuellen Wesensart. Unsere Eltern, Großeltern, Geschwister, Lehrer, Chefs, Freunde, Partner und Kinder begegnen uns, mit ihrem Naturell und Temperament. Sie zeigen uns, wie ein Spiegel, unsere Schattenseiten. Mit wem und womit wir auch immer zu tun haben, was uns beschäftigt, erregt, wütend oder traurig macht, das berührt immer den verborgenen Anteil in uns, der uns bewusst werden soll.

So wie wir einen Spiegel brauchen, um unseren Körper ganz sehen zu können, brauchen wir andere Menschen, die durch ihr So-Sein uns unsere Seeleninhalte spiegeln. Wenn Sie diese Aussage für sich überprüft haben, werden Sie immer wieder einsehen, dass das, was Ihnen begegnet, ein Ausdruck eines bestimmten Seelenanteils Ihrer Persönlichkeit ist, und Sie können sich immer mehr selbst entdecken. Sie können die Aufmerksamkeit auf die Ihnen gespiegelten unterentwickelten Charakterzüge richten und sich von alten Reaktionsmustern trennen.

Finden Sie, dass Ihr Partner zu egoistisch ist, und meinen, dass er mehr für die Familie da sein müsste, überprüfen Sie, wie es wäre, wenn Sie sich mehr Freiheiten zugestehen und versuchen würden, Ihre eigenen Belange durchzusetzen.

Mit Ihrer Erkenntnis und Verhaltensänderung bewirken Sie automatisch, dass der Partner in seinen Reaktionen in Bewegung kommen wird, und vielleicht kann er dadurch sein übertriebenes Ego erkennen.

Unsere wichtigsten äußeren Erkennungsmerkmale, nämlich der Kopf, das Gesicht und der Ausdruck unserer Augen sind für uns, ohne einen Spiegel zu benutzen, nicht zu erkennen. Hätten wir nie einen Spiegel gehabt, wir würden uns nie auf einem Bild von uns erkennen.

Kleinkinder, die sich im Spiegel erblicken, sagen: „Baby." Ihnen erklären wir: „Das bist du."

Wie wäre es wohl, wenn ein erwachsener Mensch, der fernab von anderen Menschen und der Zivilisation lebte, sich zum ersten Mal im Spiegel erblicken würde. Zunächst würde er glauben, einen Fremden zu sehen. Jetzt kommt es darauf an, mit welchen Gefühlen er dem Spiegel begegnet. Trifft er auf diesen für ihn neuen Gegenstand nicht richtig vorbereitet und unfreiwillig, so könnte er Angst empfinden. Deswegen wird er ein angespanntes Wesen erblicken, und es kann passieren, dass diese Person nun auf den Spiegel einschlägt, um sich gleich zu verteidigen, oder sie rennt weg. Begegnet die Person dem Spiegel jedoch freiwillig und ist sie neugierig, wird sie sehr erstaunt sein, ihr Spiegelbild lustig finden und sich freuen. Sie wird sich darin dann immer selbst erkennen.

Ähnlich verhalten wir uns, wenn wir unseren Mitmenschen begegnen. Sie spiegeln uns immer einen Teil unserer Persönlichkeit, der uns im Augenblick der Begegnung nicht bewusst ist. Alles, was wir durch die Umwelt wahrnehmen, ist subjektiv, entspricht also immer unserer inneren Wahrnehmung.

Das Resonanzgesetz

Aus der Physik kennen wir den Begriff der Resonanz, was so viel wie „Zurückklingen" bedeutet. Damit werden Vorgänge bezeichnet, bei denen ein Mitschwingen eines schwingungsfähigen Systems mit seiner Eigenfrequenz durch Energiezufuhr angeregt wird. Jeder kennt starke Vibrationen, wenn ein Motor eine bestimmte Drehzahl erreicht und ein Gehäuse oder ein danebenstehender Gegenstand mitschwingt. Wir nehmen das als Dröhnen oder Brummen wahr. Eine nicht gespielte Saite eines Streichinstrumentes kann mitschwingen, wenn ein gleich gestimmtes anderes Instrument ertönt. Das Resonanzgesetz besagt also kurz ausgedrückt: Gleiches zieht Gleiches an und wird dadurch verstärkt.

Da alles im Universum dem Gesetz der Resonanz unterliegt, begegnet auch der Mensch immer dem, was gerade seiner seelisch-geistigen Entwicklung entspricht. Zu Hause, im Betrieb, in der Stadt, in der

Natur, egal wo wir sind und womit wir im Kontakt sind, wir nehmen immer Eindrücke, Stimmungen, Meinungen auf, für die wir eine augenblickliche Resonanzfähigkeit besitzen.

Unsere selektive Wahrnehmung ist so ausgerichtet, dass wir bestimmte Informationen und Gefühle aufnehmen oder ausblenden können, ähnlich dem Vorgang, wenn wir das Radio auf einen bestimmten Sender einstellen. Jede Begegnung oder Situation kann etwas in uns zum Klingen bringen. Sie kann in uns Gefühle, Einstellungen, Reaktionsmuster auslösen, die uns selbst nicht bewusst sind. Verbinden wir beispielsweise mit einer Begegnung eine positive Erinnerung, dann werden wir uns darüber freuen und sie wird uns glücklich stimmen. Dies erleben wir besonders deutlich, wenn wir uns verlieben. Verbinden wir aber damit eine schmerzliche oder ungute Erfahrung, dann werden wir dem Betreffenden mit Distanz, Argwohn oder mit Ablehnung gegenübertreten.

Die nette Begegnung im Café, der Autounfall, der Kollege, der plötzlich neidisch reagiert, oder der aggressive Typ in der U-Bahn oder ein Buch, das uns gerade interessiert, was also im Außen geschieht und auf uns einwirkt, ist damit kein Zufall, sondern begegnet uns deswegen, weil wir es unbewusst angezogen haben. Jeder Mensch kennt diese Anziehungskraft (Affinität) in bestimmten Lebenssituationen und zu bestimmten Lebenszeiten. Beispielsweise nehmen schwangere Frauen plötzlich ganz viele Frauen wahr, die auch ein Kind bekommen. Wird unser Interesse auf ein bestimmtes Thema gelenkt, lernen wir plötzlich viele Menschen kennen, die sich auch damit beschäftigen. Nichts von dem, was uns geschieht, ist also wirklich „zufällig". Immer ist damit eine bestimmte Einstellungsänderung, Sinnsuche oder irgendein Loslass-Lernprozess verbunden.

Beobachten wir dieses Gesetz der Resonanz und der Anziehung in unserem Leben, dann können wir viel leichter loslassen. Wir ärgern uns viel weniger, weil wir lernen, das Geschehene besser zu durchschauen. Damit reagieren wir besonnener und werden achtsamer im Umgang mit anderen Menschen.

Schicksalhaften Geschehnissen, einer Krankheit, einem Verlust, einer aussichtslosen Liebe, einer Trennung, die wir als Lernaufgaben bekommen haben, stehen wir häufig hilflos ausgeliefert gegenüber und können daran erst mal nichts ändern. Wir müssen das hinnehmen oder schrittweise lernen, anders damit umzugehen.

Aber wir können das Zusammenleben mit anderen Menschen ändern. Beobachten Sie sich selbst oder Ihre Umwelt. Sie können feststellen, dass Leute, die gerne nörgeln, immer etwas an anderen oder der Umwelt finden, was sie kritisieren können. Aber Menschen, die interessante Gespräche lieben und ihre Mitmenschen wertschätzen, treffen auch auf ebendiese Personen. Wie schnell verurteilen wir jemanden für sein Verhalten und haben uns über ihn eine Meinung gebildet. Ob wir jemanden ablehnen oder ihn mögen, entscheidet sich in wenigen Sekunden. Machen wir uns also die Mühe und geben den Menschen, die wir nicht so sympathisch finden oder über die wir uns geärgert haben, eine Chance. Wenn wir sie verstehen und annehmen lernen, werden auch sie in Zukunft anders auf uns reagieren.

Sie erinnern sich, dass ich gesagt habe, dass wir immer nur einen Teil unserer Persönlichkeit und der Wirklichkeit wahrnehmen können und das Verdrängte unserer Persönlichkeit daher über unsere Umwelt gespiegelt bekommen. Statt wütend zu antworten oder verletzt und beleidigt zu bleiben, könnten wir dem nachspüren, welche unbewussten Knöpfe durch das Verhalten des anderen bei uns gedrückt worden sind.

Damit könnten wir uns unserer alten Verhaltensmuster und Überzeugungen bewusst werden und sie ändern. Wie wir jemandem begegnen oder mit ihm umgehen, ist entscheidend für unser Wohlbefinden und bestimmt die sozialen Kontakte.

Eine der wichtigsten Voraussetzungen, um loslassen zu können, ist die Änderung der Einstellung und der Sichtweise der Dinge.

Das Wissen um die Geistigen Gesetze beziehungsweise Axiome (Axiom klassisch bezeichnet ein unmittelbar einleuchtendes Prinzip) der Resonanz und Umwelt als Spiegel, wäre eine wichtige Voraussetzung, um die tieferen psychologischen Zusammenhänge der zwischenmenschlichen Begegnungen zu begreifen. Damit können wir uns, unsere unbewussten Handlungen und Motive immer wieder selbst reflektieren und sie korrigieren. Leider bleiben wir allzu oft in unseren eingefahrenen Bahnen und reagieren in unseren gewohnten Mustern, denn wir denken gewöhnlich nicht darüber nach; sie sind uns vertraut und wir glauben, dass sie uns eine gewisse Sicherheit geben. Viele Verhaltensweisen sind uns sozusagen in Fleisch und Blut übergegangen. Sicherlich brauchen wir nicht alles zu hinterfragen, was wir tun oder was uns begegnet, aber es lohnt sich, das zu beleuchten, was uns immer wieder Schwierigkeiten bereitet. Dafür bieten die Personen, mit denen wir eine Beziehung haben, eine gute Gelegenheit. Es ist also wenig sinnvoll, so zu reagieren wie die Person, die sich erstmalig im Spiegel sieht, nämlich diesen zu zerschlagen oder wegzulaufen, wenn wir von jemandem in unseren Gefühlen verletzt, in unserem Sein infrage gestellt oder in unseren Grundfesten erschüttert werden. Das hilft nur kurzzeitig, denn eine neue Partnerschaft oder Begegnung kann uns den Spiegel auch wieder vorhalten. Begreifen wir aber, dass gerade unbequeme Menschen auch „Erfüllungsgehilfen" unseres Wachstumsprozesses sind und uns das zu erlösende Thema unserer Seele spiegeln, werden wir weniger ihnen die Schuld an unserer Misere geben, sondern mehr Verständnis für schwierige Situationen aufbringen. Gerade die partnerschaftliche Beziehung kann mit diesem Wissen und der Bereitschaft, sich selbst im Spiegel des Partners zu reflektieren, dazu beitragen, dass sie gelingt und lebendig bleibt. Wenn die Verliebtheit vergeht und mit dem Alltag die Liebe beginnt, wird sie mehr oder weniger auf die Probe gestellt. Dann ist es wichtig, die Beziehung als Herausforderung zur Entwicklung zu begreifen. Es hat einen Sinn, warum wir gerade in dieser Partnerschaft sind. Statt den Partner ändern oder so formen zu wollen, dass er unserer Illusion von Liebe wieder entspricht, wäre es notwendig zu erkennen: Wie ergänzt mich mein Partner, welche verdrängten Erinnerungen und Schattenanteile bringt er in mir zum Vorschein und wie können wir uns gegenseitig fördern?

Viele Partnerschaften erschöpfen sich aber in Machtkämpfen, die häufig unbewusst geführt werden, oder in einem Nebeneinander statt eines Miteinanders. Die Gründe sind unter anderem Verlustängste und innere Minderwertigkeitsgefühle, Angst, sich dem Partner nicht so zeigen zu können, wie man wirklich ist. Damit ist ein tieferes Einlassen auf die eigenen Gefühle und die Liebe nicht möglich. Einsamkeit und Frust machen sich in der Partnerschaft breit, die einen leiden oder irgendwann ausbrechen lassen. Um die Beziehung lebendig zu erhalten, ist eine richtige und lebendige Kommunikation wichtig, in der die Bereitschaft vorhanden ist, sich in seiner Gefühlswelt dem Partner zu öffnen. Aus Angst und Scheu davor, uns in unserer Verletzlichkeit und mit unseren Schwächen dem Partner zu zeigen, spielen wir lieber Spielchen, manipulieren, gehen innerlich und äußerlich auf Distanz und täuschen Lässigkeit oder Selbstsicherheit vor, um uns vor der wirklichen tiefen Begegnung zu schützen.

Projektion Partnerschaft

Beziehungsthemen und Partnerschaftskonflikte sind in meiner Praxis die Hauptgründe, weshalb Klienten meine therapeutische Hilfe in Anspruch nehmen. Entweder leidet jemand, weil er alleine ist und keinen Partner finden oder halten kann, oder er lebt in einer Partnerschaft, die sehr belastend, unglücklich oder schwierig ist. Menschen, die betrogen wurden, die sich neu verliebt und Schuldgefühle haben, eine Trennung in Erwägung ziehen oder die als Partner erschöpft sind, weil sie mit einem chronisch Kranken zusammenleben, sie alle kommen, um ihre Seele zu heilen. Sie wollen einen Weg oder einen Sinn finden, um mit dieser Krise oder Situation fertig zu werden.

Oft zeigen sich die Partnerschaftsprobleme nicht sofort, sondern im Vordergrund stehen erst mal psychosomatische Krankheiten, depressive Verstimmungen und andere Diagnosen. Natürlich weiß oder spürt der Klient, dass die Partnerschaft ein Thema ist und daran etwas zu ändern wäre, aber das anzugehen, birgt häufig eine große Angst in sich. Hinzu kommt, dass die Wünsche und Bedürfnisse an die Partnerschaft verdrängt wurden, da sie weder angesprochen noch bearbeitet werden konnten. So wurde aufgeschoben und man erhoffte sich, dass der Partner oder die Umstände sich ändern würden. Manchmal haben Menschen einfach resigniert, weil ihnen ihre Partnerschaftsproblematik als nicht lösbar erschienen war.

Warum Partnerschaften scheitern

Es wäre meines Erachtens zu einfach, die sprunghaft angestiegenen Scheidungsraten und Trennungen allein auf die moderne Gesellschaft mit ihrer Wegwerfmentalität, dem Werteverlust, dem zunehmenden

Egoismus und der Verantwortungslosigkeit zu schieben. Dieser Zeitgeist begünstigt sicherlich den Scheidungstrend. Aber Trennungen und Scheidungen sind mit erheblichen Schmerzen verbunden, sodass man annehmen kann, dass sich die wenigsten Menschen leichtfertig trennen, wenn eine längere Bindung bestanden hat. Wird allerdings jemand heftig von Amors Liebespfeil getroffen, so gewinnt der Egoismus die Oberhand und das Verantwortungsgefühl wird lahmgelegt, sodass es häufig zu unüberlegten und plötzlichen Trennungen kommt.

Der gesellschaftliche Wandel der letzten Jahrzehnte ist sicher ein Grund dafür, dass Paare Schwierigkeiten hatten und immer noch haben, sich dem veränderten Rollenverhalten, die die Emanzipationsbewegung mit sich brachte, zu stellen und sich anzupassen. Die mühsam erkämpfte Gleichberechtigung der Frauen brachte es mit sich, dass Frauen gebildeter, selbstbewusster, stärker und damit unabhängiger geworden sind. Mädchen sind in der Schule ehrgeiziger als Jungen, sodass sich auch ihr Ausbildungsniveau erhöht hat. Zudem ist die Erwerbstätigkeit der Frauen in den letzten Jahrzehnten gestiegen. Allerdings hat sich daraus eine Doppelbelastung für die Frau ergeben, die immer noch in erster Linie für den Haushalt und die Kindererziehung zuständig ist. Demgegenüber sind viele Männer noch im alten Rollenverhalten verhaftet und haben lange Zeit die Frauen als Konkurrenz zu ihren männlichen Fähigkeiten unterschätzt. Obwohl heute fast alle Männer die Gleichberechtigung befürworten und auch schon im Haushalt ihren Beitrag leisten, ist ihre Hilfe eher sporadisch und eine wirkliche gleichberechtigte Verantwortungsübernahme für familiäre Aufgaben ist noch die Ausnahme. Sicher wird eine Hausfrau und Mutter, ohne berufliche Pflichten, nicht erwarten, dass ihr Mann sich in erheblichem Maße an der Hausarbeit beteiligt. Hier mag die traditionelle Arbeitsteilung gelten. Es geht mir auch mit diesen Ausführungen nicht darum, die Doppelbelastung der Frau in der Familie als die Hauptursache von Trennungen darzustellen, sondern darum, die immer noch vorhandenen patriarchalischen Strukturen mit den alten Ängsten von Machtverlust zu thematisieren, damit eine beidseitige Wertschätzung erfolgen kann. Die zusätzlichen Belastungen, die sich aus der Berufstätigkeit beider Partner ergeben, die unterschiedlichen Erwartungen an die Partnerschaft, auch an die Sexualbeziehung, das Fehlen eines gemeinsamen Lebensziels, gegensätzliche Konfliktlösungsstrategien und vor allen Dingen die Sprachlosigkeit in der Beziehung sind die Gründe dafür, dass dauerhafte gute Paarbeziehungen immer seltener gelingen. Im Übrigen werden die meisten Scheidungen von Frauen eingereicht. Auch die Scheidungsbereitschaft wurde durch den Abbau materieller, rechtlicher und emotionaler Barrieren erleichtert.

Aus der Lebensgeschichte vieler Paare können wir sehen, dass Scheidungen und Trennungen meistens keine Lösungen darstellen, denn eine neue Partnerschaft wirft die alten Probleme wieder auf. Dies ist insbesondere dann der Fall, wenn die gescheiterte Beziehung nicht verarbeitet wurde und ein Reifungsprozess der Seele nicht erfolgt ist.

Wir nehmen unweigerlich das mit in die neue Partnerschaft, was nicht geheilt ist. So werden Enttäuschungen, Schuldgefühle, Trauer, Wut mit in die hoffnungsvoll begonnene Beziehung getragen, und dabei wird sie – auch wenn wir das nicht wollen und zu vermeiden versuchen – durch Angst, Misstrauen und ein verletztes Selbstwertgefühl belastet.

Wir wissen alle, dass die Verliebtheit und die Schmetterlingsgefühle vergehen. Aber die Liebe muss sich erst entfalten. Wir können uns in unseren Partner immer wieder neu verlieben, wenn wir bereit sind, uns selbst zu entdecken und gemeinsam zu wachsen und zu reifen. Dann müssten wir nicht so leidvoll über Trennungen lernen. Die Liebe kann dauerhaft gelingen. Eine notwendige Voraussetzung dafür ist, dass wir uns selbst lieben, achten und wertschätzen. Dann werden wir diese Wertschätzung auch vom Partner erhalten oder sie einfordern können. Wer aber weiß das schon? Wer erklärt uns diese Lebensweisheiten, die wir auch gar nicht zur Kenntnis nehmen wollen und können, wenn wir uns gerade verliebt haben. Wir schweben zunächst im siebten Himmel, denn wir haben unsere „bessere" Hälfte gefunden. Wenn sich diese „bessere" Hälfte aber zur „schlechteren" Hälfte hin entwickelt, sollten wir uns nicht enttäuscht abwenden oder dies hinnehmen und als gegeben betrachten, sondern den Mut zur Heilung unserer Seele haben. Ja, Sie haben richtig gelesen, es ist jetzt an der Zeit, *unsere* Seele zu heilen und nicht die des Partners. Derjenige, der unzufrieden oder enttäuscht ist, sollte sich mit sich selbst beschäftigen und nach dem Sinn seiner

Beziehung fragen. An dieser Stelle beginnen die meisten Menschen, statt sich selbst anzuschauen, um die nötigen Einsichten zu gewinnen, den Partner zu kritisieren und so zu erziehen, dass er wieder dem alten vermeintlichen Idealbild entspricht, in das man sich schließlich verliebt hatte. Gelingt dies nicht und hinterlassen Streitigkeiten zunehmend Frust und Schmerzen, so gehen die Partner meistens in die Distanz oder bekämpfen sich. Nach einer gewissen Zeit gewöhnen sich beide an diesen Zustand. Zudem hat man sich im Alltag eingerichtet oder vielleicht schon eine Familie gegründet. Es bleibt keine Zeit, für sich selbst etwas zu tun oder sich um eine gute Beziehung zu kümmern. Oft braucht es äußere Auslösefaktoren, wie einen Grund zur Eifersucht oder einen erheblichen Streit, damit die Partner aufgerüttelt werden.

Wenn jetzt die Bereitschaft besteht, wirklich miteinander zu kommunizieren, um Verletzungen anzusprechen, Befürchtungen und Wünsche offenzulegen, dann kann die Partnerschaft tiefer, reifer, inniger und wieder erfüllter werden. Leider haben wir einerseits verlernt, wirklich zuzuhören, und andererseits ist es uns nicht möglich, von äußeren Konflikten selbst auf die sich dahinter verbergenden Ängste, Schuldgefühle oder seelischen Wunden zu schließen. Ein fruchtbares Gespräch über Partnerprobleme zu führen ist nicht so einfach. Dies liegt zum einen daran, dass Männer lösungsorientiert sind und sofort sagen, wie „frau" zu handeln hat, damit sie wieder zufriedener ist. Zum anderen wollen Frauen aber ihr Problem nur darstellen, um eigene Lösungen im Gespräch erkennen zu können, denn der männliche Rat kann den Kern des Problems meist nicht treffen. Das trifft auch im umgekehrten Fall zu, wenn Frauen Männern sagen, wie sie handeln sollen. Grundsätzlich sind Ratschläge auch nicht hilfreich. Die meisten Therapeuten halten sich damit sehr zurück, denn die Aufgabe besteht darin, durch gezielte Fragen das Problem aufzudecken und Lösungen zu erarbeiten. An dieser Stelle möchte ich auf ein Buch verweisen, das die Wichtigkeit der Gesprächsbereitschaft in der Partnerschaft darstellt und wichtige Regeln zur richtigen Kommunikation gibt. Sie hat der Autor aus der Erfahrung, der Dynamik und der Gesprächsleitung von Gruppenpsychotherapien auf die Paarbeziehung übertragen. Im Buch „Die Wahrheit beginnt zu zweit – Das Paar im Gespräch" von Michael Lukas Moeller werden Paare zu regelmäßigen Zwiegesprächen angehalten, mit dem Ziel, dass jeder Gesprächspartner von sich spricht und nicht in endlose Partnerschaftsdebatten und oberflächliche Diskussionen abgleitet. Damit bringt uns ein solch geführtes Beziehungsgespräch in Kontakt mit seelischen Wunden früherer Zeit und hilft diese zu heilen, um zur wirklichen Liebe zu finden.

Trotzdem ist es nicht so einfach, die tieferen Schichten der Seele zu erreichen, und eine ergänzende Therapie ist in vielen Fällen sinnvoll, um hartnäckige unbewusste Muster zu lösen. Wir haben nie gelernt, uns in dieser vorgeschlagenen Form mit einem Partner auszutauschen; sich dem anderen so zu zeigen, ist daher nicht so einfach durchzuhalten.

Zudem geraten Paare bei Nichteinhaltung der Gesprächsregeln zunehmend in die Versuchung, in alte Diskussionsformen zurückzufallen und sich in den sonst üblichen Mustern der Angriffs- und Verteidigungshaltung zu verwickeln. Damit wird immer wieder übersehen, was der Partner wirklich meint und sagen will, und so enden meistens die Gespräche im Streit und dem Gefühl: Männer und Frauen verstehen sich nicht und es wäre besser gewesen, wäre der Mann bloß auf dem Mars geblieben und die Frau auf der Venus. Ein im Bereich Kommunikation auf Zwiegespräche geschulter Therapeut hilft den Paaren, sich nicht zu verheddern. Er ist Moderator und bringt sich nur dann ins Gespräch ein, um den Partnern bewusst zu machen, um was es in Wirklichkeit in ihrer Beziehung geht. Die täglichen Konflikte, mit denen Paare zu kämpfen haben und die im Zwiegespräch angesprochen werden, lassen sich meist auf frühere seelische Kränkungen und Traumen zurückführen. Diese können sich dann endlich lösen und die Beziehung in der Partnerschaft verbessert sich oft schlagartig. Paare, die Kinder haben, tragen auch die Verantwortung für sie, und eine gute Partnerschaft oder gute Trennung ist für die Kinderseele wichtig. Außerdem würden sich die Paare viel Ärger, Zeit und Geld sparen, wenn sie bereit wären, rechtzeitig an ihrer Beziehung zu arbeiten.

Die gesellschaftlichen Veränderungen, die jüngst eine Politikerin veranlassten, die Ehe als eine von vornherein auf Dauer ausgerichtete Verbindung sogar infrage oder zur Diskussion zu stellen, sind meines Erachtens wenig hilfreich, um nervenaufreibende Scheidungen zu verhindern, und bieten keine Lösung für Beziehungsprobleme. Vielleicht könnte eine Ehe auf Zeit eins bewirken, dass beide Partner sich bemühen würden, eine Bindung, die ihnen wichtig ist, zu erhalten. Genauso gut könnte auch das Gegenteil der Fall sein, man resigniert nach den ersten Schwierigkeiten und bemüht sich erst gar nicht mehr, den Partner zu verstehen, sondern schaut sich bereits während der noch bestehenden Verbindung nach einem neuen, besseren Partner um. Besser als eine Regelung, eine Partnerschaft oder Ehe auf Zeit einzuführen, wäre es, sich wirklich bewusst zu machen, wie sehr man immer noch in der alten Vorstellung lebt: „Eine Partnerschaft bietet Sicherheit." Oder: „Wir leben glücklich bis zum Ende." Diese tief verankerten früheren Gegebenheiten und Fantasien führen immer noch dazu, dass die Aufmerksamkeit und Wertschätzung beider Geschlechter nachlässt, wenn sich die Paare in eine verbindliche Beziehung begeben haben. Beide, Männer und Frauen, lassen sich häufig gehen. Frauen lieben es, umworben zu werden, und brauchen Komplimente, genauso wie Männer Anerkennung brauchen. Wenn wir statt der üblichen Machtkämpfe wieder mehr darauf achten würden, dass es unserem Partner gut geht, dass wir ihn positiv motivieren und fördern, statt ihn über Kritik „klein" zu machen, wäre dies ein Schritt in Richtung einer guten Partnerschaft.

Meines Wissens war es dem Menschen noch nie möglich, so vielfältige unterschiedliche Erfahrungen in allen Bereichen des Lebens zu machen, wie dies in der heutigen industriellen Welt des modernen Menschen möglich ist. Die rasante Entwicklung, die uns mit ständig neuen Techniken und Informationen rastlos macht, lässt uns Dinge schnell beurteilen, verwerfen und Neues gestalten. Gefragt ist der Mensch, der in jungen Jahren schnell das Studium beendet, Auslandserfahrungen aufweisen kann und berufliche Praxis vorzuweisen hat, und das möglichst bis Ende 20. Ähnliches können Sie lesen, wenn Sie anspruchsvolle Stellenangebote in überregionalen Zeitschriften lesen. Kein Wunder, wenn junge Menschen zunächst ihre Karriere aufbauen müssen oder wollen und an Familienplanung noch gar nicht gedacht werden kann. In vielfältigen Freizeitangeboten können sie zudem ihren Erfahrungs- und Erlebnishunger stillen und lassen sich immer weniger auf eine feste Beziehung ein.

Die junge Generation hat die bereits beschriebenen Schwierigkeiten des veränderten Rollenverhaltens von Mann und Frau in der Ehe mitbekommen und erlebte die ersten großen Scheidungswellen. Ist es unter dieser Betrachtung nicht verständlich, dass sich immer weniger junge Menschen auf eine feste Beziehung einlassen wollen oder sich gefühlsmäßig nicht besonders engagieren möchten oder glauben: „Diese Beziehung hat es nicht gebracht, also auf zur nächsten." Andererseits ist die Sehnsucht nach einer tiefen Verschmelzung und festen Bindung, als Gegensatz zur Unsicherheit der beruflichen Zukunft gegeben, und dies lässt vermehrt hoffen, dass wir immer mehr dazu bereit sind, statt auszusteigen, aufzudecken. Warum funktioniert unsere Beziehung nicht? Welche Verhaltensweisen und Muster belasten sie? Frauen sind aufgrund ihres Wesens dazu eher bereit als Männer, denn die Sorge um das körperliche und seelische Wohl ihrer Familie, ihre Intuition, ihr Einfühlungsvermögen und die Bereitschaft, sich mit der Seele zu beschäftigen, sind urweibliche Attribute. Frauen haben diese Eigenschaften trotz eines hohen Bildungsniveaus nie verloren und sie sind meist diejenigen, die sich bemühen und Hilfe bei der Eheberatung oder bei einem Therapeuten suchen. Selbsterfahrungskurse und Therapien werden deswegen zum großen Teil von Frauen besucht, Männer hingegen lassen sich darauf meist dann ein, wenn sie der Chef zu einem Persönlichkeitsseminar schickt. In diesen Seminaren, die längst nicht mehr nur theoretische Lösungsmodelle vorstellen, sondern mit Rollenspielen, Meditationen und Bilderreisen arbeiten, erleben auch Männer, wie die im Unbewussten liegenden Kindheitstraumen die Partnerschaft oder ihre Beziehungen zu Kollegen und Vorgesetzten behindern.

Der Partner ist mein unbekanntes Wesen

Der Partner ist *mein* unbekanntes Wesen. Er ist der Spiegel für meine nicht gelebten Verhaltensweisen. Die folgende Grafik mag deutlich machen, wie sehr jeder Mensch von der Vergangenheit geprägt ist. Je stärker wir das Mitgebrachte verdrängt haben, desto größer ist die Wahrscheinlichkeit, dass eine auch noch so verheißungsvoll begonnene Partnerschaft scheitern wird. Das Wissen, dass wir Teile unseres Wesens und unsere negativen oder positiven Erfahrungen auf unseren Partner projizieren, hilft uns zu erkennen, dass wir uns selbst heilen müssen, wenn wir in einer harmonischen und glücklichen Partnerschaft alt werden wollen.

Wenn wir auf die Welt kommen, bringen wir bereits die Idee unserer Persönlichkeit als einen Teil der Charakteranlage mit. So wie ein Samenkorn den Bauplan für die spätere Pflanze enthält, sind das Wesen des Menschen und die damit verbundenen Lernaufgaben vorgezeichnet. Sie werden weiter ausgeprägt durch die vorgeburtlichen Umstände, Geburtserfahrungen, Prägungen des Kleinkindes und durch die Erziehung. Sie bilden unser Wesen, Temperament und bestimmen, wie wir später Liebe geben und empfangen können. Es ist in der Psychologie bekannt, dass Frauen, beeinflusst durch die Prägung durch ihren Vater, den entsprechenden Partner wählen. Entsprechendes gilt für die Männer, die ihre Mutter als Vorbild für die spätere Partnersuche haben.

Sobald wir mit einem Partner in Beziehung kommen, spiegelt er uns einen Teil unserer Persönlichkeit. Wenn wir uns verlieben, verlieben wir uns immer mehr oder weniger auch in uns selbst, nämlich in unser inneres ideales „Männer"- oder „Frauen"-bild. Wir begegnen also jenem Teil, den wir bejahen und daher lieben. Wir entdecken uns mit unseren Vorlieben und stellen fest, wir sind uns ja so ähnlich. Amor hat uns mit seinem Liebespfeil getroffen und wir werden ein wenig blind vor Liebe. Wir spüren unsere Ganzheit, und gleichzeitig werden wir im Eigenwert gestärkt, durch das Gefühl: Für meinen Partner bin ich einzigartig und so, wie ich bin, liebenswert. Wir zeigen uns ja auch von unserer besten Seite. In dieser Zeit passen wir uns unserem Partner oder der Partnerin an. Wir tolerieren oder negieren Verhaltensweisen, die wir ansonsten nicht besonders mögen. Vielleicht denkt da schon mancher oder manche: Das, was ihm da fehlt, werde ich meinem Partner schon noch beibringen.

Im siebten Himmel der Verliebten können wir nicht bleiben. Eine gewisse Gewöhnung an den schönen Zustand tritt ein und das stürmische Herzklopfen lässt nach. Im Zusammenleben wird die Anpassung an den Partner zunehmend anstrengend, das Bemühen um den anderen wird weniger, und damit wird die Wertschätzung geringer.

Im Alltag mit seinen Anforderungen übertragen sich negative Stimmungen. Streit und erste seelische Enttäuschungen und Verletzungen sind dabei oft unvermeidlich.

Projektionen in der Partnerschaft

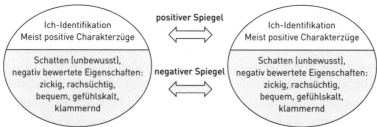

Jeder Partner bringt seinen Charakter mit den **unbewussten** Prägungen durch die Familie, Schule, Freunde, erste Liebe usw. in eine Beziehung mit ein.

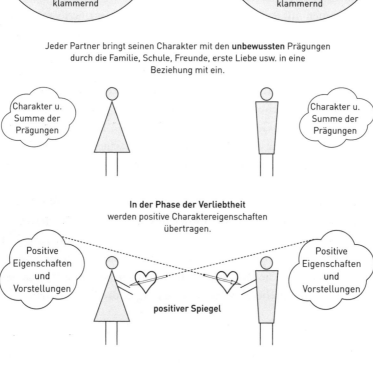

In der Phase der Verliebtheit werden positive Charaktereigenschaften übertragen.

In der Ehe oder festen Beziehung beginnt die Übertragung negativer Schattenanteile mit den frühkindlichen Prägungen. Alltagsbelastungen, beruflicher Stress, Wohnsituation, finanzieller Druck sind Auslösefaktoren.

Die Geburt von Kindern, die Erziehung und Belastungen aus dem familiären weiteren Umfeld kommen nun hinzu und können das Zusammenleben mehr oder minder stark belasten.

Jetzt spiegeln sich die ersten Schattenseiten. Die Partner holen wie aus einem unsichtbaren Rucksack die verdrängten belastenden Erfahrungen hervor. Dabei spielt vorwiegend beim Mann die Beziehung, die er mit seiner Mutter hat, eine Rolle, und bei der Frau kommen ihre Themen mit ihrem Vater zum Vorschein. Diese unerlösten, nicht bewussten Konflikte und die alten Reaktionsmuster werden dem Partner nun übergestülpt und vorgehalten.

Wie in dieser Phase mit den aufgetretenen Schwierigkeiten umgegangen wird, ist entscheidend für das Gelingen der Beziehung. Werden die Probleme sprichwörtlich unter den Teppich gekehrt und häufen sie sich an, ist die Gefahr groß, dass ein Partner ausbricht oder, was genauso wenig wünschenswert ist, dass die Partnerschaft zwar nach außen hin aufrechterhalten wird, aber keine Freude und Liebe mehr in der Beziehung sind.

Wenn jedoch erkannt wird, dass beide Partner jeweils ihre Schattenanteile aus dem unbewussten Rucksack auf den anderen übertragen haben, kann diese Projektion wieder zurückgenommen werden. Mit der Bewusstmachung und dem Durchleben der alten Wunden findet eine Heilung statt. Sie führt zur Neubewertung der damaligen Situation und zur automatischen Verhaltensänderung in der Partnerschaft.

Vierte Stufe: Rücknahme der Projektion

Wir übertragen ständig unsere eigenen oftmals verdrängten Gefühle wie Ängste, Hemmungen, Ärger, Frust, Unlust, Niedergeschlagenheit oder unsere Erwartungen und Wünsche auf die Menschen, mit denen wir in Kontakt kommen. Im Zusammenleben aber kann dies leicht zum Beziehungsstress führen, der sich etwa so abspielen könnte: Katrin unterstellt ihrem Partner schlechte Laune, als er gerade heimkommt: „Wieso bist du heute so schlecht drauf."

Er antwortet ihr, während er noch in Gedanken bei seiner Arbeit weilt: „Bin ich doch gar nicht."

Sie aber bohrt nach und sagt: „Natürlich bist du schlecht drauf, das spüre ich doch." Er verneint abermals und klingt dabei ein wenig gereizt. Darauf sie: „Na das hör' ich doch, dass du genervt bist. Also ..." Er rechtfertigt sich und wird dabei tatsächlich wütend. Sie triumphiert: „Na, wusste ich es doch."

Bestehen in einer Lebensgemeinschaft sowieso schon Spannungen, dann kann dies in einen Streit ausarten. Würde Katrin sich aber selbst reflektieren, wenn ihr Partner das ihm unterstellte Gefühl verneint, dann könnte sie erkennen, dass sie selbst gefrustet ist, weil sie sich kurz vorher über irgendetwas zum wiederholten Male geärgert hat. Diese Projektion der eigenen Stimmung lässt sich in vielen Situationen des menschlichen Miteinanders wiederfinden, und das ist weitestgehend normal.

Wenn aber die projizierten Gefühle sich in Beziehungen zum Partner, am Arbeitsplatz oder im sonstigen sozialen Umfeld als ständige Quelle von Spannungen und Problemen erweisen, ist es nötig, die ursächlichen verdrängten Affekte und Rollenerwartungen aufzuspüren.

Gudrun wurde von ihrem Chef einige Male wegen Kleinigkeiten kritisiert, sie fühlte sich abgewertet und wurde immer unsicherer in seiner Gegenwart. Sie strengte sich an, machte Überstunden und wollte ihm gefallen. Eine Kollegin, die neu in ihre Abteilung wechselte, wurde von ihm nett und zuvorkommend behandelt, sodass sie zunehmend eifersüchtig wurde. Über ein Jahr lang ertrug sie diese belastende Situation, bis sie mit psychosomatischen Beschwerden, Schwindelgefühlen, Herzrasen und innerer Unruhe reagierte. In der Therapie konnten ihre Gefühle und Erwartungen, die sie dem Chef gegenüber hegte, auf ihren Vater zurückgeführt werden. Von ihm hatte sie keine Anerkennung und Liebe bekommen. Nachdem Gudrun dies erkannt hatte und ihr Verhältnis zu ihrem Vater sich hatte klären können, hatten sich kurz nach Beginn der Therapie ihre Beschwerden wesentlich gebessert. Sie wurde selbstbewusster, die Kollegin wurde sympathischer erlebt und das Verhältnis zum Chef entspannte sich. Es ist immer wieder eindrucksvoll mitzuerleben, wie die Klärung innerer Prozesse auf die äußeren Geschehnisse einwirkt und Lösungen geschehen.

Sowohl die positiven als auch die negativen Anteile früherer Beziehungsmuster werden im Erwachsenenalter übertragen. Daraus resultieren Sympathie und Antipathie gegenüber bestimmten Personen.

Die Bewältigung der Trennungsangst – Die Therapie mit Michael

Ebenso basieren Trennungsängste entweder auf wirklichen Trennungserfahrungen oder sind durch eine ausgeprägte Bindungsliebe gekennzeichnet. Jahrelang kann eine Beziehung gut funktionieren, aber plötzlich nimmt wie durch einen unsichtbaren Zauber ein Partner die Rolle des unbewussten Männer- oder Frauenbildes des jeweils anderen Partners ein.

Die Rücknahme der gegenseitigen Projektionen heilt die Beziehung und lässt beide Partner in ihrer Persönlichkeit reifen. Manchmal ist es nötig, dass beide Partner an ihren gegenseitigen Projektionen arbeiten. Oft reicht es aus, wenn der leidende Partner sich und sein Übertragungsmuster anschaut und die nötigen Impulse bekommt, um die Ehe oder Lebensgemeinschaft glücklicher zu gestalten.

Im Sommer vor ein paar Jahren suchte Michael meinen therapeutischen Rat. Er war sehr verzweifelt und berichtete mir: „Meine Frau liebt mich nicht mehr. Sie ist unzufrieden und will ihre Freiheit haben. Sie geht sehr oft aus, will Spaß haben und nimmt dabei keine Rücksicht mehr auf mich und die Kinder."

Von außen betrachtet führten Sonja und Michael eine äußerst harmonische Ehe. Zum damaligen Zeitpunkt lebten sie am Stadtrand in einem schönen Einfamilienhaus mit ihren zwei Mädchen. Sonja war halbtags berufstätig und Michael war zeitweise während der Woche beruflich unterwegs. Die Abende, an denen Michael zu Hause war, die Wochenenden, der Urlaub und alle Aktivitäten wurden gemeinsam geplant und durchgeführt. Sie hatten materiell keine Schwierigkeiten, da Michael in leitender Position war und ist. Sonja hingegen fühlte sich in ihrem alten Beruf nicht mehr so glücklich, nahm sich eine Auszeit, um sich zu orientieren und evtl. eine neue berufliche Richtung einzuschlagen.

Ihr Mann unterstützte sie in dieser Richtung. Im Haus und mit den Kindern gab es auch genug zu tun, sodass Sonja nicht unbedingt zusätzlich arbeiten musste. Sie gestaltete ihre Freizeit und traf zufällig eine alte Schulfreundin wieder. Michael war froh, dass sie dadurch wieder etwas fröhlicher wurde, aber schon bald wurde ihm ihr neuer Freiheitsdrang zu viel. Einige Zeit hatte er sie gewähren lassen.

Nun, erklärte mir Michael, würde Sonja aber gehörig übertreiben, komme spät heim und habe plötzlich Geheimnisse vor ihm. Auch sexuell werde er zunehmend von ihr abgewiesen. Sie habe aber keine Affäre. Er habe diese Befürchtung gehabt und deswegen angefangen, sie zu kontrollieren, was einen heftigen Streit ausgelöst habe. Sonja wolle sich dieses Benehmen nicht gefallen lassen und spreche sogar von Trennung, wenn er sie weiter so einengen würde. Sie werfe ihm vor, sich seit Jahren von seiner Liebe eingeengt zu fühlen und mehr Freiraum zu brauchen, den sie auch ihm zugestehen würde.

Er hatte aber große Angst, sie zu verlieren. Der gut aussehende Mann, Michael, sitzt mir gegenüber mit seiner ruhigen, besonnenen und liebevollen Art. Er ist geknickt und verzweifelt. „Sonja kann uns doch nicht verlassen, das darf sie nicht. Was soll ich bloß tun?", seufzt er. Er habe Magenschmerzen und schlafe kaum noch. Seine Sorgen und Ängste quälen ihn so sehr, dass er unkonzentriert in der Arbeit sei.

Deswegen habe er jetzt Urlaub genommen. Im Verlauf des Gesprächs erfahre ich noch, dass Sonja vor ihrer Ehe eine Affäre hatte, die damals ihre gemeinsamen Hochzeitspläne gefährdet hatte. Sie hatte sich aber für ihn entschieden und seitdem war ihre Ehe glücklich gewesen.

In der nächsten Therapiestunde führe ich Michael in seine innere Bilderwelt.

Er erlebt sich als vierjähriger Junge und sieht sich in der Wohnküche. Die Eltern streiten. Er hat Angst und sucht Schutz bei seinem älteren Bruder. Die Mutter ist wütend und aufgebracht, der Vater verlässt das Haus. Michael sieht die Mutter weinen, er ist hilflos und möchte sie trösten. Da verlässt auch die Mutter die Küche und fährt weg. Der große Bruder kümmert sich um Michael, aber kurz darauf kommt dessen Freund und beide gehen zum Spielen. Michael fühlt sich alleine.

Das Gefühl des Alleinseins kennt Michael. Weitere Bilder und Szenen seiner Kindheit tauchen auf, in denen sich Michael alleingelassen und wertlos fühlte.

Nach dieser Reise in sein Unbewusstes erzählte mir Michael, dass sich seine Eltern ständig gestritten haben. Die Mutter sei oft sehr traurig oder wütend gewesen, wenn der Vater nach der Arbeit nicht nach Hause kam. Seinen Vater habe er als dominant und egoistisch erlebt, dem es egal war, wie es den Kindern seelisch ging. Er sorgte wohl gut für den Lebensunterhalt, aber Liebe gab es nicht vom Vater.

Nachdem Michael beide Elternteile als sehr aggressiv erlebte und einige Male heftig geschlagen wurde, lehnte er jegliche Form von Aggressionen ab. Er entwickelte mehr seine verständnisvolle anpassungsfähige Art. Seine männliche Durchsetzungskraft war durch Ablehnung des männlichen Vorbildes durch den Vater geschwächt. Michael wollte natürlich unbewusst seine Mutter für die Verletzungen durch den Vater entschädigen. Er nahm sich in seinen Bedürfnissen zurück und fühlte sich für das Wohl der Mutter verantwortlich. Dies übernahm er auch bei seiner Frau, die er vergötterte und mit seiner Anhänglichkeit erdrückte.

Im weiteren Verlauf der Therapie lernte Michael seine männliche Seite mehr zur Durchsetzung zu bringen und entdeckte seine Bedürfnisse. Daraufhin entwickelte Sonja wieder mehr Achtung vor ihrem Mann. Beide kamen zu einem Paargespräch.

Auch Sonja erkannte in einigen anschließenden Sitzungen mit inneren Bildern, dass sie ihre eigene Unsicherheit, Schwäche und Entscheidungslosigkeit auf ihren Mann projizierte und sie ihn deswegen nicht achten konnte. Sie sehnte sich nach einem starken durchsetzungsfähigen Mann. Nachdem Michael ein guter Mann und treu sorgender Vater war und seinen egoistischen und dominanten Vater verachtete, projizierte er diese Anteile auf seine Frau. Mithilfe des Rollenspiels der Reinkarnationstherapie konnte Michael seine eigene Dominanz, sein Ego und seine Aggressionen erkennen, sie ausdrücken und seine wahre männliche Rolle in der Beziehung und Familie leben. Beide konnten ihre gegenseitigen Projektionen zurücknehmen.

Reinkarnationstherapie als Rollenspiel

Reinkarnation bedeutet „Wiedereinfleischung" und ihre Lehre besagt, dass die Seele unsterblich ist und mehrere Male auf die Erde kommt, um Bewusstheit zu erlangen.

Abgesehen davon, ob man daran glaubt oder nicht, erweitert die Vorstellung früherer Leben ganz erheblich die therapeutischen Möglichkeiten, um uns insbesondere in unseren Schatten zu erkennen und unsere Projektionen auf die Eltern, die Partner und die Umwelt bewusst zu machen. Erst mit dem Durchleben dieser Themen können wir sie zurücknehmen und ein Verständnis für das, was uns geschehen ist oder uns „angetan wurde", bekommen. Damit ist die vierte Stufe des Loslassens, die Rücknahme der Projektionen möglich. Können wir mit dem Katathymen Bilderleben auch die seelischen Hintergründe von Krankheiten, Beziehungsproblemen, Ängsten, Hemmungen, Depressionen und schicksalsbedingten Lebens- und Sinnkrisen aufdecken, so bietet die Reinkarnationstherapie darüber hinaus weitere Möglichkeiten.

Im Rollenspiel eines früheren Lebens kann sich der Klient gefahrlos in neuen Verhaltensweisen im Rahmen der Therapiesitzung mit inneren Bildern ausprobieren und sich hineinfühlen. Ähnlich wie dies Schauspieler tun, die verschiedene Rollen spielen und sich dabei ganz mit ihrer Figur identifizieren müssen. Sie tun so, als seien sie der Räuber oder der Kommissar in einem Krimi, oder in einer Serie der Arzt oder der Verunglückte, im Theater der König, der Bettler oder Rebell, der feurige Liebhaber, ein Trunkenbold, der Teufel, das hilflose Mädchen, die eiskalte Frau oder die Hexe.

Zunächst können meine Klienten das einfach mal ohne Trance ausprobieren. Dazu bitte ich sie, sich vorzustellen, was sie denn gerne spielen würden, welche Rolle sie sich in einem Theater aussuchen und was ihnen dabei wohl Spaß machen würde und was weniger. Mit dieser kleinen Übung kann ich meinen Klienten schon einiges bewusst machen. Diese Therapie funktioniert also auch, wenn der Klient nicht an frühere Leben glaubt. Mir ist es immer wichtig, Menschen nicht einen Glauben oder eine Philosophie überzustülpen, sondern Wege der Heilung mit ihnen zu beschreiten. Trotzdem mag es für den einen oder anderen Leser wichtig sein, sich damit auseinanderzusetzen.

Die Reinkarnationstherapie entwickelte sich vor etwa 35 Jahren aus den Erlebnissen von hypnotisierten Personen und den damit gemachten Beobachtungen und Phänomenen, die sich nur mit der Annahme früherer Leben erklären ließen. In der Folge wurde immer wieder der Versuch gemacht, die Reinkarnationstheorie zu beweisen. Professor Stevenson von der Universität Virginia hat 1.500 spontan aufgetretene Fälle, bei denen Menschen, meist Kinder, sich an frühere Leben erinnerten, gesammelt und davon 20 überzeugende wissenschaftlich bewiesene Fälle in seinem Buch „Reinkarnation", Aurum Verlag, veröffentlicht.

Fallstudien namhafter Psychotherapeuten, Psychiater und Psychologen (R. J. Woogler, Ch. Bache, R. Ebertin, Th. Dethlefsen, R. Dahlke usw.), die mit der Reinkarnationstherapie arbeiteten, belegen in eindrucksvoller Weise, dass die Bewusstmachung früherer Leben einen heilenden und positiven Einfluss auf unsere seelische und körperliche Gesundheit und die Gestaltung unseres jetzigen Lebens hat.

Ich arbeite seit 20 Jahren auch mit der Reinkarnationstherapie und halte diese Therapieform für eine der erfolgreichsten psychotherapeutischen Methoden.

Die Reinkarnationsphilosophie begreift die Seele des Menschen als etwas Nichtmaterielles, das eigenständig nach dem Tod weiterlebt, um sich durch Raum und Zeit durch das Immer-wieder-Eintauchen in einen Körper zu inkarnieren. Das Ziel ist, dass der Mensch sich selbst erkennt, Erfahrungen sammelt und sich entwickelt, um Ganzheit,

Vollkommenheit zu erlangen, also „heil" wird. Tod und Geburt stellen lediglich Übergangspunkte von einer Bewusstseinsform in die andere dar, ähnlich wie Schlafen und Wachsein. Um diese hohe Bewusstseinsstufe, die bedingungslose Liebe zu allem, was ist, zu erreichen, braucht das Seele-Geist-Wesen mehrere Leben. Wie viele Leben wir dazu benötigen und in welchen Abständen sich die Seele wieder in einen Körper inkarniert und ein Leben aussucht, ist unbekannt, und Zahlen darüber zu nennen, das wäre spekulativ. Als Seelenwanderung bezeichneten die Gnostiker die Reise der Seele durch Äonen (griechisch: *aion:* „Leben, Lebenszeit, Generationen, Weltalter, ferne Zeitalter, Ewigkeit oder zeitlos"), um wieder zu Gott oder zur Einheit zurückzufinden. Am Anfang dieser Reise stand der Seelensturz. Wie in der Bibel beschrieben, lehnten sich die Engel gegen Gott auf und wurden deshalb von ihm verstoßen. Auf der Erde inkarnieren sie sich immer wieder, um sich zu reinigen und zu läutern, damit sie in der nächsten nicht irdischen Stufe freiwillig den Weg zu Gottes Liebe antreten können.

Diese Demut, nämlich die Einsicht in eine Notwendigkeit und damit das Loslassen von eigenen Vorstellungen und Erwartungen, hat die Seele zu lernen. Ich verwende den Begriff der Demut für die freiwillige Hingabe und dafür, mit Gott im Reinen zu sein, was ein Begreifen seiner göttlichen Weitsicht, Weisheit, Liebe und Güte voraussetzt. Dann kann sich der wirklich gläubige Mensch beugen, eben in wahrer Demut, durch Einsicht und Achtung. Der Gegenpol der Demut ist der Hochmut, nämlich zu glauben, das „Ich" bräuchte kein „Du", kein soziales Gefüge und keinen Gott und hätte alles selbst im Griff. Das ist unter Hochmut, einer Art Hybris (Anmaßung) zu verstehen. Das Wort Demut meint nicht Demütigung, denn darunter ist eine Missachtung des Willens einer Person, auch ein gewaltsamer Gehorsam und eine falsche Unterwürfigkeit zu verstehen.

Für viele Menschen ist diese Philosophie und Weltanschauung nicht nur logisch nachvollziehbar, sondern sie erkennen darin auch die Sinnhaftigkeit des Schicksals und fühlen sich nicht mehr als Opfer ihrer Lebensumstände. Somit zielt die Reinkarnationstherapie darauf ab, für das eigene Leben die Verantwortung zu übernehmen.

Gibt es frühere Leben?

Obwohl es viele sehr eindrucksvolle Berichte gibt und ich fast täglich Menschen in frühere Leben führe, ist ein Beweis, dass es frühere Leben wirklich gibt, nicht zu erbringen. Genauso unmöglich ist es zu beweisen, dass es einen Gott gibt. Hier betreten wir den Bereich des Glaubens. Ein Glaube beinhaltet aber immer auch den Zweifel. Die Frage, ob ein Seele-Geist-Wesen immer wieder in einen neuen Körper inkarniert, kann auch für mich nicht endgültig mit Ja beantwortet werden, obwohl ich mich seit über 20 Jahren damit beschäftige und ständig Zeugin des Wissens aus früheren Leben meiner Klienten bin. In der Trance beschreiben diese Situationen, Orte und Begebenheiten oft sehr detailgenau, sodass ich immer wieder staune, wie dieses Erinnern über so viele Jahrtausende möglich ist. Auch das damit verbundene emotionale Durchleben dieser Situationen und die starke Identifikation mit den Bildern aus den früheren Leben ist ein Indiz dafür. Der Sinngehalt der Bilder und der Zusammenhang mit dem heutigen Leben der Klienten und seinen Schwierigkeiten ist für mich auch ein weiterer Hinweis, dass der Klient nicht einfach nur eine blühende Fantasie hat und sich irgendetwas „zusammenspinnt".

Ein interessantes Phänomen war für mich ein Erlebnis mit einer Frau, die in einer Szene, wohl im 18. Jahrhundert, plötzlich anfing, Französisch zu sprechen. Nach der Trance erinnerte sie sich natürlich an ihre Erlebnisse, war sich aber nicht bewusst, dass sie einiges davon in einer fremden Sprache gesprochen hatte. Da sie dabei sehr flüssig Französisch sprach, dachte ich, sie würde diese Sprache exzellent beherrschen. Wie sie mir aber glaubhaft versicherte, hatte sie niemals Französisch gelernt. Dieses Erlebnis blieb für mich mysteriös. Ich lege bei der Führung in frühere Leben nie Wert darauf, besonders genaue Angaben über Orte, ein Datum oder ähnliche evtl. nachprüfbare Informationen von meinen Klienten zu bekommen. In der Reinkarnationstherapie geht es schließlich nicht darum, eine Sammlung aussagekräftigen Materials zu erfragen, um die Reinkarnation zu beweisen, sondern darum, frühere Leben anzuschauen und diese Erfahrungen auf das heutige Leben zu beziehen. Trotzdem sind manche Menschen nach so einer Trance so überzeugt davon, dass sie das genau so erlebt haben und dass es Reinkarnation gibt. Wenn ich auf meine vielen Erfahrungen und auf meine lange Zeit, die ich mit dem Wissen über Reinkarnation zugebracht habe, zurückblicke, dann denke ich mir, wie viele Beweise brauche ich eigentlich noch, bis meine letzten kleinen Zweifel über ein Leben nach dem Tod oder über Reinkarnation ausgeräumt sind.

Woran ich aber keinen Zweifel habe, ist, dass die Reinkarnationstherapie funktioniert und für die Klienten sehr wirkungsvoll ist, denn das ist sowohl durch meine therapeutischen Erfahrungen als auch durch die meiner Kollegen und Kolleginnen belegt und nachprüfbar. Ich habe während meiner Ausbildung und in der Supervision selbst viele Reinkarnationsbilder erlebt und sie haben mich in meiner Selbstanalyse sehr schnell weitergebracht. Mir wird ebenso oft noch nach Jahren von meinen Klienten berichtet, dass sie in bestimmten Lebenslagen immer wieder auf ihre Erlebnisse in der Reinkarnationstherapie zurückgreifen und daraus positive Erfahrungen schöpfen können. Dieses Therapiekonzept, das ich seit über 20 Jahren anwende und optimiert habe, kann daher mit Recht behaupten, eine besonders effektive psychotherapeutische Methode zu sein, die es ermöglicht, innerhalb kürzester Zeit tief liegende Konflikte und Problemlösungen aufzuzeigen. Allerdings würde ich nie behaupten, dass ich genau diese Leben so geführt habe, wie ich das in der Trance gesehen habe.

Es leuchtet jedem ein, dass viele Bilder und Eindrücke, die der Fantasie entstammen, sich mit tatsächlich Erlebtem vermischen können. Woher kommt unsere Fantasie? Wie entsteht sie und worauf ist sie zurückzuführen? Das sind auch Fragen, über die sich die Philosophen aller Epochen viele Gedanken gemacht haben. Es ist jedoch unbestritten, dass die Fantasie eines Menschen ihn in seinem So-Sein widerspiegelt und dem Psychotherapeuten Aufschluss gibt, wie der betreffende Mensch, mit dem er es gerade zu tun hat, denkt, fühlt und welche Wesensmerkmale er zeigt und welche er verschleiert. Selbst wenn also die Bilder alle aus der Fantasie (Vorstellungskraft) des Klienten entspringen und nicht wirkliche Reinkarnationserlebnisse waren, sind sie äußerst wertvoll für ihn. Natürlich sind sie auch wichtig für den Therapeuten, denn dieser begleitet ihn mit seiner Erfahrung, seiner Weitsicht und seinem Verständnis durch die inneren Bilder.

Gehen wir zudem noch davon aus, dass wir vom Anbeginn der Menschheit bis heute mehrere Leben gelebt haben, so können diese Erfahrungen zeitlich und örtlich durcheinandergeraten. Möglicherweise nehmen wir nicht komplett jedes Reinkarnationserlebnis als Speicherung mit in unser heutiges Leben. Vielleicht sind alle diese Leben mit ihren Themen und ihren Einsichten in einem riesigen Pool gespeichert, zu dem wir nur einen begrenzten Zugang haben oder vieles bereits irgendwo gelöscht wurde, weil es nicht mehr wichtig ist, ähnlich wie wir bestimmte Dokumente, die wir auf dem Computer gespeichert haben, in den virtuellen Papierkorb verschieben. Ein weiterer Punkt ist, dass wir uns an Dinge erinnern, die wir irgendwann einmal gelesen oder in einem Film gesehen haben. Jemand kann uns eine Geschichte über sich oder einen anderen Menschen erzählt haben, die uns beeindruckt hat und die nun wieder an Bedeutung für das momentane Thema in der Therapie gewinnt. Es besteht auch die Möglichkeit, dass wir uns in der Trance mit dem Bewusstsein einer anderen Person identifizieren können. Wir könnten dann glauben, dass wir dieses Leben geführt haben und diese Person waren. So hatte ich innerhalb von einer Woche zwei Klientinnen, die während ihrer Bilderreise Maria Magdalena waren, und beide haben Jesus abgöttisch geliebt. Sie waren unendlich traurig über die Menschheit, die den Gottessohn nicht erkannt und ihn so grausam getötet hat.

Wenn wir das alles in Betracht ziehen, so kann aufgrund der Tranceerlebnisse nicht darauf geschlossen werden, dass ein früheres Leben, wie es sich in inneren Bildern zeigt, auch so stattgefunden hat. Beide Klientinnen haben sich mit der Geschichte von Maria Magdalena und ihrem Leid identifiziert, denn es drückte ihre momentane Thematik aus, die sich tiefer gehend bearbeiten ließ. Es kommt häufig vor, dass sich Klienten in einem früheren Leben als König sehen oder Klientinnen sich als Prinzessin oder Kaiserin wahrnehmen.

Ich habe öfter mal verstorbene berühmte Persönlichkeiten wie Cleopatra auf meiner Couch. Dies aber mit „das kann doch nicht sein" abzutun, wäre falsch und würde den Klienten nicht gerecht werden. Bisher machte ich nie die Erfahrung, dass Klienten das Bedürfnis gehabt hätten, sich mit dem Erlebnis, eine wichtige historische Persönlichkeit gewesen zu sein, darstellen zu wollen. Natürlich gibt es Menschen, die ihre Erlebnisse aus einer Reinkarnationssitzung öffentlich machen und die wirklich glauben, dieser oder jener Herrscher gewesen zu sein. Das eignet sich hervorragend, um die Reinkarnationstheorie ins Lächerliche zu ziehen und bringt viele Menschen dazu, sich nicht näher auf die wirkliche Auseinandersetzung einzulassen. Ich beobachte immer wieder, dass es den meisten Menschen eher peinlich ist, sich mit so einer historischen Figur identifiziert zu haben. Dann erkläre ich ihnen, dass sie einen Zugang zum Kollektiven Unbewussten gefunden und sich wohl in das Bewusstsein dieser Person eingeklinkt hätten. Ziehen wir den Vergleich mit einem Computer wieder heran, dann wäre es so, als wenn wir aus dem World Wide Web Informationen über diese berühmte Person bekommen hätten. Es geht bei der Bilderreise nicht darum, ob die historischen Fakten stimmen, sondern nur darum, was dem Klienten über sich selbst bewusst wird. Eine Identifikation mit einer Herrscherpersönlichkeit drückt nichts anderes aus als ein Bedürfnis nach Macht oder Anerkennung und zeigt die unbewussten Egoansprüche.

So manche Klienten, die spontan in ihren inneren Bildern ein Reinkarnationserlebnis hatten, haben sich erst nachträglich mit der Theorie der früheren Leben auseinandergesetzt und beschäftigten sich weiter mit diesem Weltbild und den Geistigen Gesetzen.

In vielen Punkten sind die Gedanken, die der Reinkarnation zugrunde liegen, hilfreicher und ihre Erklärungsmodelle sind wesentlich einleuchtender als die Aussagen der verschiedenen Religionen. Menschen wenden sich zunehmend von den christlichen Kirchen ab, nicht weil sie an gar keinen Gott mehr glauben wollen, sondern weil sie die überlieferten Geschichten für unglaubwürdig und die Moral der Kirche für veraltet halten. Einige sind enttäuscht von Gott, denn sie erwarten von einem liebenden Gott, dass er gerecht ist.

Die christlichen Kirchen tun sich schwer, die göttliche Lehre und Gerechtigkeit dem heutigen Menschen zu vermitteln, wenn sie behaupten, dass der Mensch nur ein Leben hat. Welche Erklärungen haben sie für die Tatsache anzubieten, dass Menschen bereits bei der Geburt unterschiedliche Lebensbedingungen vorfinden und oft keine Chancen zur Veränderung gegeben sind? Die Religionsführer können daher nur auf einen späteren Ausgleich im Paradies verweisen, das Menschen für das entstandene Leid entschädigen soll. Da sie sich außerdem zu sehr an der äußeren Form und dem Bibelwort orientieren, kann die eigentliche Botschaft, die im Symbolgehalt, den Gleichnissen und den Legenden enthalten ist, den Menschen nicht einleuchtend vermittelt werden. Als krasses Beispiel hierfür dient die von konservativen Kirchenvertretern in einigen Ländern der USA geforderte schriftgetreue Wiedergabe der Schöpfungsgeschichte, die heute noch dazu führt, dass Lehrer im Biologieunterricht die wissenschaftlichen Erkenntnisse der Evolution als falsch darstellen müssen oder dieses Wissen gar nicht vermitteln dürfen.

Wenn wir auch diese konservativen Einstellungen bei unseren Priestern normalerweise nicht vorfinden, so sind sie trotzdem noch an veraltete Dogmen der Kirchenkonzile gebunden und können eine moderne Interpretation der Bibel nicht gestatten.

Um glauben zu können, braucht der aufgeklärte Mensch eine Religion mit plausiblen Erklärungsmodellen für die uralten Fragen der Menschheit: Woher komme ich und wohin gehe ich? Dazu gehören natürlich auch Gebote und Werte, nach denen sich Menschen ausrichten können. Sie sollten aber aus der Einsicht gewachsen sein und sich durch die Lebenserfahrung bestätigen. Diese Forderungen, die ich an eine Religion stelle, um stärker glauben zu können, werden mit den Ansichten der christlichen Kirchen nur unzureichend erfüllt. Das Weltbild der Reinkarnationslehre ist für mich keine Religion. Sie ergänzt meinen christlichen Glauben und erklärt mir das, was ich in der katholischen oder evangelischen Lehre vermisst habe.

Als mein Sohn im Jahre 1987 am plötzlichen Kindstod starb, wurde mir vom Pfarrer erklärt, dass eine bei erwachsenen Verstorbenen übliche Totenmesse nicht nötig sei.

Mein Sohn würde, da er getauft war und noch keine Sünden begangen haben konnte, im Himmel aufgenommen sein. Dies war von ihm sicher auch als Trost gemeint und diese Wirkung verspürte ich auch, denn jede Mutter möchte, dass es dem Kind gut geht. Aber sie will in erster Linie ihr Kind aufwachsen sehen, und so war der Schmerz natürlich übermäßig groß. Jahre später erinnerte ich mich an die damalige Aussage des Pfarrers und dachte darüber nach, dass dies auch – obwohl ich will, dass es meinem Sohn gut im Himmel geht – nicht gerecht ist.

Es ist so traurig für uns, wenn ein Kind stirbt, aber es hat die Chance auf einen Platz im Himmel. Ein Mensch aber, der bis zum 80. Lebensjahr lebt, hat viele Möglichkeiten, sich erheblich zu versündigen. Was geschieht mit einem Menschen, der wegen einer Ideologie andere Menschen umbringt? Welche Chancen auf einen guten Platz im Himmel hat er? Ist er überhaupt verantwortlich dafür, dass er diesen extremen Gedanken verfallen ist? Reicht es für ihn aus, wenn er wirklich bereut? Wäre es nicht gerechter, wenn wir begangenes Unrecht in einem späteren Leben ausgleichen könnten? Reicht ein Leben wirklich aus, um Erfahrungen auf vielen Gebieten zu machen?

Die Chancengleichheit ist bei der Geburt nicht gegeben. Ein Mensch wird in Armut geboren, ein anderer kann bereits auf ein reiches Erbe treffen. Ein Kind wird geboren, dessen Mutter es aussetzt, ein anderes Kind wird mit Liebe überschüttet. In einem Krankenhaus können gleichzeitig ein hochbegabtes Kind und ein Kind mit einer geistigen oder körperlichen Behinderung geboren werden. Wir haben nicht nur ungleiche Startbedingungen, sondern Glück und Leid sind in manchen Lebensläufen extrem ungerecht verteilt. Ist das alles wirklich ein Zufall, was wir erleben und erleiden und sollten wir vielleicht gar nicht erwarten, dass die Welt gerecht sein muss? Wer dem zustimmt, braucht sich natürlich auch weiter keine Gedanken zu machen oder sollte eine schlüssige Sicht darstellen, warum es diese Ungerechtigkeit gibt. Diejenigen, die aber in sich spüren, dass hinter all dem, was uns geschieht, ein sinnvoller Plan stehen muss, die werden nicht umhinkommen, sich mit verschiedenen Welterklärungstheorien und Religionen zu beschäftigen.

Ich möchte nun zusammenfassen, was für die Theorie spricht, dass wir immer wieder geboren werden:

1. Wenn wir nach dem Sinn unserer Existenz fragen, werden wir zum Ergebnis kommen, dass es um die innere Entwicklung des Menschen geht. Sie kann nicht in einem Leben erfolgen. Deswegen inkarniert sich das Seele-Geist-Wesen immer wieder in einen fleischlichen Körper mit dem Ziel der schrittweisen Vervollkommnung.

2. Menschen werden mit unterschiedlichen Fähigkeiten und Interessen geboren. Beispielsweise gibt es immer wieder sogenannte Wunderkinder, die erstaunliche Talente auf verschiedenen Gebieten, sei es

Mathematik, Sprachen oder in der Musik, bereits mit in die Wiege gelegt bekommen haben. Diese Hochbegabung ist schon im Kindesalter so ausgeprägt, dass sie bereits eigene Methoden ihres Fachgebietes mitbringen und oft erstaunliche neue Lösungen entwickeln. Wissenschaftlich wird dies mit Genmutationen erklärt, wenn die Eltern diese Begabung nicht vererbt haben. Aber dies ist eine nur auf den Körper bezogene Sichtweise. Was ist aber der ausschlaggebende Punkt, weshalb findet eben da eine Mutation statt? Zufall? Die Seele bedient sich zwar der Gene, die durch begabte Eltern vererbt werden, aber sie hat diese Fähigkeiten bereits als eigenständiges Individuum mitgebracht. Es ist aber nicht selbstverständlich, dass begabte Eltern ein Genie auf die Welt bringen, auch das Gegenteil, ein Niveausturz, ist zu beobachten.

Manche Menschen besitzen von Geburt an bereits eine charismatische Ausstrahlung. Ihre Weisheit und Erfahrung drückt sich in ihrer Aura aus. Religiös ausgedrückt, sind sie begnadet und haben besondere intuitive oder heilerische Fähigkeiten. Sie verfügen bereits in der Kindheit über eine ausgeprägte Persönlichkeit oder besitzen das gewisse Etwas und können andere Menschen begeistern und für sich gewinnen. Jeder Mensch bringt eine unterschiedliche Reife und Weisheit mit, deren besondere Fähigkeiten sich meines Erachtens nur aus der Annahme früherer Leben, in denen diese besonderen Fertigkeiten und Erfahrungen gesammelt wurden, erklären lassen.

3. Wenn der Mensch Gut und Böse unterscheiden lernen, sich selbst erkennen und seine Talente entfalten soll, ist nicht geklärt, warum Babys, Kinder oder junge Menschen mitten aus dem Leben gerissen werden und ihre Aufgaben gar nicht erfüllen konnten. Ihre Entwicklung bleibt ihnen versagt.

4. Die Frage, weshalb das Schicksal die Chancen für ein gutes, erfülltes Leben dem einen Menschen ermöglicht und dem anderen Menschen versagt, dies bleibt, wie der Theologe Paul Tillich (1886–1965) ausdrückt, „das größte und vielleicht quälendste Rätsel des Lebens".

Diese offenen Fragen können uns die Religionen, die dogmatisch die Wiedergeburtslehre abgelehnt haben, nicht erklären.

Religion und Reinkarnation

Wer den Ausdruck Reinkarnation hört, glaubt, dass dies eine nicht mehr ganz so moderne Erscheinung ist, die aus dem indischen Raum mit ihren Religionen wie dem Buddhismus und dem Hinduismus stammt und sich in den 70er-Jahren nach Europa und in die USA ausgebreitet hat. Die wenigsten aber wissen, dass die Reinkarnation ein Bestandteil unserer europäischen Geistesgeschichte ist, die stark von der griechischen und später römischen Kultur geprägt wurde.

Der Gedanke, dass die Seele unsterblich ist und sich immer wieder inkarniert, mag weit zurückreichen bis dahin, wo der Mensch sich Gedanken machte, woher er kommt und wohin er wieder geht und sich seines Seele-Geist-Wesens bewusst wurde. Vermutet wird der Ursprung des Wissens um die Reinkarnation in der chaldäisch-mesopotamischen Kultur, die auch die Wiege der ägyptischen Hochkultur sein soll, oder in verschwundenen oder versunkenen Hochkulturen. Der Einfluss oder der Gedanke der Reinkarnation und ihre verschiedenen Vorstellungen taucht in allen Weltreligionen, in allen Erdteilen und Kulturen auf. Das Weltbild der Reinkarnation findet sich in Griechenland beim Geheimbund der Orphiker, und in der Antike waren der Mathematiker und Philosoph Pythagoras und andere von der Reinkarnation überzeugt. Mit dieser Lehre setzten sich insbesondere Empedokles, Platon und die Neuplatoniker, Porphyr, Jamblichos und Plotin auseinander. Die Vorstellungen Platons (427/428–347/348 v. Chr.) über die Welt, die Seele und die Reinkarnation wurden von den Gnostikern (griechisch *gnosis*: „Erkenntnis"), die ja Christen waren, übernommen. Plotin (um 205–270 n. Chr.) lebte in Rom und war der wichtigste Vertreter des Neuplatonismus und in seiner Zeit war die Reinkarnationslehre weit verbreitet.

Zur Geschichte, zur Beweisbarkeit und der Praxis der Reinkarnationslehre sowie ihrer Bedeutung für die Psychologie und das Weltbild des Christentums hat Dr. phil. Alexander Gosztonyi ein umfassendes Grundlagenwerk geschrieben, das ich Ihnen, liebe Leser, ausdrücklich empfehlen möchte. Sein Buch „Die Welt der Reinkarnationslehre" ist hervorragend recherchiert. Er beschreibt die Abspaltung der ursprünglich durch die Gnostiker – und vor allem durch den großen christlichen Lehrer Origenes – vertretenen Reinkarnationslehre von der späteren christlichen Lehre. Origenes (185–253) hatte das erste große Lehrgebäude der christlichen Dogmen aufgestellt und er verwendete darin auch die Reinkarnation und neuplatonische Elemente. Mithilfe von Christus sollte die Rückkehr zu Gott allen Seelen nach ihrer Reinigung und Erkenntnis gelingen, sodass die Seelen wieder in den ursprünglichen seelischen Zustand finden können. Da er einen gütigen Gott formulierte, der letztendlich alle Sünden vergeben wird, gab es in seiner Lehre keine ewige Höllenstrafe. Die Kirchenväter, bis auf einige Ausnahmen, bekämpften die Gnostiker und verwarfen auch die Reinkarnationslehre. Offiziell wurde die Ablehnung der Seelenwanderung (wie sie auch in umfassenderer Form bezeichnet wird) und der Lehre Origenes' und seiner Anhänger im Konzil von Konstantinopel 552 beschlossen, und ein Jahr später, im fünften ökumenischen Konzil im Mai 553, endgültig besiegelt. Bereits 529 wurden die neuplatonischen Philosophenschulen in Athen geschlossen. Die Schriften von Origenes und die seiner Anhänger bzw. Abtrünnigen wurden weitestgehend verbrannt. Gosztonyi meint in seinem Buch, dass dieses Konzil auch deshalb erwähnenswert sei, weil mit der Verdammung der Lehre Origenes' die Ewigkeit der Höllenstrafe als definierter Glaubenssatz (Dogma) in die christlich-orthodoxe Glaubenslehre Einlass fand. Damit wurden alle Christen zum Glauben daran verpflichtet. Origenes wurde falsches Mitleid vorgeworfen, weil er sagte, die Strafe für böse Geister und gottlose Menschen sei zeitlich und werde nach einer bestimmten Zeit ein Ende nehmen. Im Mittelalter waren es die Katharer (später wurden daraus Ketzer), die das Christentum mit der Reinkarnationslehre verbanden. Sie waren gewaltlos und versuchten, das wahre Christentum auch zu leben. Mit ihrem selbstständigen Denken waren sie den Kirchenvertretern ein Dorn im Auge und die Verfolgung ist seit dem 13. Jahrhundert bekannt.

Diese Zeiten sind – Gott sei Dank – vorbei und wir Christen können heute unseren Glauben mit der Reinkarnationslehre verbinden. Das Weltbild der Reinkarnation und der christliche Glaube ergänzen sich und bei der richtigen Deutung der Symbole und Gleichnisse aus der Bibel ergibt sich kein Widerspruch. Im Gegenteil, es gibt sogar einige Bibelstellen, die noch auf dieses Weltbild mit seinen Geistigen Gesetzen hinweisen. Wenn Sie sich, liebe Leser, damit weiter auseinandersetzen möchten, dann darf ich Sie auf die Bücher von Alexander Gosztonyi verweisen.

Angst, Tod und Wiedergeburt

Es ist zu beobachten, dass der unerschütterliche Glaube an die Wiedergeburt bewirkt, dass Menschen weniger Angst vor dem Tod haben als Menschen, die nicht daran glauben. Sie wissen, dass der Tod nicht endgültig ist und dass nicht die Hölle oder das Fegefeuer auf sie wartet. Das Loslassen im Sterben wird dadurch erleichtert. Auch wenn uns heute längst klar ist, dass diese Bilder Relikte von früheren strengen Kirchenmännern und Klosterschwestern ist, sind die Bilder von der Hölle, bösen Wesen, Teufeln und dem Fegefeuer doch noch in unserer Seele eingebrannt. Bis vor einigen Jahren wurde die Hölle noch von der Kanzel gepredigt und Drohungen sollten dazu führen, ein „gottesfürchtiges" Leben zu führen. Damit wurden erhebliche Ängste geschürt, und die Furcht vor Sünde und der Strafe unterdrückt heute noch die Entscheidungs- und Lebenskraft vieler Menschen, denn man könnte sich falsch entscheiden und Fehler machen. Die Angst vor den Gottesstrafen hat erhebliche seelische Traumen hervorgerufen und ist oft eine der tieferen Ursachen von Neurosen und Psychosen und in der medizinischen Psychiatrie und Psychotherapie hinreichend dokumentiert. Ich habe in meiner Praxis immer wieder Klienten, die unter depressiven Verstimmungen, Ängsten und Zwangsneurosen leiden.

Nina konnte ihre Zwangsgedanken, depressiven Verstimmungen und ihre starken Ängste auf die religiöse Erziehung zurückführen. Für damalige Verhältnisse wurde sie im Elternhaus zwar nicht übertrieben religiös erzogen, regelmäßige und häufige Gottesdienstbesuche waren aber selbstverständlich. In der Kirche und im Religionsunterricht sprach der Priester in seinen Predigten von Sünde, Schuld und ewiger Verdammnis und beeinflusste damit enorm die kindliche Seele. Möglicherweise glaubte dieser Priester selbst daran und hat das mit seiner aggressiven Überzeugungskraft verkündet. An dieser Stelle möchte ich wieder einmal betonen, dass es mir nicht um Schuldzuweisungen an die Kirche geht, sondern um das Aufzeigen der Konflikte, die zu seelischen Problemen führen. Mir ist es wichtig, Dinge von mehreren Seiten zu beleuchten und nicht einseitig zu betrachten. So gibt es Kirchenvertreter und Seelsorger, die sich wirklich sorgen und Menschen helfen, wo immer es geht, und sich für andere Menschen aufopfern. Gute und mitfühlende Menschen, die uns ein positives Gottesbild vermittelt haben, die die Hand eines Sterbenden halten oder ein Leben lang Dienst am Nächsten tun. Auch wenn der damalige Priester und Religionslehrer wohl dafür verantwortlich ist, dass die junge Frau unter solchen Ängsten zu leiden hatte, bin ich mir fast sicher, dass er diese Folgen nicht wollte.

Selbst wenn Menschen sich nicht vor der Strafe nach dem Tod fürchten, sondern unter der Auslöschung ihrer Existenz leiden, ist es wichtig für sie, sich mit dem Tod zu beschäftigen.

Der Hochschulprofessor für Psychiatrie Irvin Yalom, Stanford University, namhafter Autor zahlreicher Bücher, hat mit seinem Buch „Existentielle Psychotherapie" ein wichtiges Grundlagenwerk zum Tod, der Angst und den Verdrängungen des Todes und den daraus resultieren seelischen und körperlichen Krankheiten geschaffen. Darin werden die grundlegenden Tatsachen und Fragen des Lebens zu Freiheit, Isolation, Tod und Lebenssinn in ihrer Bedeutung für den Menschen beschrieben. Irvin D. Yalom ist nicht Bekenner der Reinkarnationslehre oder einer Religion, sondern steht als Wissenschaftler der Philosophie nahe.

In der Psychotherapie werde ich häufig mit Existenzängsten und/ oder den damit verbundenen psychosomatischen Beschwerden konfrontiert und die Imagination mit inneren Bildern und die Reinkarnationstherapie sind wertvolle Methoden, um dem Klienten zu helfen, seine Ängste loszulassen und Vertrauen zu finden.

Die Suizidgedanken und die Suizidgefahr sind bei Menschen geringer, die sich mit der Reinkarnation und den Geistigen Gesetzen auseinandergesetzt haben, als bei Menschen, die nicht religiös sind oder sich in ihrem Glauben von Gott oder der Kirche enttäuscht abgewandt haben. Selbst wenn sich spirituelle Menschen auch nach dem „Ruhe in Frieden" und dem Licht der Liebe sehnen und depressive Stimmungen oder Depressionsmerkmale aufweisen, wissen sie, dass sie sich der Bewältigung ihrer Lebensprobleme nicht entziehen können, denn in einem nächsten Leben würden sie ihre unerlösten Themen verschärft bekommen. Diese Angst davor, dass sie im nächsten Leben noch mehr würden leiden müssen, lässt sie nach Lösungen im Hier und Jetzt suchen. Diese Aussage gilt natürlich nicht für schwer depressive Kranke, die in ärztlicher Behandlung sind oder sein müssen.

Karma, die Gerechtigkeit oder der Ausgleich

Der Begriff „Karma" hat seinen Ursprung im Sanskrit, der Sprache der Veden, aus der frühen indischen Kultur und bedeutet: Tat oder Wirken. Damit bezeichnet es ein geistiges Gesetz oder kosmisches Prinzip von Ursache und Wirkung, das wiederum in allen Religionen und Welterklärungstheorien zu finden ist. Jede Aktion erzeugt eine Reaktion, jede bewusste und unbewusste geistige Haltung hat Folgen. Alles, was wir tun oder unterlassen, hat eine Wirkung. Die Redewendung „Wie du in den Wald hineinrufst, so schallt es zurück" sagt aus, dass jeder das, was er tut, auch im gleichen Maße wieder zurückerhält. Obwohl wir oft beobachten können, dass das schon im aktuellen Leben geschieht, dass Menschen genau das erleben, was sie anderen angetan oder vorgeworfen haben, so muss das nicht unbedingt so sein. Es kann auch erst in einem nächsten oder späteren Leben zur anstehenden Aufgabe werden. Das Schicksal wird also bestimmt von der Ursache, die wir irgendwann gesetzt haben, und deren Wirkung, die auf uns zurückfällt. Leider erkennen wir das selbst nicht, denn was wir immer bedenken müssen, ist, dass uns ja der Großteil unserer Beweggründe, Handlungen und Gefühle gar nicht bewusst ist. Zudem wird unser Verhalten durch die frühen Prägungen und die späteren Vorbilder wesentlich bestimmt. In extremen Fällen kann das in jedem Menschen innewohnende Gewissen und Gefühl Mitmenschen gegenüber so unterdrückt sein, dass es zugunsten der Triebbefriedigung und des Egoismus nicht gehört wird. Es kann dann nicht mehr regulierend eingreifen, um den Handelnden vor einer bösen Tat zu beschützen. Eine Ideologie, die einem Menschen gelehrt wird, kann ihn zum Mörder oder Verbrecher machen. Der Mensch ist nie ganz frei in seiner Bestimmung, sondern determiniert oder begünstigt von seinem Schicksal. Wir können annehmen, dass wir die Basis für das, was uns heute widerfährt, wohl in einem früheren Leben geschaffen haben. Selbst wenn wir nun durch diese Lebensumstände unsere Selbstbestimmtheit ein Stück weit eingebüßt haben, können wir uns täglich entscheiden, dies oder jenes zu tun oder zu lassen oder zu lernen, das anzunehmen, was ist. Je bewusster wir werden, desto wichtiger ist es uns, unsere Seele von alten Lasten zu befreien und Tugenden auszubilden, um unser Leben befriedigender gestalten zu können. Wir wissen dann, wenn wir andere missachten, betrügen, bestehlen, benutzen oder ausnutzen, ihnen unseren Willen aufzwingen oder ihnen Gewalt antun, über sie lästern und sie kleinmachen oder ihnen abschätzig und abwertend begegnen, dass wir dies alles letztendlich uns selbst antun. Unser Handeln hat immer Folgen, mit denen wir irgendwann wieder konfrontiert werden. Dies muss nicht unbedingt von derselben Person und möglicherweise nicht ganz genau in der gleichen Form geschehen, sondern dem Inhalt nach. Wenn wir Menschen liebevoll behandeln, sie achten, Mitgefühl haben und Nachsicht walten lassen, werden wir auch dasselbe Verhalten zurückbekommen. Karma bedeutet also, das zu ernten, was wir irgendwann einmal bewusst, aber meistens unbewusst gesät haben. Karma ist also das Gesetz des Ausgleichs und im höchsten Maße gerecht. Damit ist der Mensch sowohl Schöpfer als auch Opfer oder Überwinder seines Schicksals. Er ist Schöpfer, wenn er immer mehr Bewusstheit über sein Unbewusstes erlangt hat, und kann sein Schicksal meistern. Die unbewussten Verkettungen aber machen ihn zum Opfer.

Das Gesetz der Ursache und Wirkung fordert damit die Übernahme der Verantwortung für alles, was uns geschieht. Dies ist natürlich schwer zu begreifen, sind wir doch daran gewöhnt, die Schuld auf andere Menschen, auf die Gesellschaft, auf Gott oder das böse Schicksal zu schieben. Es ist sehr wichtig, an dieser Stelle ausdrücklich zu betonen, dass das Gesetz des Karmas keine Bestrafung für Sünden und Schuld darstellt, sondern es zielt darauf ab, dass wir einem ähnlichen Problem begegnet sind, um es zu durchleben und zu erfühlen, damit wir daraus eine Erkenntnis gewinnen. Schuld und Sünde sind Begriffe und ein Machtmittel von Religionen, mit denen sie ihre eigene Moral in Verboten und Geboten unter Strafandrohung dem Menschen vermittelt haben. Viele dieser kirchlichen Gebote, Verbote und Tugenden sind für ein friedliches Miteinander ethisch richtig, aber so einiges bedarf der Reform. Unter Karma verstehen wir also nicht die Bestrafung für eine böse Tat oder für eine Schuld, die wir uns aufgeladen haben. Ebenso besteht auch nicht die Sühne für besonders verwerfliche Taten darin, wieder in eine Tierseele zurückinkarnieren zu müssen, wie dies früher angenommen wurde oder noch in Teilen der indischen Bevölkerung geglaubt wird.

Karma bedeutet, dass die Seele angetreten ist, um zu lernen, und sie bekommt vom Schicksal, vergleichbar mit einem weisen Lehrer, ihre Aufgaben zugewiesen. Was wir lernen möchten, haben wir uns letztendlich selbst kreiert, das heißt, in Wirklichkeit steht es bereits bei der Geburt fest. Einen Teil haben wir als unser Päckchen oder Paket zur Lösung mitgebracht, einen anderen Teil häufen wir uns möglicherweise als Karma im Laufe unseres Lebens wieder an. Deshalb verwickelt sich unsere Seele zu Beginn oder während ihres Erdendaseins mit den Eltern, den Geschwistern und nahestehenden Personen. Sie treten uns dann mit unserer gewählten Lernaufgabe entgegen, indem sie uns den zu lösenden Schatten spiegeln.

Das Weltbild der Reinkarnation und das Wissen um das Gesetz von Ursache und Wirkung, das Karmagesetz, erfüllt meines Erachtens die Aufgaben, die wir auch an eine Religion stellen, nämlich uns Werte und Gebote im Zusammenleben zu vermitteln und uns den Sinn unseres Daseins und Lebens plausibel erklären zu können. Sie enthält die Hoffnung, einmal in einer Welt der Gerechtigkeit, Rücksichtnahme, Achtung und Liebe zu leben, die Macht, Gier, Hass und Aggression überwunden hat. Wir haben aber heute schon die Möglichkeit, bei uns selbst anzufangen. Durch die Auseinandersetzung mit unserem Schicksal können wir immer mehr das, was uns geschieht, verstehen, wir werden nach und nach rücksichtsvoller und bekommen mehr Verständnis für uns und andere Menschen. Damit werden wir auch weniger leidvolle Ausgleichszwänge produzieren müssen, die uns den Weg zur Liebe weisen. Können wir uns selbst, mit all unserem So-Sein annehmen und andere Menschen auch so lassen, wie sie sind, dann sind wir bereits ein gutes Stück vorangekommen auf dem Weg zur Liebe.

Die Liebe und damit die Lebensbejahung ist ganz wichtig für unsere Zufriedenheit. Ja zu sagen und das Einverstandensein mit dem, was uns geschehen ist, ist der Schritt, um endgültig vom Problem loslassen zu können.

Die Imagination früherer Leben

Die Imagination eines früheren Lebens ist ein tiefenpsychologisches Verfahren und Konzept, das im Durcharbeiten von inneren Bildern früherer Leben, Fantasien und Symbolbildern sowohl konfliktlösend als auch emotional befreiend wirkt. Von therapeutischer Bedeutung ist, dass die damalige Konflikt- oder Lebenslage sich dem Inhalt nach identisch mit der aktuellen Situation zeigt. Das wird auch vom Klienten emotional so empfunden und durchlebt. Dazwischen oder danach erfolgt immer wieder eine gewisse Selbstdistanzierung, in der aus einer erweiternden Perspektive heraus eine andere Sichtweise möglich ist. Es ist so, als ob sich ein Fenster zum „Höheren Selbst" öffnet und dem Klienten werden Einsichten und Lösung für seine aktuellen Probleme gezeigt oder vermittelt. Diese können dann in einer nachfolgenden Sitzung mit der Imagination innerer Bilder oder früherer Situationen ausprobiert werden, um die neu gefundene Haltung weiter zu klären oder sie zu vertiefen und das in der Seele zu verankern.

Jeder Mensch besitzt die Fähigkeit, innere Bilder zu bekommen oder frühere Leben zu imaginieren. Das Eintauchen in die innere Bilderwelt geschieht über eine Entspannungseinleitung mit dem Atem. Die inneren Bilder werden erlebt und ausgesprochen, so wie dies im beschriebenen Katathymen Bilderleben auch geschieht. Durch eine offene Fragetechnik des Therapeuten wird der Fluss der inneren Bilder in Gang gehalten und durch einfühlsames Hinführen wird die Essenz des Erlebten herausgearbeitet. Ein Bewusstseins- oder Kontrollverlust ist dabei zu keinem Zeitpunkt gegeben. Das Wiedererinnern und Durchleben setzt ja das bewusste Wahrnehmen der inneren Bilder oder Gedanken voraus.

Diese sensible und im höchsten Maße verantwortungsvolle Arbeit sollte nicht von Lebensberatern oder Therapeuten mit falsch verstandenem esoterischen Hintergrund durchgeführt werden. Es ist wenig hilfreich für den Klienten, wenn beispielsweise in einem Gespräch der Berater das aktuelle Problem in einem früheren Leben sieht. Mag sein, dass der Hilfesuchende zunächst eine Erklärung für sein momentanes Leid oder für seine Schwierigkeiten bekommt. Seine Situation wird sich dadurch nicht verbessern, weil er nicht selbst die Hintergründe für die damaligen Geschehnisse erkannt hat. Nur die Probleme im heutigen Leben auf die Schuld in einem früheren Leben zu schieben, ist nicht lösend. Der wirkliche Bezug zu seinem höchst individuellen Thema und die Lösung müssen herausgearbeitet und vom Klienten selbst gefunden und durchlebt werden. Ein Therapeut, der tiefenpsychologisch gebildet ist und die Gefühle auch angemessen begleiten kann, ist geeignet dafür.

In einer Zeit, in der Karmaheilung und Informationen über frühere Leben bereits im Internet angeboten werden, sollte der Hilfesuchende kritisch sein. Einige Berater oder geistige Heiler bezeichnen sich als Medium, die dem Ratsuchenden ungelöste karmische Verstrickungen für ihre heutigen Konflikte mitteilen, die sie von ihrer „höheren Führung" vermittelt bekommen haben. Diese Aussagen haben wenig Wert und machen wenig Sinn, weil man dieser Person glauben kann oder nicht.

Einige Menschen besitzen die Gabe der intuitiven Wahrnehmung und oft stimmen sogar Fakten aus der Vergangenheit des jetzigen Lebens, das dem Hilfesuchenden von einem Medium mitgeteilt wird. Aussagen aber über die Zukunft eines Menschen, sind immer kritisch zu sehen und der verantwortungsbewusste Helfer wird sich damit sehr stark zurücknehmen, da er weiß, wie beeinflussend diese Aussagen sind.

Karma? Oder: Ich habe die Liebe nicht verdient

Angelika kam in meine Praxis und litt unter einem Burn-out-Syndrom (sich ausgebrannt fühlen). Sie klagte über eine innere Leere, Erschöpfung, erhöhte Reizbarkeit und Deprimiertheit. Dabei erklärte sie mir, dass diese Stimmungen überhaupt nicht zu ihr passen würden, denn sie sei eigentlich wie ein Stehaufmännchen und lasse sich nicht unterkriegen. Sie wirkte auf mich sehr selbstständig und ein wenig burschikos. Angelika erzählte, dass äußerlich eigentlich alles in Ordnung sei. Mit ihrem Geschäft und mit ihren Angestellten gebe es keine Probleme. Ihre Kinder befänden sich bereits in Berufsausbildung und gingen ihre eigenen Wege. Jetzt könne sie sich endlich mal mehr Zeit für sich nehmen, aber sie habe in ihrer Freizeit zu nichts Lust und fühle sich träge und müde. So wäre sie nie gewesen.

Angelika wurde vor 10 Jahren von ihrem Mann geschieden. Damals halfen ihre Eltern bei der Erziehung ihrer Kinder mit, und zu ihnen hat sie einen guten Kontakt. Aus Angelikas Lebensgeschichte erfuhr ich, dass sie, obwohl sie sehr kontaktfreudig ist und auch mit Freundinnen ausging, keine längere Beziehung zu einem Mann aufbauen konnte. Sie erklärte mir, dass sie als sogenannter Kumpeltyp gesehen werde und dies auch gerne sei.

In den ersten Sitzungen mit inneren Bildern kamen Situationen, in denen sie sich von der Mutter alleingelassen und einsam fühlte. Ihrem Vater half sie gerne bei Stallarbeiten in der elterlichen Landwirtschaft. Sie war Vaters Liebling, und dies genoss sie auch, nachdem die Mutter sich mehr den beiden anderen Schwestern zugewandt hatte. „Mit meiner Mutter möchte ich mich gar nicht auseinandersetzen", sagte sie mir im anschließenden Gespräch. Sie sei froh, als Erwachsene so einigermaßen gut mit ihr auszukommen. Früher gab es häufig Streit, wenn die Mutter sie kritisierte, denn sie konnte ihr nichts recht machen und fühlte sich von ihr abgelehnt. Das Verhältnis der Eltern zueinander war nie herzlich, sondern eher eine Wohngemeinschaft statt Beziehung gewesen. Angelika erlebte in der Trance, wie der Vater von der Mutter enttäuscht wurde, da sich diese einem anderen Mann zugewandt hatte. Die Klientin, damals erst 6 Jahre alt, verurteilte unbewusst das Verhalten der Mutter und solidarisierte sich mit dem Vater. Angelika spürte ihre Wut auf die Mutter und anschließend konnte sie auch die unterdrückten Gefühle im Zusammenhang mit ihrer Ehe ausdrücken, die wegen wiederholten Betrugs ihres Mannes gescheitert war. Jahrelang hatte Angelika ihre Enttäuschung immer wieder unterdrückt. In den Sitzungen konnte sie ihre Traurigkeit und Wut zulassen und sie fühlte sich von einigen Lasten befreit. Sie spürte wieder ihre Freude und Lebendigkeit. Das Verhältnis zu ihrer Mutter blieb oberflächlich gut. Sie sah die Situation nun aus der Erwachsenenperspektive und meinte, sie hätte der Mutter verziehen, denn diese hätte die Familie ja nicht verlassen.

Nach fast einem Jahr bat Angelika um einen Termin. Sie erklärte mir, dass sie sich verliebt habe, der Mann allerdings sei noch verheiratet und wohne auch fast 300 Kilometer von ihr entfernt. Wegen der Entfernung sähen sie sich selten, aber er sei ihr Seelenpartner. Nach seinem letzten Besuch habe sie aber den Eindruck, dass er nicht so tief empfinden würde wie sie. Es wäre wunderschön, wenn sie zusammen seien und er würde ihre Liebe sehr genießen. Dann wieder spüre sie aber immer mal wieder seine innere Distanz. Sie glaubte, er hätte Angst vor ihrer Liebe. Mit seiner Frau hätte er sich auseinandergelebt und ihn würden nur noch die gemeinsamen Kinder mit ihr verbinden. Über eine gemeinsame Zukunft wurde in diesem Stadium der Beziehung noch nicht gesprochen. Es gehe ihr ja gut und sie wolle den Augenblick leben. Trotzdem grüble sie, warum sie sich in einen Mann verliebt hatte, bei dem sie sowohl seine innere Distanz spürte und auch die äußere Entfernung ihr Glück mit ihm erschwerte. Angelika berichtete, sie sei noch nie so verliebt gewesen, wie sie das jetzt erlebe.

Nachdem Angelika schon Therapieerfahrung mit inneren Bildern hatte und sich in den letzten Jahren auch mit Esoterik beschäftigt hatte, war sie von der Reinkarnation überzeugt. Nachfolgend beschreibe ich auszugsweise diese Sitzung:

Nach der Entspannungseinleitung über den Atem gebe ich Angelika die Suggestion: „Geh durch die Schleier der Zeit in ein früheres Leben, wo du deinem momentanen tieferen Problem begegnest."

Angelika (A): „Ich sehe ein Zimmer, es ist schön eingerichtet. Ich sitze auf dem Bett und sehe einen Mann vor einem Bett stehen. Er sieht aus wie mein jetziger Freund Bernd. Er schaut traurig. Ich habe ihn verletzt. Er ist total leidend und kann es nicht verstehen, was ich ihm gerade gesagt habe. Ich verweigere die Liebe, ich will seine Liebe nicht. Ich sehe mich sehr dominant. Ich kann nichts anfangen mit ihm, mit seinen Liebesschwüren. Er steht klein vor mir."

Therapeutin/Intervention (Th): „Was spürst du?"

A: „Dominanz, totale Dominanz."

Th: „Was bedeutet dir dieser Mann?"
A: „Ich kann momentan für ihn nichts fühlen, nur etwas Mitleid. Er ist hilflos. Er nimmt mich trotzdem in den Arm, aber ich schiebe ihn weg, ich kann nichts zulassen."
Th: „Was hindert dich, die Liebe zuzulassen?"
A *spontan:* „Dann bin ich ausgeliefert, dann bin ich schwach. Ich sehe seine Hände, die er mir reichen möchte, aber ich lass' es nicht zu. Ich verachte die Liebe. Das ist Schwäche. Ich verachte die Schwäche, Liebe macht schwach und bedingungslos. Er ist schwach. Ich sehe mich als Frau, die keine Liebe spüren kann. Ich empfinde sie nicht. Ich verstehe nicht, was er will, verstehe seine Liebe nicht, denn ich kann ja nichts verstehen, was ich nicht spüre."
Th: „Was geschieht weiter?"
A: „Er steht noch traurig vor mir und schaut mich bittend an. Ich kann und will ihn nicht. Ich habe Angst, dass die Liebe verletzt, dass ich ihm meine Liebe geben könnte und dass er sich dann zurückzieht und mich missachtet. Ich kann ihm nicht vertrauen.

Ich sehe Bernd jetzt in diesem Leben, wir sitzen zusammen in meinem Zimmer, das war vor ein paar Wochen. Irgendwie wartet er jetzt auch, dass etwas von mir kommt. Ich sehe mich jetzt auch. Er streckt mir wieder die Hände entgegen und lächelt mich an. Er hat ein großes Herz. Ich nehme seine Hände, aber ich habe Angst. Ich spüre die Distanz zwischen uns, obwohl es gerade sehr schön war."
Th: „Spüre noch mal diesen schönen Moment zwischen euch."
A: „Ich spüre, dass ich ihn liebe. Aber ich habe Angst, dass er sich zurückzieht, denn ich habe ihn schon einmal verletzt. Er hat auch Angst vor mir, dass er wieder verletzt wird, und deswegen will er sich lieber zurückziehen. Ich liebe ihn. Jetzt sage ich zu ihm: ‚Zieh dich nicht zurück. Ich will dir jetzt meine Liebe geben.' Ich erkenne, dass ich ihn jetzt mit meiner Liebe heilen muss.

Deswegen sind wir jetzt zusammen in diesem Leben. Jetzt kann ich es wiedergutmachen. Ich sage zu ihm: ‚Komm zu mir. Es tut mir leid, ich will dir jetzt meine Liebe geben. Mach dein Herz wieder auf.' Ich habe ihn verachtet, weil er sich damals so klein vor mir gemacht hat. Jetzt spüre ich, wie schön es ist zu lieben. Ich kann den Frieden fühlen."

Th: „Gut, bleib in diesem Gefühl. Was geschieht jetzt weiter zwischen euch?"

A: „Er streichelt mich und jetzt zieht er sich zurück. Jetzt ist die Angst wieder da."

Th: „Lass diese Angst zu, woher kennst du sie?"

A *spontan:* „Ich habe es nicht verdient, geliebt zu werden."

Th: „Wiederhole diesen Satz und spüre ihn. Was erlebst du dabei?"

A: „Ich sehe meine Mutter in der Küche. Sie übersieht mich. Ich bin ihr gleichgültig. Sehe mich als kleines Mädchen, dreh' mich weg von ihr. Sie ist mir auch egal.

Jetzt sehe ich wieder den Bernd, habe ein schlechtes Gewissen."

Th: „Schau dir an, wie das im Zusammenhang steht."

A: „Sehe meine Mama, ich kann auch nichts empfinden. Es ist das Gleiche. Jetzt sehe ich sie überdimensional groß, wie eine Matrone, die mich erdrückt. Das macht mir Angst. Ich spüre, dass sie viele Gefühle unterdrückt hat. Sie machen mir Angst und ich will das nicht spüren. Ich bräuchte ihre Anerkennung, dass ich ihr Kind bin. Dass sie mich liebevoll in den Arm nimmt."

Th: „Stell dir das vor."

A: „Ja, das kann ich und das ist schön."

Mit diesem Bild wurde die Sitzung beendet. Die Klientin erkannte in der Nachbesprechung, dass sie nicht ihren Freund heilen muss, sondern ihre Beziehung zu ihrer Mutter.

Fünfte Stufe: Befreiung aus unbewussten Verstrickungen

Den Therapieausschnitt einer Reinkarnationssitzung mit Angelika habe ich deswegen ausgewählt, weil er deutlich macht, wie schnell und effektiv damit die seelischen Hintergründe von Problemen und deren Bedeutung für unser Leben aufgedeckt werden können.

Der Sinn der Beziehung zwischen Angelika und Bernd besteht nicht darin, dass Angelika jetzt durch die bestehende Distanz sühnt für ihr damaliges Nicht-lieben-Können. Sie muss dies weder aushalten noch muss sie ihn mit ihrer Liebe heilen. Das wäre der Karmagedanke, wie er einem Buch oder einem Kinofilm mit Happy End als Vorlage dienen könnte. Würde an so einem Punkt eine Reinkarnationssitzung beendet werden, weil man glaubt, den Sinn der Beziehung gefunden zu haben, würde man der Klientin wahrscheinlich keinen großen Gefallen tun. Denn Liebe mit der Wiedergutmachung einer alten karmischen Schuld zu verbinden, ist nach meiner Ansicht kein guter Weg für eine gleichberechtigte Beziehung, und die von Angelika gespürte innerliche Distanz könnte damit nicht überwunden werden. Die Folge wäre eine weitere oder stärkere Annäherung ihrerseits mit dem wahrscheinlichen Ergebnis eines Rückzugs seinerseits. Wichtig war die Herausarbeitung, warum die Klientin glaubte, Liebe nicht verdient zu haben. Denn wenn dieses Thema ungelöst bleibt, besteht Grund zur Annahme, dass in der neuen Partnerschaft dieses Programm: „Liebe habe ich nicht verdient", immer wieder zum Vorschein kommt. Deswegen war es wichtig, dass der Klientin die Projektion ihres Mutterthemas auf den neuen Freund bewusst wurde.

Sich wirklich auf die Liebe einzulassen, gelingt erst dann, wenn die Ablehnung und die tieferen Gründe, die zur Ablehnung führten, sich in weiteren Sitzungen offenbaren können und herausgearbeitet werden. Dies ist in den nachfolgenden Sitzungen geschehen.

Die Klientin erkannte und durchlebte, dass sie Schuldgefühle der Mutter übernommen hatte und in Machtkämpfen mit ihr verstrickt war.

Liebe und Macht

Die Themen Liebe und Macht sind die zentralen Themen einer Therapie. Wir können darüber sprechen und in zahlreichen guten Büchern viel über die Bedeutung der Liebe, ihre Formen und die damit verbundenen Vorstellungen des Menschen lesen. Ich möchte mich an dieser Stelle nur auf das momentane Gefühlserlebnis der Liebe beschränken und es beschreiben. Wenn wir Liebe spüren, strömt ein warmes Gefühl aus uns, es macht uns weit und öffnet sozusagen unser Herz. Wir lassen das geliebte Wesen zu uns herein. Der Wunsch, sich der Liebe hinzugeben und sie zu verströmen, erfüllt uns, wenn das Ego und die Macht nicht mehr wichtig sind, sondern das Aufgehen im Augenblick der Liebe geschieht. Ein Sich-Wohlfühlen, ein Geborgensein, ein völliges Angenommensein, ein Glücksgefühl, eine Freude, ein Eins-Sein und Frieden, all das können wir dabei erleben. Natürlich wird das unterschiedlich intensiv und mit individueller Gewichtung der einzelnen beschriebenen Gefühlsbereiche gespürt, je nachdem, ob es sich dabei um die Liebe zwischen Mann und Frau, der Liebe im Einheitsgefühl des inneren Lichtes und der göttlichen Liebe, der Liebe zum Kind, der Liebe zu den Eltern oder zu sonstigen Menschen und Tieren handelt. Wie wir Liebesgefühle empfinden können, hängt wesentlich davon ab, ob unsere Gedanken diese Wahrnehmung verhindern und/oder ob wir durch seelische Verletzungen eine Distanz zu unseren Gefühlen aufgebaut haben.

Nach meiner persönlichen Gefühlserfahrung und den emotionalen Erlebnissen mit Liebe und Macht, an denen ich in der Therapie bei meinen Klienten teilhaben durfte, konnte ich erkennen, dass sich das Gefühl der Macht ähnlich anfühlt, zumindest ist es begleitet von ähnlichen Gefühlen, wie wir sie erleben, wenn wir Liebe bekommen. Fühlt sich jemand ganz in seiner Macht, ist er etwas Besonderes (ähnlich dem, wenn wir spüren, dass wir geliebt werden). Er ist herausgehoben und erlebt ein Gefühl der Erhabenheit, er hat etwas erreicht, er kann sich annehmen, er ist der Sieger, er ist der Größte. „Wow", das Ego ist am Höhepunkt. Das ist eine große Freude. Aber die Macht fühlt sich im Unterschied zur Liebe abgegrenzt an und bleibt auf sich bezogen. So ist das Machtstreben natürlich auch ein Ersatz für fehlende Liebe, insbesondere der Eigenliebe. Liebe und Macht, nach beidem strebt der Mensch, aber beides macht auch Angst. Die Macht kann uns wieder streitig gemacht werden und die Liebe beinhaltet bereits die Angst, sie wieder zu verlieren. Wissen wir doch, dass wir nichts festhalten können und wir auch nie bedingungslos und dauerhaft zu lieben imstande sind. Dies würde die totale Zurücknahme des Egos verlangen, was vielleicht nur den „Heiligen" oder einigen wenigen sehr weisen „spirituellen Lehrern" gelingen mag. Das wäre, konsequent zu Ende gedacht, als Erlösung unseres Menschseins anzusehen, und damit wäre möglicherweise auch der Sinn unseres Erdendaseins erfüllt. Deswegen braucht die Liebe den Gegenpol – das Ich oder das Ego und die Macht – als Spannung, die Leben ausmacht und uns Lebendigkeit spüren lässt.

Das Streben nach der Macht ist der Motor, der uns treibt, im Leben Großes zu vollbringen, etwas für uns oder für die Menschheit zu leisten und natürlich auch Gutes zu tun. Hinter der Macht steht also letztendlich immer der Wunsch nach Bewunderung, Wertschätzung, Anerkennung und Liebe. Werden diese Gefühlsattribute nicht ausreichend gewürdigt oder erscheinen sie dem Betreffenden als zu gering, wird der Mensch leicht zum Getriebenen und Erfolgssüchtigen. Es können sich überhebliche, arrogante, egoistische, egozentrische Züge entwickeln. Der Betreffende wird andere Menschen kontrollieren wollen und sie für die eigenen Zwecke missbrauchen. In der extremeren Form führt dies zu einer narzisstischen Persönlichkeitsstörung (Selbstverliebtheit) mit der Folge, dass es diesen Personen an Einfühlungsvermögen, Mitgefühl und Verantwortungsgefühl für andere Menschen mangelt. Sie haben sich im Machtstreben, in Machtkämpfen, in der Beherrschung der Macht und ihrer Überschätzung der eigenen Wichtigkeit verloren und finden sich erst wieder, wenn sie vor sich selbst oder der Gesellschaft gescheitert sind. Manchmal zwingt eine seelische Leere, ein Schicksalsschlag oder eine Krankheit zur Rückbesinnung auf sich selbst und zu der Änderung des Wertebewusstseins. Im therapeutischen Geschehen wird diesen

Menschen meist ihr Mangel an Liebe und Eigenliebe bewusst, die oft in einem stark leistungsorientierten Elternhaus mit wenig Akzeptanz der eigentlichen Bedürfnisse des Kindes geprägt wurde. Kann der Klient dieser elterlichen Haltung ein inneres Verstehen entgegensetzen und sich in seinem Wesen erkennen, wird er zur Liebe finden.

Menschen, die die nötige Anerkennung oder Wertschätzung im Beruf oder in der Partnerschaft nicht bekommen, fühlen sich zunehmend klein und minderwertig. Sie hegen einen Groll gegen erfolgreiche Menschen. Entweder sie ziehen sich zurück und leiden unter zunehmender Unzufriedenheit bis hin zur depressiven Verstimmung oder sie versuchen sich im Beruf und in der Partnerschaft dadurch zu erhöhen, dass sie andere abwerten oder ihnen vorschreiben möchten, was sie zu tun oder zu lassen haben. Dies ist ein beliebtes Spiel in der Partnerschaft, das natürlich nicht bewusst gespielt wird.

Liebe, Macht und Partnerschaft

Wir fühlen uns sicherer in der Beziehung, wenn unser Partner gleich stark oder gleich schwach ist. Dann sitzen wir im selben Boot. Wenn ein starker Partner, einem schwächeren Partner helfen möchte, um ihn genauso stark und erfolgreich zu sehen, wie er sich fühlt, wäre dies sicher ein guter Weg, der auch funktionieren kann, wenn der Partner dies mit der nötigen Wertschätzung der Fähigkeiten des „schwachen" Partners tut und ihn in der Entwicklung seiner Persönlichkeit und Annahme seines So-Seins fördert.

Tut er dies aber, um ihn nach seinen eigenen Vorstellungen zu formen, wird er zwangsläufig scheitern, denn dann wird der „schwache" Partner sich den „gut gemeinten" Vorschlägen widersetzen und seine „starke" Seite in der Verweigerung zum Ausdruck bringen. Das Respektieren des Anders-Seins des Partners und die Wertschätzung wären also der richtige Weg, der zu einer für beide Seiten erfüllenden dauerhaften Beziehung führt.

Selbst wenn wir für unseren Partner nur das Beste möchten und ihm wirklich zur freien Entfaltung seiner Persönlichkeit die nötige Unterstützung geben, kann uns dies nicht gelingen, wenn der Partner das nicht annehmen oder zulassen kann. Statt sich enttäuscht zurückzuziehen und dies als Boykott aufzufassen, wäre es wichtig, verstehen zu lernen, wo die frühkindlichen Verletzungen des Partners liegen. Dies kann im partnerschaftlichen Gespräch erfolgen, wenn offen über die Gefühle gesprochen wird. Eine therapeutische Begleitung kann hier sehr hilfreich sein, um familiäre, die Partnerschaft belastende Ereignisse und Verstrickungen zu lösen.

Der Hauptgrund für Beziehungsstörungen ist, dass wir die eigene Wertlosigkeit, Unzufriedenheit und unsere Schuldgefühle nach außen kehren und dem Partner überstülpen. Dabei verletzen wir ihn. Wann immer wir unseren Partner abwerten, machen wir ihn klein und holen ihn damit auf unsere Ebene. Wenn wir dem Partner Vorwürfe machen, ist dies der Versuch, vom eigenen schlechten Gewissen oder eigenen Fehlern abzulenken, und wir verlagern den eigenen Schulddruck und die Versagensängste auf den Partner, denn das entlastet uns. Wenn wir einen Streit vom Zaun brechen, verschaffen wir uns auf diese Weise Luft und lösen unsere unterdrückten aufgestauten Aggressionen.

Die Liebe verwickelt uns in die Auseinandersetzung vielfältiger Probleme und Schwierigkeiten, damit wir unter anderem unsere Kontroll-, Sicherheits- oder Machtbedürfnisse erkennen. Wenn wir wissen, dass hinter all dem Ängste stehen, wird die Beziehung befreit von zermürbenden und verletzenden Machtspielen.

Wer also liebt, wird mit der Angst vor dem Verlust der Liebe bzw. des Partners zu leben haben. Das ist eine Tatsache, die wir uns immer wieder vor Augen halten sollten. Je besser wir aber unser Selbstwertgefühl entwickeln und je offener wir in unserer Partnerschaft Probleme ansprechen und uns gegenseitig anvertrauen, desto mehr werden wir in unserer Beziehung zusammen wachsen und können eine wirklich gute Beziehung führen.

Die Ängste sind bei Menschen unterschiedlich ausgeprägt und hängen sowohl von den nicht bewältigten Verlusterfahrungen als auch vom Temperament und den mitgebrachten Lebensaufgaben ab. Ein Sanguiniker, ein Mensch, der das Leben leichter nimmt, sich in seinen Gefühlen nicht so stark bindet und nicht so tief empfinden will, kann oder braucht, wird vielleicht weniger leiden als ein melancholisch Veranlagter mit seiner Gefühlstiefe und seinem Bedürfnis nach seelischer Verschmelzung.

Macht über den Partner oder unsere soziale Umgebung gewinnen zu wollen, stellt das Sicherheitsbedürfnis nur vorübergehend zufrieden. Spätestens beim Erreichen der Macht und dem Gefühl der Überlegenheit empfinden wir das dann auch als Distanz und stehen im Extremfall einsam an der Spitze, um uns dann nach der Liebe zu sehnen. Das Gleiche gilt, weil wir in der Machtposition mit der Angst leben, die Macht wieder verlieren zu können, da es immer Menschen gibt, die sie uns streitig machen wollen. Zu diesen inneren Einsichten gelangen Menschen im Rollenspiel der Reinkarnationstherapie. Sie erleben sich als mächtige Herrscher, aber sie können ihre Macht nicht lange genießen. In inneren Bildern und Geschichten erleben sie wie in einem Zeitraffer, dass es schnell langweilig wird, wenn sie alles haben können, was sie möchten, und Menschen ihnen dienen, statt gleichberechtigt neben ihnen zu stehen. Sie fühlen sich alleine und sehnen sich nach einem Wesen, das sie liebt und sie versteht.

Im Rollenspiel eines Herrschers erleben die Klienten auch, dass sie ihre gewonnene Position nicht festhalten können. Sie erleben Intrigen aus der Familie, dem Umfeld oder von anderen Herrschern, die sie angreifen und stürzen möchten. Der Klient lernt auch in der Trance mit inneren Bildern, sich mit der Herrscherrolle zu identifizieren, um die Ängste eines Mächtigen kennenzulernen. Er kommt beispielsweise in Kontakt mit der hohen Verantwortung für Menschen, die ein Staatsmann hat oder haben sollte, und den Fallstricken und Grenzen der Macht. Er erkennt sich selbst mit seinen Themen und Gefühlen, die sich über die Fantasien im Zusammenhang mit Dominanz, Macht, Härte, Durchsetzung, Ohnmacht, Unterwürfigkeit und Mitleid ausdrücken. Das Erfahren der Führungsqualitäten und sozialen Fähigkeiten löst vorhandene Spannungen und klärt die Position und Rolle im beruflichen und privaten Beziehungsalltag.

Durch meine therapeutische Tätigkeit und in der Beobachtung von Menschen erlebe ich immer wieder, wie bereits das Wort Macht bei vielen Menschen eine Abwehr hervorruft. Es erzeugt Angst, denn es ist mit Machtmissbrauch besetzt. Deswegen leugnen sie, dass sie auch gerne Macht hätten, denn sie wollen ja „gut" bleiben. Jeder Mensch hat Machtbedürfnisse, aber viele erkennen diese nicht und leben deswegen in der Ohnmacht. Je mehr wir die Gedanken und Wünsche nach Macht und Dominanz verdrängen, desto mehr werden sie uns über den Spiegel in der Elternbeziehung, als erste Machtinstanz, oder in der Beziehung zu Lehrern, Vorgesetzten, sonstigen Autoritäten oder über die Ohnmacht in der Partnerschaft und Kindererziehung gezeigt.

Unsere Aufgabe ist nicht, die Macht zu vermeiden, sondern zu lernen, mit ihr so umzugehen, dass wir dies vor unserem Gewissen verantworten können. Der Machttrieb ist die notwendige Voraussetzung für die Durchsetzung des Lebens. Ohne Menschen mit einem ausgeprägten Willen zur Macht hätte sich die Menschheit nicht weiterentwickelt. Ein soziales und politisch geordnetes Leben, Höchstleistungen in der Wissenschaft, in der Kultur und im Sport wären nicht möglich und sind ohne Macht und Führungswillen schwer vorstellbar.

Abgesehen von den Handlungen, die auf den unmittelbaren Lebenserhalt ausgerichtet sind, verbirgt sich hinter jedem zusätzlichen Handeln ein Streben nach Macht und/oder ein Bedürfnis nach Anerkennung und Liebe. Sie können diese Aussagen sehr leicht überprüfen, indem sie hinterfragen, wozu sie dieses oder jenes machen, was also ihr wirkliches Motiv ist. Ein ständiger Lernfaktor ist es daher, unsere Grenzen der Macht kennen und respektieren zu lernen.

Die Aufgabe, sich unserer Macht bewusst zu werden, Grenzen der Macht zu erfahren und Liebe geben und nehmen zu lernen, kann uns beim Lebenseintritt schon gestellt werden. Denn bereits da verwickeln wir uns mit den Lebensumständen, in die wir hineingeboren werden.

Loslassen von familiären Verstrickungen

Die Übertragung der seelischen Konflikte von unseren Eltern und Großeltern geschieht, ohne dass sie uns bewusst sind. Wir übernehmen Ängste, Schuldgefühle, Unzufriedenheit und Leid aufgrund der Bindungsliebe, nämlich dem Bedürfnis, in einer intakten harmonischen Familie zu leben, in der es uns gut geht. In der Psychotherapie sind deshalb auch die Lebensumstände der Eltern, der Geschwister und ihre Beziehungen untereinander wichtig und werden vom Klienten erfragt und mit ihm herausgearbeitet.

Wichtige und beeindruckende Erfahrungen machte ich mit der Arbeit der Familienaufstellung, die ich bei Dr. Langlotz, München,

Schüler von Bernd Hellinger, kennenlernte. In den Jahren 1999/2000 nahm ich an einigen Seminaren teil. Die wertvollen Einsichten und Erkenntnisse, die ich aus der Erfahrung mit der von dem Psychotherapeuten Bernd Hellinger weiterentwickelten Methode des Systemischen Denkens gewonnen habe, bereicherten meine therapeutische Arbeit. Seine Bücher und die nach ihm durchgeführten Seminare, die in den letzten Jahren äußerst populär geworden sind, sehe ich aber auch durchaus kritisch. Den wertvollen Arbeiten von Bernd Hellinger stehen seine dogmatischen Ansichten und Unterwerfungsrituale gegenüber, die ihm viel Kritik eingebracht haben, sodass seine Methoden in der therapeutischen Fachwelt sehr umstritten sind. Das ist schade, denn durch diese berechtigten Einwände verlieren seine bedeutsamen Beobachtungen an Wichtigkeit. Ich bin auch der Meinung, dass ein Therapeut aufzudecken hat und nicht so auftreten sollte, als wüsste er ganz genau, was für den Klienten gut ist und was nicht. In diese Hybris zu verfallen, ist immer eine Gefahr, und schon so einige „Heiler", Gurus und Therapeuten haben sich darin verstrickt, was wiederum menschlich ist. Die Heilerfolge, die Einsichten und Wahrheiten dieser Personen deswegen aber nicht zu beachten oder sie sogar abzuwerten, ist schlichtweg ignorant.

Die Familienaufstellung ist für mich hauptsächlich ein diagnostisches Mittel, denn es ist und war mir immer schon wichtig, dass die Konflikte, Übertragungen und übernommenen Gefühle vom Klienten selbst erkannt werden. Meine Ansicht, die ich bereits dargelegt habe, ist, dass das Unbewusste oder Höhere Selbst des Klienten weiß, welche Einsichten zur Heilung nötig sind. Der Therapeut gibt dabei Hilfestellung. Als problematisch muss des Weiteren bei der Vielzahl der in den letzten Jahren angebotenen Seminare in Familienstellen gesehen werden, dass viele Therapeuten dabei Wochenendkurse anbieten, ohne dem Klienten die Möglichkeit einer Nachbearbeitung in der Psychotherapie anzubieten, die bei den emotionalen, oft dramatisch verlaufenden Aufstellungen wichtig wären.

Ursprünglich beschäftigten sich in den 50er-Jahren mehrere Therapeutengruppen mit dem System Familie, nachdem man erkannt hatte, dass jedes Familienmitglied bewusst oder unbewusst Anteil am Leben des anderen hat. Familienmitglieder, egal, ob sie noch in der Familie leben oder nicht, gehören zum System oder zur Sippe. Das ist ähnlich wie bei einem Mobile, das wir gerne mit Figuren zum Beispiel über ein Kinderbettchen hängen. Bricht eine dieser Figuren ab oder verheddert sich mit anderen, gerät das ganze Mobile in Schieflage. Erst wenn das Fehlende ausgeglichen wird, kann es wieder harmonisch schwingen. So ist das bei der Familie auch. Sind die Eltern oder Großeltern durch Trauer, Ohnmacht, Krankheit, Schuld, Ängste, Zorn, Unzufriedenheit oder Depression usw. schwer belastet, verwickelt sich ein Familienmitglied damit. Dies geschieht im Baby- und Kleinkindalter. Es nimmt unbewusst dem Erwachsenen dieses Leid ab, weil es meint, diesem helfen zu können oder zu müssen. Zum einen ist dies bedingt durch den eigenen Überlebenswillen und zum anderen durch eine Anmaßung, dass man das Problem besser lösen könnte, als dies beispielsweise die Mutter oder der Vater tun könnte. Man springt sozusagen ein, wenn beispielsweise der Vater schwach oder vielleicht abwesend ist, und übernimmt seine Rolle. In der Einzel- oder Gruppentherapie können diese übernommenen Konflikte oder Gefühle durch das Aufstellen von Figuren, durch das Malenlassen eines Familienbildes, etc. aufgezeigt und nachgespürt werden. In der Familienaufstellung nach Hellinger, die in großen Gruppen durchgeführt wird, werden dazu völlig unbekannte Personen aufgestellt, die in oft verblüffender Weise die Familie in ihrer Konflikthaftigkeit und in ihrem Umgang miteinander eindrucksvoll nachstellen und beschreiben. Der Klient ist dabei erst einmal Zuschauer, wird aber im Verlauf der dargestellten Situation häufig emotional stark berührt und/oder ist meist verblüfft über die Richtigkeit dessen, was dabei ans Tageslicht gebracht wird. Der Therapeut beobachtet zunächst und greift dann in das Geschehen ein, interveniert und sucht Lösungen, um dem Klienten wertvolle Einsichten und Lösungsansätze erlebbar werden zu lassen. Wie er dies tut, hängt von der Ausbildung, der Erfahrung und der inneren Einstellung des jeweiligen therapeutischen Leiters ab. Wichtig dabei ist, dass genügend Zeit und Raum gegeben wird, um den ans Licht gebrachten Verstrickungen wirklich nachzuspüren. Die dabei auftretenden Emotionen müssen zugelassen, begleitet und richtig zugeordnet werden.

Eine Übernahme der von der Mutter oder dem Vater gefühlten Trauer, Schuld oder Angst geschieht meistens dann, wenn diese ihre

Gefühle nicht zulassen konnten. Dass in den früheren Generationen die Emotionen meistens unterdrückt werden mussten, ist eine Tatsache, unter der der heutige Mensch durchaus noch leiden kann. Diese übernommenen sozusagen unter den Teppich gekehrten Gefühle und Konflikte treten erfahrungsgemäß in den nachfolgenden Generationen wieder auf. Wie bestimmte Krankheiten in einer Familie vererbt werden, geschieht dies ebenso bei seelischen Konflikten. Wir können genauso gut die Frage stellen, ob nicht die seelischen Konflikte zu diesen Krankheiten führten und sich weiter vererbten. Durch die von Hellinger erkannte „Ordnung der Liebe" und das Ritual, in dem vorformulierte „heilende Sätze" gesprochen werden, wie „Ich achte dein Schicksal, ich muss es nicht tragen", stellt Hellinger die hierarchische Ordnung in der Familie wieder her. Trotzdem bleibt bei diesen Aufstellungen so manchen Menschen völlig unbewusst, was die eigentlichen Zusammenhänge und der tiefere Sinn dieser Ordnung für sie eigentlich bedeuten. Das kann eine einmalige Aufstellung und Beschäftigung damit auch gar nicht leisten.

Die Frage, warum bin gerade ich verstrickt mit dem Thema der Eltern und nicht mein Bruder oder meine Schwester, würde zur wirklichen Erkenntnis führen. Es bleibt oft die Sichtweise, sich als Opfer der Familienstruktur zu fühlen, – „das ist mir ja aufgedrückt worden". Damit fehlt die wirkliche Verantwortungsübernahme für dieses übernommene Leid und die Sinnhaftigkeit des Geschehens. Zwar ist die Achtung vor dem Leid des anderen schon ein wichtiger Schritt in Richtung Heilung, der beispielsweise mit dem ausgesprochenen Satz „Mama, ich achte dein Schicksal (oder Leid)" gegangen wird. Die Frage, warum er dieses Leid zu tragen hatte, kann aber nur dann gelöst werden, wenn der Klient erkannt hat, warum er mit dem Thema in Resonanz gegangen ist.

Die Verstrickungen im Familiensystem erfolgen nach meiner Erfahrung nicht willkürlich, sondern haben mit unseren Lebensaufgaben etwas zu tun.

Zunächst wollen Kinder, dass es den Eltern gut geht, dann ist ihr Überleben und ihre Entwicklung gesichert, deswegen glauben sie, dass es besser ist, wenn sie die Last übernehmen. Die Therapie mit inneren Bildern offenbart auch die verborgenen Macht- und Heilerfantasien eines kleinen Wesens, dass es etwas bewirken wollte, und zeigt zudem die Charakterstruktur und das Lernthema des Klienten.

Auf alle Fälle ist festzustellen, dass eine enorme Lebenskraft und Lebensfreude den Klienten zufließt, wenn ihnen dies bewusst wird. Denn die eigenen Grenzen werden erkannt und lösen ein Befreiungsgefühl aus. Der Ausspruch der Klienten: „Eine Zentnerlast ist von meinem Körper abgefallen", drückt dies aus.

Sechste Stufe:
Neubewertung und Verantwortung

Ein weiterer wichtiger Schritt des Loslassens wird erreicht, wenn wir zu einer inneren Neubewertung des leidvoll Erlebten kommen. Wenn zum Beispiel ein Vater sein Kind wiederholt geprügelt oder hart bestraft hat, mag der Grund darin liegen, dass auch er so bestraft wurde. Die Charakterstruktur und weitere Erziehungseinflüsse bestimmen, ob das Kind später ebenso seine Aggressionen ausleben wird oder sie unterdrückt und unter Ängsten und Minderwertigkeitsgefühlen zu leiden hat. Wenn Menschen schlimme Eltern-Kind-Beziehung selbst reflektieren, versuchen sie meist, für geschehenes Unrecht Verständnis aufzubringen. Aber diese leidvollen Erlebnisse oder ein Machtmissbrauch können erst dann abschließend verarbeitet werden, wenn der spätere Erwachsene bereit ist, sich in die Rolle des Peinigers hineinzuversetzen, um die tieferen Gründe solcher Verhaltensweisen zu erfahren und um sich mit Aggressionen, Gewalt, Macht, Härte, etc. auseinanderzusetzen. Diese Themen sind schwierig, denn damit möchte man meist nichts mehr zu tun haben. Trotzdem kann das Unerlöste in der Seele erhebliche Lebensenergien blockieren, weil Aggressionen und andere Gefühle unterdrückt werden. Wer aber ehrlich zu sich selbst sein kann, weiß oder ahnt, dass er diese Gefühle nur verdrängt hat. Klienten mit so einer familiären Belastung sind meist erstaunt, wie viel Hass und Wut auch in ihnen stecken und in der Tiefe ihrer Seele gewartet haben, um gelöst zu werden. Im kontrollierten Durchleben dieser unterdrückten Emotionen in der Therapie lösen sich die kindlichen Ohnmachtsgefühle, Stärken werden erkannt und gleichzeitig kommt es zu einem tiefen Verstehen, in dem eine wirkliche Aussöhnung mit den Eltern und mit sich selbst stattfindet. Das Rollenspiel, wie ich es in der Reinkarnationstherapie beschrieben habe, ist hier wiederum gut geeignet, Widerstände in der Therapie, die bei einem emotional sehr aufgeladenen Thema zu erwarten sind, abzubauen. Zum Beispiel ist es oft schwierig die Aggressionsthematik zu bearbeiten, wenn der Klient seinen wütenden Vater erlebte und dieses Verhalten für sich nun total ablehnt. In der Vorstellung früherer Leben zeigt sich dann derselbe Konflikt. Jetzt ist es für den Klienten leichter, seine Blockaden zu lösen, da er sich dem Thema aus einer zeitlichen Distanz nähern kann. Zudem lernt er in der Imagination, sich zu wehren. Oft höre ich von Klienten: „So wie mein Vater und so wie meine Mutter, wollte ich nie sein, nie so reagieren, aber ich merke immer öfter, dass ich auch diese Züge habe." An dieser Stelle erinnere ich an das Thema Umwelt als Spiegel. Wir werden mit dem konfrontiert, was in uns ist, was wir ausstrahlen, um Schattenanteile zu integrieren und verkümmerten Persönlichkeitsanteilen zum Wachstum zu verhelfen. Solange wir die Verwicklungen mit den Eltern nicht lösen, bleiben wir in der Abhängigkeit von diesem Lebensthema, egal wie weit entfernt die Eltern auch sein mögen. Selbst wenn sie bereits lange gestorben sind, bleiben die Blockaden in der Seele bestehen. Natürlich kann man sich trotzdem vom alten Rollenverhalten befreien, ja wir müssen es sogar, wenn wir nicht weiter unsere unerlösten Geschichten auf unseren Partner oder die Menschen in unserem Umfeld übertragen wollen. Die schrittweise Lösung aus der Abhängigkeit alter Verwicklungen mit den Eltern führt zu immer mehr Eigenverantwortlichkeit. Wir können mit dieser neuen inneren Freiheit unsere Individualität entfalten und selbstbestimmter leben.

Warum wir manchmal in der Opferrolle bleiben

Manche Menschen können aus ihrer Opferrolle oder ihrem Leid nicht herausfinden. Sie haben sich mit der Zeit an diesen Zustand gewöhnt oder haben resigniert. Das kann mehrere Gründe haben. Zum einen kann es sein, dass sie so viel wiederkehrendes Leid erfahren haben, dass sie keine Kraft mehr zur Veränderung aufbringen. Diese Menschen brauchen dringend eine längere psychotherapeutische Begleitung, um ihr Leben wieder zufriedenstellender gestalten zu können.

Ein weiterer Grund ist die Angst vor Veränderung. Dies spielt häufig bei Beziehungsproblemen eine große Rolle. Wenn die Ehe nur noch auf dem Papier besteht, jeder seine eigenen Wege geht, Kränkungen und Rücksichtslosigkeit noch das ist, was an Gemeinsamkeiten passiert, halten trotzdem noch manche Menschen an diesem Zustand fest. Vorgeschobene Gründe sind oft, dass die Kinder doch noch zu jung sind, man am gemeinsam Geschaffenen hängt, finanziell erhebliche Einbußen erleiden würde, und manche wollen sich einfach nicht die Blöße geben und eingestehen müssen, dass die Beziehung gescheitert ist. Hinter diesen Gründen steht vielfach die Angst vor dem Alleinsein. Das Selbstbewusstsein dieser Menschen hat gelitten und jahrelang musste man vielleicht nichts beweisen, deswegen ist es verkümmert. Die Befürchtung, auf sich selbst gestellt zu sein, mit all den Aufgaben, die eine Trennung mit sich bringt, und die Verantwortung für das eigene Leben zu übernehmen und es zu gestalten, wird als unüberwindbarer Berg gesehen. Deswegen haben sich so manche Frauen oder Männer mit der Situation abgefunden, sie leisten sich aber hin und wieder mal Schönes, buchen ein Wellnesswochenende oder gönnen sich ein paar Freuden extra. Obwohl dies traurig klingen mag, könnten das aber kleine Schritte sein, indem Menschen beginnen, ihr Leben wieder in die Hand zu nehmen und sich selbst etwas Gutes tun. Damit gelangen sie schrittweise zur Einsicht, dass jeder für sich selbst verantwortlich ist und dass sie etwas wert sind.

Das Schicksal (das sind eigentlich wir selbst) verwickelt uns in Lebenssituationen, aus denen wir uns manchmal nur schwer befreien können. Besitzt unsere Persönlichkeit eine ausgeprägte Helferstruktur, ziehen wir unbewusst schwächere Partner an oder im Verlauf der Beziehung entwickelt dieser eine Sucht oder Depression. Der Helfer empfindet sich dabei als Retter. Aufgrund dieser engen Bindung kann diese Hilfe aber nicht gelingen. Das Unbewusste des Kranken ist stärker als der Helfer, der alles geben und tun wird, damit der Partner gesundet und er ihn nicht verliert. Damit gerät er selbst in die Opferrolle, die unter Umständen für ihn sogar psychosomatische Folgen haben kann. Burn-out, Adipositas (Fettsucht), Rückenschmerzen und Migräne oder autoaggressive Erkrankungen können ihn aufrütteln wollen. Erst im Erkennen seiner Märtyrerrolle und dem dahinterstehenden Wunsch nach Anerkennung, der natürlich nicht oder unzureichend erfüllt wurde, ist er dann in der Lage, sein Ich, sprich sein Ego, zu entwickeln.

Es gibt zahlreiche Gründe, warum uns manchmal das Leiden leichter erscheint, als es zu lösen. Der augenfälligste Aspekt, den jeder mehr oder weniger bei sich selbst beobachten kann, – (leider haben wir da oft das berühmte Brett vor dem Hirn) also beobachten wir ihn doch besser bei anderen Menschen – ist, dass wir Aufmerksamkeit bekommen wollen, wenn wir krank sind. Beobachten Sie Menschen beim Einkaufen, in der U-Bahn, bei irgendwelchen Zusammenkünften, ein Dauerthema ist die Krankheit oder wie schlecht es uns geht. Abgesehen davon, dass wir möglicherweise Angst vor dem Neid anderer Menschen haben, wenn wir zugeben, dass es uns gut geht, bekommen wir doch eine Menge Aufmerksamkeit und Mitgefühl, wenn wir anderen unsere Leidensgeschichte erzählen.

Fassen Sie das bitte aber jetzt nicht so auf, dass Sie sich zurückhalten müssen und stumm leiden sollten. Das meine ich nicht. Die meisten Menschen erzählen nicht ihr wirkliches Leid, weil es vielfach auch nicht möglich ist, sondern erzählen ihre Beschwerden. Sie sprechen davon, was sie haben, nicht, was sie fühlen. Sie können auch nicht anders, weil sie die damit verbundenen Gefühle und Probleme, die zu ihren Beschwerden führen, nicht wahrnehmen und zeigen können.

Wenn wir als Kinder körperlich krank waren, bekamen wir die Aufmerksamkeit und das Mitgefühl der Mutter oder des Vaters, und sie machten sich Sorgen um uns. Das gab uns ein Gefühl von Wichtigkeit und das warme Bettchen und der Tee gaben uns das wohlige Gefühl der Geborgenheit. Viele Menschen holen sich die fehlende Anerkennung und Liebe unbewusst über eine Krankheit. Jedes Leid und jede Krankheit besitzen somit auch Vorteile. Wir können uns darüber die fehlende Wertschätzung holen oder nach einer längeren Überforderung den dringenden Wunsch nach Rückzug und nach Versorgtwerden spüren, und damit der Leistungsgesellschaft einfach mal den Rücken zukehren. Diese Vorgänge sind uns nicht bewusst oder nur halbbewusst. Würden wir uns selbst mehr reflektieren und rechtzeitig auf die Signale unseres Körpers hören, könnte so mancher Krankheit vorgebeugt werden. Sie wäre schlichtweg nicht nötig, um uns auf unsere wahren Bedürfnisse aufmerksam zu machen.

Manchmal sind Macht und Rache (Ausgleich) auch der Grund, um sich unbewusst in eine schwere Krankheit zu flüchten oder sich seiner Verantwortung zu entziehen. Diese nicht wissentlichen Macht- und Aufmerksamkeitsspiele sind zu vergleichen mit den Fantasien kleiner Kinder, die sich ungerecht behandelt oder ungeliebt fühlen und meinen, wenn sie krank sind, dann weinen die Mama und der Papa und dann machen sie sich große Vorwürfe. Diese frühkindlich erworbenen Muster sind wohl die tragischsten Versuche, einen Menschen an sich zu binden, und sind ein Eigentor, das der Betreffende unbeabsichtigterweise schießen kann.

Gustav, ein 32-jähriger Mann, kam in meine Praxis. Er war an multipler Sklerose erkrankt und suchte naturheilkundlichen Rat. Im Verlauf des Gespräches und der Behandlung setzte er sich auch mit den seelischen Hintergründen und dem Sinn dieses schweren Schicksals auseinander. Der zunächst arrogant, kalt und zynisch wirkende Mann öffnete sich in der Therapie und zeigte seine sensible und gefühlsbetonte Seite, die er im Laufe seines Lebens unterdrücken musste. Bereits als junger Mann entwickelte er Wut- und Hassgefühle gegen den Vater, weil er sich von diesem in seiner sensiblen Art und in seiner sozialen Einstellung nicht angenommen fühlte. Er wurde oftmals kritisiert, verhöhnt und abschätzig behandelt. Der Vater, ein erfolgreicher Unternehmer, verachtete alles „Schwache" bei Männern und wollte seinen Sohn stark sehen. Zudem drängte er ihn zur Mitarbeit und zur späteren Übernahme seines Baugeschäfts. Die Fähigkeiten und Interessen von Gustav lagen aber nicht im unternehmerischen und handwerklichen Bereich. Jahrelang bemühte er sich, dem Vater zu gefallen, und arbeitete zeitweise sogar im Betrieb mit. Seinem Vater gegenüber konnte er sich aber nie durchsetzen und er ging immer mehr auf Distanz zu ihm.

Der Vorteil seiner Erkrankung bestand darin, dass er sich dem Willen des Vaters entziehen konnte, und zudem führte er dem Vater die „Schwäche" vor Augen und zwang ihn in die Ohnmacht, indem dieser zusehen musste, wie der Sohn körperlich immer schwächer wurde. Durch die Therapie konnte er sich nun bewusst entscheiden und die Wut- und Rachegefühle loslassen. Dabei lernte er, sich durchzusetzen und auch seinen starken Vater in seiner Art zu akzeptieren. Er musste sich nicht mehr unbewusst gegen die Überzeugungen des Vaters auflehnen und konnte in seiner Opferrolle auch seine Machtfantasien erkennen.

In der Opferrolle zu bleiben, hat oft mit Macht zu tun, eben dem Gegenpol der Ohnmacht. Oft siegen im Machtkampf die Opfer, die einen Nahestehenden unbewusst durch ihr Leid in Schuldgefühle verwickeln und in die Rolle des hilflosen Helfers (zur Erinnerung, der Helfer ist mit seiner Geschichte daran beteiligt) drängen. Der häufigste Grund, weshalb Menschen unzufrieden sind, ist, weil sie Angst haben, ihre Individualität, ihre Wünsche und ihre Träume zu leben. Sie können es nicht, weil sie damit gegen die überholten Wertvorstellungen der Eltern und Großeltern verstoßen würden. Es ist einfacher, eine Ausrede für sich zu finden, warum man dieses und jenes nicht verwirklichen kann, warum einem das eine oder das andere wieder einmal verwehrt wurde, und Gründe aufzuzählen, warum man vom Chef, den Behörden, dem Partner, den Kindern, dem mangelndem Geld usw. in seinen Möglichkeiten beschränkt oder nicht erkannt worden ist. Würde der unzufriedene Mensch Klarheit über seine Ängste bekommen, die ihn hindern, sich zu entfalten, könnte er sich entscheiden und entweder lernen, sich in seinen Ängsten anzunehmen oder sich von ihnen zu befreien. Dabei helfen kleine Schritte, die sich verwirklichen lassen, um sich vom Druck zu befreien, der entsteht, wenn an einem noch nicht zu erreichenden Ziel festgehalten wird. Es kann auch für jemanden stimmig sein, zu lernen, zu seinen Ängsten zu stehen und mit dem bisher Erreichten zufrieden zu sein. Egal, wie auch immer die Entscheidung ausfallen mag, sie befreit aus der Unzufriedenheit und Unfreiheit, die wir in einer Opferhaltung einnehmen. Wichtig ist es, sich den Möglichkeiten zu stellen und eine Wahl zu treffen. Mit dieser bewussten Entscheidung kann man dann die Verantwortung für sein Schicksal übernehmen.

Das Verantwortungsproblem

Nach meinen therapeutischen Erfahrungen lassen sich die vielfältigen Probleme zum Thema Verantwortung grob in zwei Gruppen einteilen. Menschen leiden darunter, dass sie entweder zu viel oder zu wenig Verantwortung übernehmen. In beiden Fällen sind die Partner und Personen im näheren Umfeld natürlich davon mitbetroffen.

Menschen, die dazu neigen, sich zu viel an Verantwortung aufzuhalsen, sind aus der Kindheit meist seelisch weniger belastet. Das sind oft sehr aktive Menschen, die anpacken, Entscheidungen treffen und an und für sich im Leben gut klarkommen. Allerdings kann hier ein Faktor dazukommen, wenn Menschen ihre Grenzen der Belastbarkeit nicht erkennen und sich aus einer Selbstüberschätzung heraus überfordern. Sätze wie: „Ich muss alles selber machen, sonst geht es schief", oder: „Keiner kann mir das so perfekt machen", sind für diese Personengruppe charakteristisch. Sie haben auf ihren Schultern einen kleinen Mann sitzen, ihren inneren Antreiber, der nie so richtig mit ihnen zufrieden ist. Wird ihnen ihr innerer Leistungsdruck von außen gespiegelt – sprich: Der Chef oder die Kunden verlangen immer noch mehr –, fühlen sie sich zunehmend ausgebrannt. Der Partner eines solchen Menschen mahnt ihn zur Verantwortung für sich selbst und hat oft Angst, dass dieser durch Krankheit lernen muss, auf sich zu schauen oder seine Selbstüberschätzung zu überprüfen.

Menschen, die sich der Verantwortung entziehen, sind meistens nicht mehr fähig, sie zu tragen. Das liegt in vielen Fällen daran, dass sie als Kind für einen Elternteil Verantwortung oder Schuldgefühle übernommen haben und sich im weiteren Verlauf ihres Lebens in Situationen begeben haben, für die sie sich verantwortlich fühlen. Die Seele ist voll mit dieser Bürde. Hinzu kommt häufig eine diffuse Angst. Jede noch so kleine Aufgabe kann ihnen schwerfallen, denn sie könnten einen Fehler machen, falls sie Entscheidungen treffen. Deswegen bleibt ihnen nur noch der Rückzug von den Anforderungen des Lebens. Der Ausweg oder Ausgleich kann in eine körperliche Krankheit führen oder die vorhandene Neigung zur Sucht oder zur Depression zeigt ihre Züge.

Wer sich selbst reflektiert und sich mit seinem Unbewussten beschäftigt, wird das richtige Maß an Eigenverantwortung und der Verantwortung für andere Menschen erkennen. Er wird aus seinen leidvollen Geschehnissen Erfahrungen gewinnen und die Verwicklungen mit Macht, Verantwortung und Schuldgefühlen im Leben besser durchschauen. Damit wird er in der Lage sein, sowohl die Grenzen der Verantwortung besser wahrzunehmen, sie anzuerkennen, als auch zu lernen, anderen Grenzen zu setzen.

Siebte Stufe: Selbstachtung und Selbstverwirklichung

Sie erinnern sich, ich habe bei der Darstellung der menschlichen Bedürfnisse, wie sie der Psychologe Maslow formulierte, davon geschrieben, dass letztlich alle Lebensprobleme mit den fünf Grundbedürfnissen zusammenhängen.

So geht es immer um das Loslassen von materiellen Dingen (1. und 2. Stufe) und die damit verbundenen Ängste oder um Loslassprozesse, die bei Verlusten oder drohenden Verlusten der Geborgenheit, der Liebe, der Zugehörigkeit, der Achtung (3. bis 4. Stufe) entstehen.

Die Achtung und Selbstachtung ist ein menschliches Grundbedürfnis und Maslow unterscheidet dabei zwei Formen bzw. Stufen. Das Bedürfnis, von anderen Menschen respektiert zu werden, Anerkennung und Wertschätzung zu erhalten, begehrenswert zu sein, einen Status, Ehre, Ruhm, Würde und einen guten Ruf zu haben, wären dabei die niedrige Stufe. Hier ist der Mensch natürlich abhängig von Personen, die ihm dies zuteilwerden lassen oder nicht.

Das Bedürfnis nach Selbstachtung, das die Empfindungen von Selbstvertrauen, Selbstbewusstsein, Professionalität, Unabhängigkeit, Selbstliebe beinhaltet, ist die höhere Stufe. Wer durch Selbsterkenntnis und einen Reifungsprozess diese höhere Bewusstseinsstufe erreicht hat, wird die Achtung vor sich selbst nicht mehr so leicht verlieren oder sie relativ schnell wiedergewinnen.

Selbstachtung und Selbstliebe

Wenn der Angestellte bei der Beförderung übergangen wurde, der Manager den Aufsichtsrat nicht zufriedenstellen konnte, der Schüler seiner Meinung nach eine schlechte Note für seinen Aufsatz bekommen hat, die Krankenschwester für ihre aufopfernde Pflege zu wenig entlohnt wird, die Paare sich mehr kritisieren als wertschätzen, erleben sie alle eine Kränkung ihres Selbstwertgefühls. Wir brauchen für unsere Persönlichkeit und unsere Leistungen, die wir erbringen, ein gewisses Maß an ehrlicher Wertschätzung und Anerkennung, damit wir glücklich und zufrieden mit uns sein können. Wie wir auf Kritik, Missachtungen und Kränkungen reagieren, wie sehr wir uns verletzt fühlen und darunter leiden, hängt davon ab, ob wir als Kind ein gesundes Selbstwertgefühl aufbauen konnten.

Eltern wollen im Allgemeinen für die Kinder das Beste und wollen sie glücklich sehen. Sie wollen, dass aus ihnen etwas wird, worauf sie und die Gesellschaft stolz sein können. Die Kinder sollen es besser haben, als sie es hatten, und das erreichen können, was ihnen aufgrund der Kriegs- oder Nachkriegszeit oder ihrer familiären Situation versagt geblieben ist. So sollte das Kind das studieren, was der Vater für richtig erachtete, die Mutter wünschte sich für die Tochter den Traummann, den sie vielleicht gerne gehabt hätte, und so manches Kind wurde in eine Rolle gedrängt, die seinem Wesen nicht entsprach. Dem Baby wurden die Wünsche der Eltern sozusagen schon in die Wiege gelegt.

Die erste Enttäuschung, die so manches Mädchen bereits bei ihrer Geburt spürte, war, dass sie nicht als der ersehnte Junge geboren wurde. Dieses Erlebnis der Ablehnung führte häufig im späteren Leben dazu, dass sich diese Frauen in ihrer weiblichen Rolle nicht annehmen konnten und mehr männliche Attribute ausbilden mussten, um dem Vater zu gefallen.

Die Konkurrenz mit den Geschwistern um die Liebe der Eltern und das Gefühl, unterlegen gewesen zu sein, schwächt das Selbstwertgefühl. In der Seele bleiben Eifersucht, Neid, Wut und Schmerzen, die später zu vielen familiären Problemen, beispielsweise zu Erbstreitigkeiten, führen können. Die Rangfolge in der Geschwisterreihe und das Rivalitätsverhalten spielen daher in der Psychotherapie eine wichtige Rolle, um sich darüber ein Bild machen zu können.

Der Vergleich mit anderen Kindern, die bessere Noten hatten und dadurch eine höher Schule besuchen konnten, sind weitere Kränkungen des Selbstwertgefühls, die durchaus große Schwierigkeiten machen können. Das zeigt sich darin, dass Erwachsene nach einer kleinen

Kritik nächtelang nicht schlafen können, deprimiert sind, sich endlos rechtfertigen und natürlich einen Groll hegen.

Die Entwicklungspsychologie und deren Erkenntnisse waren unseren Eltern nicht bekannt. Kindern wurde Angst gemacht, um Gehorsam zu erreichen. „Wenn es dunkel wird, dann musst du zu Hause sein, sonst holt dich die Nachtfrau", drohte so mancher Erwachsene. Prügelstrafen und deren Androhungen waren gängige Erziehungsmethoden.

Bestrafungen mit häufigem Liebesentzug oder gar unbedachte Drohungen der Eltern, sich das Leben zu nehmen, sind seelische Schläge für das Kind und wirken oftmals belastender als die körperliche Züchtigung. Die Eltern wurden oft selbst mit großer Strenge, Härte und eiserner Disziplin erzogen, denn dies waren Eigenschaften, die für den Erfolg als wichtig angesehen wurden.

Es war auch nicht üblich, Kinder in den Arm zu nehmen, ihnen die Liebe zu zeigen, geschweige denn, dass Eltern ausgedrückt hätten: „Ich bin stolz auf dich."

Die Kombination von harter Bestrafung und mangelnder Zuneigung, die Spuren im Selbstwert unserer Eltern hinterlassen haben, beeinflussen uns heute noch. Diese vererbten und/oder in der Kleinkindphase erworbenen Minderwertigkeitsgefühle und Hemmungen erschweren in der Schule, im Beruf und in der Partnerschaft den Aufbau eines gesunden Selbstwertgefühls. Der Vergleich mit anderen Menschen, die möglicherweise bessere Startbedingungen hatten, lässt einen dann noch kleiner erscheinen. Entweder ziehen sich solche Personen zurück und verstärken damit ihre Unsicherheiten oder sie suchen sich schwächere Freunde, um sich besser zu fühlen.

Wenn ein im Eigenwert gekränkter Mensch eine Beziehung zu einer selbstbewussten Person eingeht, so wird er sich unwillkürlich unterordnen. Er wird sich von dieser in seinen Meinungen und Reaktionen beeinflussen lassen und ein Gefühl von Abhängigkeit entwickeln. Eine drohende Trennung kann der Schwächere dann als Entzug der Lebensgrundlage empfinden. Entsprechend schwierig gestaltet sich dann der Loslassprozess. Erst wenn an dem Aufbau eines gesunden, stabilen Selbstwertgefühls mit der Herausarbeitung der eigenen Stärke gearbeitet wird, kann nach und nach wieder mehr Eigenständigkeit erreicht werden.

Jede Trennung, insbesondere wenn sie plötzlich und unerwartet geschieht, bedroht auch einen stabilen selbstbewussten Menschen, und so mancher hätte nie gedacht, dass er so aus seiner Bahn katapultiert werden könnte. Nach so einer Verzweiflungsphase können dann wieder neue Fundamente für das Selbstwertgefühl geschaffen werden, und so manche Vorstellung von sich und der Welt verändert sich dabei. Wenn der Mensch auf sich selbst zurückgeworfen wird, kann er sich auf seine Fähigkeiten, Wünsche und auf neue Lebensziele besinnen.

Im Erkennen der von den Eltern und der Gesellschaft vorgegebenen Lebensmuster und Zwänge befreit er sich aus diesen Abhängigkeiten.

In meiner Praxis erlebe ich Klienten, die sich verbogen, verausgabt oder sich selbst verloren haben, weil sie in ihrem Leben immer um Anerkennung und Liebe gekämpft haben. Manche fühlen sich trotz der Bestätigung im Beruf oder in der Beziehung nicht erfüllt.

Sabine erzählte mir, dieses Lebensgefühl ist vergleichbar einem Gefäß, das mit einem guten Gefühl gefüllt wird, aber sich nie wirklich füllen kann, weil der Boden große Löcher hat und der Nebel der Unzufriedenheit immer wieder hochsteigt. Sie suchte sich einen starken Mann, der sie liebte. Aber sie überforderte ihn mit ihrer Eifersucht, ihrer Anhänglichkeit, Unsicherheit und der ständig eingeforderten Versicherung, dass er sie noch lieben würde. Durch die in der Kindheit übernommenen depressiven Gefühle der Mutter und den Mangel an Zuwendung im Elternhaus wurde kein solider Grundstock gelegt, auf dem sich ein gutes Selbstwertgefühl hätte aufbauen lassen. Im Erfühlen ihrer inneren Eigenliebe konnte sich die Stimmung der ständigen Unzufriedenheit lösen und erst ihr Selbstwert und ihre Selbstliebe halfen ihr, ihre Individualität zu entfalten.

Der Aufbau eines gesunden Selbstwertgefühls und die Entwicklung der Eigenliebe bedeutet zunächst einmal, dass wir uns selbst erkennen und befreien von Belastungen, die uns weismachen wollen, dass wir nicht in Ordnung sind. Wir sind es! Wir sind liebenswert! Und genau da, bei diesem Satz zweifeln viele Menschen an sich, und oft kommen ihnen dabei Tränen. Wir wollen von anderen geliebt und geachtet werden, weil wir so sind, wie wir sind, denn der innere Kern in uns wird dabei berührt. Es ist das Höhere Selbst – vielleicht ist es besser angebracht, hier vom inneren „höheren Gefühl", jenem unzerstörbaren Teil der Seele, der in Verbindung zum Licht und zur Liebe steht, zu sprechen – das von uns wieder wahrgenommen werden möchte.

Wir sind aber selbst nie zufrieden mit uns und wollen immer etwas an uns ändern. Wenn ich schlanker wäre, wenn ich lockigere Haare hätte, wenn ich größer oder kleiner wäre, keine Stupsnase oder keine Glatze hätte, wenn ich mich besser ausdrücken könnte, besser malen, intelligenter wäre, da oder dort nicht versagt hätte, mehr Geld hätte usw. Eine mehr oder weniger lange Liste könnte jeder zusammenstellen, die erfüllt werden müsste, damit wir uns selbst gut leiden oder uns lieben könnten. Natürlich liegt das zum einen daran, dass wir das Gefühl haben, wir müssten all die Attribute erfüllen, die uns immer wieder vorgegeben wurden und werden. So muss der Mensch sein, damit er geliebt wird. Genau diese Verhaltensnormen und Werte, die für das Zusammenleben natürlich wichtig sind, ändern sich aber immer wieder im Laufe der Zeit, genauso wie die äußere Erscheinung dem Geschmack des Zeitgeistes folgen muss. Dementsprechend bemühen sich heute beispielsweise Mädchen und Frauen, dem Bild des schönen, jugendlichen, dünnen, erfolgreichen Fotomodels zu entsprechen. Von einigen Mode„schöpfern" wird aus ihrer Fantasie und der entsprechenden Technik der Fotografen eine fatale Illusion erzeugt: „Nur wenn du so dünn bist und so lange Beine hast, bist du sexy und liebenswert!"

So beherrschen einige wenige Modeschöpfer nicht nur die Jugend, sondern die Massen, weil wir uns alle an die wiederholten Bilder gewöhnen, und entsprechend viele Menschen leiden, weil sie nie an dieses Schönheitsideal herankommen werden. Wie gut, dass die Mode nun zunehmend die Männer entdeckt und ihre gestylten Bodys den Frauen zeigen. Damit findet allmählich ein gewisser Ausgleich auf dem Markt der Eitelkeiten statt, sodass nicht nur die Frauen unter Druck geraten, dem perfekten Körperbild entsprechen zu müssen. Wie psychologisch geschickt unser mangelndes Selbstbewusstsein und unsere noch nicht bewusst gelebte Individualität beeinflusst werden, zeigt sich am Beispiel der Trends zu bestimmten Marken. Die Modefirmen brachten es sogar fertig, dass wir mit einem deutlich aufgedruckten Label ihres Firmennamens herumlaufen. Leider ist es nicht so, dass wir für ihre Werbung die Sachen günstiger kaufen könnten, nein, sie sind sogar meistens viel teurer als vergleichbare unbekannte Marken. Für unser Ego und unser Bedürfnis „dazu-zu- gehören", können die Firmen schon etwas verlangen.

Diese momentane unvernünftige Modewelle trifft auf junge Menschen und bringt die Minderwertigkeitsgefühle, den Leistungsdruck, die Ohnmacht und die Machtfantasien junger Menschen zum Vorschein. In langwierigen Psychotherapien werden Patienten mit Magersucht und Essstörungen behandelt. Im Besinnen auf ihre Fähigkeiten können sie ihre Individualität entwickeln, und so nach und nach lernen, sich anzunehmen.

Der von der Gesellschaft vorgegebene Jugendwahn bedeutet, besonders für Frauen, viel Stress. Dass wir Falten und graue Haare bekommen, der Körper nicht mehr straff ist und natürlich auch Männer einen Bauch ansetzen, diese äußeren Alterungsprozesse lassen sich auch mit noch so viel Kosmetik, Diäten und Sport zwar etwas mildern, aber nicht aufhalten. Alterungszeichen lassen sich nicht verleugnen. Selbst wenn viele Menschen dies krampfhaft versuchen, der tägliche Blick in den Spiegel zeigt es schonungslos. Ihre Selbstkritik lässt sie noch dazu verbissener und älter erscheinen.

Würden wir Veränderungen zulassen und das Älterwerden besser annehmen, könnten wir damit eine bessere Lebensqualität erreichen und sie auch ausstrahlen. Das ist möglich, wenn bisherige Erfahrungen gut verarbeitet wurden, Vergangenes losgelassen werden konnte und Menschen sich im eigenen Leben wohlfühlen. Menschen wirken im Alter jung, wenn sie zudem lernen, Meinungen zu hinterfragen, wenn sie für Neues offen sind und dabei das Beste für sich herausfiltern. Dadurch beugen wir auch dem Altersstarrsinn vor. Gegenüber der Jugend hat der ältere Mensch den Vorteil, dass er mit zunehmenden Jahren über mehr Wissen und Weisheit verfügt. Richten wir die Wahrnehmung lieber daraufhin aus, anstatt herumzunörgeln und dem jugendlichen Aussehen nachzutrauern. Die gereifte Persönlichkeit zeigt sich daran, dass sie sich auf sich selbst besinnt und weiß, was gut für sie ist und was nicht. Sie hat ihren eigenen Stil entwickelt und ist von den Meinungen anderer unabhängiger geworden. Wer im Herzen jung bleiben möchte, wird sich auch immer wieder neuen Zielen und Herausforderungen stellen, und zwar nicht mehr, um jemandem etwas beweisen zu müssen, sondern einfach, weil es Spaß macht, und das kann sehr befreiend sein.

Zusammenfassend kann festgestellt werden: Menschen mit einem schwachen Selbstwertgefühl legen viel mehr Wert auf Äußerlichkeiten und ihr Wohlbefinden ist stark abhängig von den Reaktionen ihrer Mitmenschen. Personen, die ein gesundes Selbstbewusstsein entwickeln konnten, lassen sich aber davon weniger beeindrucken und leben mehr ihre Individualität.

Es ist allerdings nicht möglich, sich von allen Abhängigkeiten, Modetrends und Meinungen zu befreien, da jeder Mensch auch anerkannt und geliebt werden möchte. Der Weg wäre, erstens zu akzeptieren, dass wir alle in irgendeiner Form abhängig sind von anderen Menschen und von dem Planeten, auf dem wir leben. Wir haben uns daher auch anzupassen und eine soziale und ökologische Verantwortung zu tragen. Zweitens sind wir im Endeffekt auf uns allein gestellt und es ist unsere Aufgabe, eine selbstständig denkende und handelnde Persönlichkeit zu werden, und daher sind wir für unser persönliches Wohlergehen selbst verantwortlich.

Hier können wir ansetzen, damit wir unser Selbstwertgefühl verbessern und mehr Eigenliebe entwickeln können.

Um sich selbst zu mögen, können Sie ruhig mit Äußerlichkeiten anfangen. Denn das äußere Erscheinungsbild wirkt nach innen. Wenn Sie sich in letzter Zeit durch Ihren Kummer vernachlässigt haben, dann fassen Sie den Entschluss und gehen Sie zum Friseur. Haben Sie ruhig den Mut zur Veränderung, ein neuer Haarschnitt, eine andere Haarfarbe. Vielleicht versuchen Sie es mit einer neuen Garderobe. Lassen Sie sich beraten und probieren Sie etwas Neues aus. Wenn Ihre innere Stimme aber dagegen ist, dann akzeptieren Sie, dass der Zeitpunkt dafür noch nicht gekommen ist. Für mich ist und war es in solchen Zeiten wichtig, mich in meinem Haus wohlzufühlen. Deswegen war es mir wichtig, dass ich mir eine Kleinigkeit besorgt habe. Eine neue Kuscheldecke, ein Dekostück für mein Wohnzimmer, ein neues Bild oder Blumen waren wichtig, um mich mit dem Alleinsein etwas zu versöhnen und mir ein Stück mehr an Geborgenheit zu geben.

Machen Sie sich also selbst eine Freude. Treiben Sie Sport. Durch Joggen, Nordic Walking, Radfahren etc. bauen Sie Stress ab und können die Natur genießen. Überwinden Sie sich, auch wenn es Sie viel Kraft kostet, buchen Sie einen Tanzkurs, einen Kurs an der Volkshochschule und frischen Sie Ihre Kenntnisse für Sprache, Kunst, Geschichte etc. auf. Manchmal ist es gut, sich in Aktivitäten zu zwingen. Besinnen Sie sich auf sich selbst und betrachten Sie sich im Spiegel. Was finden Sie an sich attraktiv und was finden Sie schön an ihrem Spiegelbild.

Das ist sehr wichtig. Machen Sie sich das immer wieder bewusst, indem Sie mehr und mehr an sich wahrnehmen, was Sie mögen.

Dann beginnen Sie mit einer Übung. Beobachten Sie sich; wann immer Sie sich selbst kritisieren, schreiben Sie sich Ihre Kritik in ein kleines Notizbuch. Dann schreiben Sie dazu, wie Sie das ändern wollen. Falls es sich nicht ändern lässt (beispielsweise, weil Sie sich keine Nasenoperation leisten können und wollen oder Sie mit Ihren kahlen Stellen am Kopf leben müssen), dann machen Sie sich bewusst, dass Ihnen nichts anderes übrig bleibt, als es anzunehmen und hören Sie mit dieser Selbstkritik auf. Schnippen Sie Ihr Selbstkritikmännchen von der Schulter und sagen Sie ihm, wann immer es zu nörgeln beginnt, stattdessen den Satz: „Ich bin liebenswert."

Natürlich können Sie sich alle möglichen positiven Suggestionen geben, zum Beispiel: „Ich nehme mich an, wie ich bin." Es sind meine Gedanken, die mich verletzen, und ich kann mich entscheiden, ob ich mich selbst ins Leid ziehe oder ob ich meine negativen Gedanken nicht mehr zulasse und eine andere Einstellung zu mir finde. Machen Sie sich bewusst, dass Sie es selbst sind, der sich abwertet und kritisiert.

Wie sehr sich die Selbstwahrnehmung von der Fremdwahrnehmung unterscheidet, erfahren Klienten in der Gruppentherapie mit Encounter-Übungen (Begegnungs- und Wahrnehmungsübungen) und sie sind oft sehr überrascht darüber, was andere Menschen an ihnen Positives wahrnehmen. Oft konnte ich miterleben, wie erstaunt sie darüber waren, dass die Gruppenmitglieder ihre vermeintlichen Fehler und Schwächen überhaupt nicht so empfunden haben, wie sie das selbst taten. Sie konnten und mussten dadurch ihr negatives Selbstbild korrigieren.

Natürlich können wir über positive Gedanken eine andere Einstellung zu uns selbst gewinnen und vor allen Dingen kann sich unsere eingefahrene Sichtweise verändern.

Damit wir unser Selbstwertgefühl schneller und dauerhafter verbessern und verändern können, müssen wir das fühlen und nicht nur denken. Schließlich heißt es auch Selbstwertgefühl und nicht Selbstwertdenken. Wenn Sie hier etwas verbessern möchten, darf ich auf die Übungen in diesem Buch verweisen.

Um uns selbst zu lieben und zu achten, sollten wir herausfinden, was uns gut tut und wo unsere Stärken liegen.

Sie können sich dazu folgende Fragen beantworten:
Welche Fähigkeiten habe ich? Was kann ich damit machen?
Was macht mir Spaß im Leben? Was kann ich davon sofort tun?
Was habe ich früher gerne gemacht? (Hobbys, Sport)
Kann ich das heute wieder tun?
Was würde ich heute gerne Neues ausprobieren?
Welche Wünsche habe ich an mich und was möchte ich an mir verändern?
Welche Vorstellungen hatte ich früher von meinem Leben und welche Visionen davon können noch verwirklicht werden?

Bereits, wenn Sie sich diese Fragen beantworten, sind Sie dabei, sich selbst zu erkennen. Wenn Sie sich fragen: „Welche Bedürfnisse und Wünsche habe ich?", dann erfolgt der nächste Schritt, nämlich, sie zu verwirklichen.

Dabei werden Sie möglicherweise auf Widerstände stoßen, denn Sie müssen vielleicht Rücksicht nehmen auf die Familie und die Gesellschaft. Sie können nicht einfach alte Verhaltensmuster über Bord werfen. Sie wollen zwar tun, was Sie nun für richtig erkannt haben, aber in Ihnen ist eine Stimme, die sagt: „Das tut man nicht!", „Was werden die anderen denken?", „Andere tun dies ja auch nicht!" Nun ist ein weiterer Schritt nötig, nämlich, sich zu befreien von unzeitgemäßen Moralvorstellungen und Zwängen. Lernen Sie, sich selbst zu behaupten und stehen Sie zu Ihren Entscheidungen. Wenn Sie das von sich kennen, dass Sie dazu neigen, es jedem recht zu machen, um Harmonie zu haben, stellen Sie sich unter Stress. Irgendwann merken Sie, dass Sie dabei auf der Strecke bleiben und sich unzufrieden fühlen. Nehmen Sie Rücksicht auf sich und nehmen Sie ihre Bedürfnisse ernst. Gehören

Sie zu der Personengruppe, die Angst hat, für sich selbst etwas zu tun, da Sie befürchten, das Falsche zu tun und Fehler zu machen, ist dies auch eine Entscheidungssache. Entweder gehen Sie das Risiko ein und machen Fehler oder Sie verpassen die Chance, das zu leben, was Sie wollen. Bei wichtigen Lebensentscheidungen kann es Ihnen helfen, wenn Sie mit einer wirklich neutralen Person sprechen, die Ihnen hilft, das Für und Wider abzuwägen.

Selbstverwirklichung ist kein Egotrip

Hören wir das Wort Selbstverwirklichung, dann verbinden das viele Menschen mit einer Vorstellung von Emanzipation, die oft mit einem rücksichtslosen Egotrip verbunden war. Das wird heute noch gerne vielen Frauen vorgeworfen, die den Mut besitzen, das zu leben, was sie für sich erkannt haben. Sicher mag es aus einer jahrelangen Unterdrückung und Anpassung heraus vielfach von außen so gesehen werden: „Seine Frau ist jetzt plötzlich durchgeknallt." Und der verlassene Mann kann sich als Opfer auch des Mitleids sicher sein. Wir verurteilen schneller, als uns die Mühe zu machen, Geschehnisse zu hinterfragen, und oft nickt man zustimmend, statt Zeit und Lust darauf zu verwenden, gegen vorschnelles Werten oder Gerede anzugehen.

Jeder Mensch hat ein Bedürfnis nach Selbstverwirklichung. Hier möchte ich nochmals auf Maslow zurückkommen, der das in seiner Bedürfnispyramide als letzte Entwicklungsstufe beschrieben hat. Selbstverwirklichung ist ein inneres Gefühl, das zu werden, was in jedem Menschen angelegt ist. Er unterscheidet dabei das Bedürfnis nach Individualität, also die eigenen Fähigkeiten und Talente auszubilden, und das Bedürfnis nach Sinnsuche und Erkenntnis. Der Mensch ist ein Wesen, das nach den großen Lebenszusammenhängen sucht und wissen möchte, wie die Welt beschaffen ist. Das beinhaltet religiöse und philosophische Fragen und die Auseinandersetzung mit ethischen Werten.

Damit führt das Bedürfnis nach Individualität automatisch hin zur Auseinandersetzung mit dem übergeordneten Sein und den Werten, die für ein friedliches Zusammenleben der Menschen wichtig sind. Wir wollen auf die Fragen „Woher komme ich?" und „Wohin gehe ich?" Antworten finden. Dieser Entwicklungsprozess bringt es häufig mit sich, dass Menschen erst mal ihr Ego übertrieben leben, obwohl ihr spirituelles Verständnis eigentlich möchte, dass sie sich von ihrem Ego schrittweise befreien. Das liegt daran, dass sie es selbst nicht richtig wahrnehmen oder sich zu wenig reflektieren, und oft fühlten sie sich in der Vergangenheit in ihrer Persönlichkeit unterdrückt.

Religiöse oder esoterische Literatur und die Lehren fernöstlicher Meditationstechniken betonen die selbstlose Liebe und Letztere besonders die Wichtigkeit, dass der Mensch sein Ich mit seinen Egowünschen überwinden muss, damit er ein zufriedenes Leben führen kann. Nach diesen Vorstellungen glauben viele Menschen, sie müssten ihr Ego nun schnell loswerden, um glücklich zu werden, und sie müssten auf dem Weg zur selbstlosen Liebe alles, was ihnen begegnet, lieben und annehmen können. Abgesehen von der Fragestellung, ob die Überwindung des Egos überhaupt richtig, sinnvoll und möglich ist, ist diese Einstellung bei praktizierenden Mönchen auch ein Weg des lebenslangen Lernens, der sich über mehrere Inkarnationen erstrecken kann.

Spirituell Suchende, die sich danach richten, haben ihr Ego noch gar nicht kennengelernt und es noch nicht gelebt und sie möchten es dennoch loswerden.

Ich möchte das vergleichen mit einem großen Stein, der eines Tages vor dem Eingang zu Ihrem Haus liegt. Nehmen wir an, dieser Stein wäre Ihr Ego, dass Sie nun sehen können und Ihnen nun erst so richtig bewusst wird. Er ist vielleicht groß und gefällt Ihnen zunächst nicht, weil Sie sich nicht so dominant und egoistisch eingeschätzt hätten. Sie können ihn nun nicht einfach wegwünschen oder so tun, als wäre er nicht da, sondern Sie müssen ihn schon anfassen, falls Sie ihn weghaben wollen. Dabei stellen Sie fest, dass Sie vielleicht was mit ihm anfangen könnten und beginnen, ihn zu bearbeiten. Ecken und Kanten werden abgeschliffen, und dabei entstehen immer wieder neue Muster im Stein, die Sie polieren, weil Sie Ihnen gefallen. So arbeiten Sie immer bewusster an Ihrer Egopersönlichkeit und erkennen sich immer mehr. Zu guter Letzt stellen Sie ihn an einen Platz, der Ihnen gefällt, den Sie immer im Blickwinkel haben, und Sie können mit Freude den Eingang zu Ihrem Haus betreten. Sie können Ihr Ich-Bewusstsein sehen und Ja zu sich sagen.

Bevor wir uns also darin üben können, unser Ego loszulassen, sollten wir es erst einmal bewusst sehen und ein gesundes Ego entwickeln. Die Voraussetzung zur Selbstverwirklichung ist die Selbsterkenntnis. Als ich mich vor etwa 25 Jahren mit Maslows fünfter Stufe auseinandergesetzt habe, war dies für mich sehr befreiend, denn ich hatte das Gefühl, mein Lebensziel gefunden zu haben, nämlich mich mit mir selbst auseinandersetzen zu dürfen. Ich wusste damals, das Ziel, sich selbst zu verwirklichen und sich mit philosophischen Fragen zu beschäftigen, würde mich ein Leben lang faszinieren. Das habe ich als Herausforderung gesehen, und es war beruhigend für mich, dass sich immer neue Fragen und Ziele dabei auftun würden. Dies ist ein Sinn in meinem Leben und ich habe das große Glück, dies weitergeben zu können und mit meinen Klienten Erfahrungen zu sammeln.

Beruhigend war es auch deswegen für mich, weil ich wohl mit damals 29 Jahren schon einiges gelebt hatte, ich hatte einen Beruf, war verheiratet, hatte schon zwei Mädchen und war neugierig, was wohl noch so alles in meinem Leben geschehen würde. Wohl hatte ich damals gar nicht so viele Veränderungen erwartet und dachte mir, mein Leben werde so dahinplätschern und so viel Aufregendes werde wohl nicht mehr passieren. Ohne dass ich darunter gelitten hätte, waren dies wohl schon Gedanken, die so mancher in der Midlife-Crisis bekommt. Da ich ein Mensch bin, der immer wieder neue Ziele braucht, war dies beruhigend, dass diese mir damit nicht ausgehen konnten.

In der Lebensmitte oder spätestens mit den Wechseljahren (übrigens leiden auch immer mehr Männer unter Wechseljahresbeschwerden) sollte der Mensch allmählich zur Reife gelangen. Zieht er dann Bilanz, wird er vielleicht feststellen, dass er einiges im Leben erreicht hat und dass er niemandem mehr etwas beweisen muss. Wer rechtzeitig und freiwillig innehält, kann viel an Leistungsdruck abbauen und lernen, das Leben bewusster zu genießen.

Der Krise in der Mitte des Lebens sollte daher nicht angstvoll entgegengesehen werden, so nach dem Motto, wann bekomme ich jetzt meine Depression, sondern sie sollte als Aufforderung gesehen werden, über sich und neue Ziele nachzudenken. Selbst wenn man dabei feststellt, dass die eigenen Wünsche mehr oder minder auf der Strecke geblieben sind, kann doch so mancher Traum noch nachgeholt werden. Wer sich freiwillig mit seinen ungelebten Bedürfnissen und Wünschen beschäftigt, muss nicht erst durch eine Krise darauf aufmerksam gemacht werden. Menschen, die wahrnehmen, was sie brauchen, um zufrieden zu sein, können sich im Einvernehmen mit ihrer Familie neu ausrichten. Sie können sich aber auch mit der Vergangenheit aussöhnen und zu dem stehen lernen, wohin ihr Schicksal sie beruflich oder privat geführt hat.

Ich glaube, wir könnten viel eigenes Leid verhindern und unseren Mitmenschen einige Verletzungen ersparen, wenn wir nicht so lange alle möglichen Traumen aus der Kindheit, den partnerschaftlichen Beziehungen, dem beruflichen Umfeld in unserer Seele aufstauen würden. Das erlebe ich bei meinen Klienten. In der Therapie können ungelebte Wünsche oder die nicht erfüllten Bedürfnisse erkannt und nachgeholt werden. Wird in inneren Bildern die Liebe zur Mutter und zum Vater bewusst gesehen und gespürt, so kann der Klient loslassen von der Vorstellung, nicht wertvoll oder ungeliebt zu sein. Dies wirkt sich im beruflichen Bereich durch ein selbstbewusstes Auftreten aus und in Beziehungen kann mehr Liebe gespürt werden.

Ich freue mich besonders über junge Menschen, die die Reife besitzen, sich in einer Krisensituation helfen zu lassen. Denn die Weichen für ein erfülltes Leben können entsprechend früher gestellt werden.

Achte Stufe: Aussöhnung und Sinnfindung

Wir sind jetzt bei der letzten Stufe des Loslassweges angekommen, der Aussöhnung und Sinnfindung, und vieles ist bereits gesagt worden. Die Wichtigkeit des Erkenntnisprozesses, um frühkindliche Prägungen aufzudecken, die ja für unsere späteren Probleme verantwortlich sind, unsere Schattenseiten und Projektionen sehen zu lernen, die Notwendigkeit, sich unterdrückten Gefühlen zu stellen, sich selbst zu achten und sich selbst zu verwirklichen, über all das konnten Sie lesen. Das ist der Heilungsprozess, den wir durchlaufen können, wenn wir mit einem Erlebnis konfrontiert werden, das uns auffordert, loszulassen. Klienten, die mich aufsuchen, gehen oft unbewusst diesen Weg. Meine Aufgabe besteht unter anderem darin, festzustellen, wie weit sie in ihren Loslass-Bemühungen gekommen sind, und sie in den weiteren Stufen zu unterstützen.

Verstehen statt verzeihen

Bücher mit dem Thema Loslassen betonen immer die Wichtigkeit des Verzeihens, nur dann könne man loslassen. Diese Forderung, verzeihen zu müssen, löst bei manchen Menschen aber einen Druck aus, weil sie es nicht können. Zu schlimm war die Unterdrückung durch den Vater, die Missachtung der Schwiegermutter, das Mobbing der Kollegen, der Seitensprung des Partners oder von ihm verlassen zu werden usw. Sie wollen verzeihen, weil sie endlich loslassen und den Kopf wieder freibekommen möchten, aber es gelingt nicht, trotz der Zeit, die inzwischen verstrichen ist. Erzählen mir Klienten, die mich auch häufig wegen psychosomatischer Beschwerden aufsuchen, ihre Lebensgeschichte, kommt auf meine Nachfrage zu einer belastenden

Situation oft der Satz: „Das habe ich überwunden, das belastet mich nicht mehr, denn ich habe das verziehen." Dann behalte ich diese Geschichte erst mal im Auge und warte ab, ob sich im Verlauf der Therapie dazu noch Emotionen oder innere Bilder zeigen. Natürlich haben so manche Klienten hart an sich gearbeitet, vieles wurde von ihnen selbst gut analysiert und konnte somit für sie geklärt werden. Aber die Erfahrung lehrte mich, dass tiefere Gefühle, wie Wut, Hass, Enttäuschung und Traurigkeit, trotzdem noch in der Seele ihr Eigenleben führen können.

Mir ist es nicht wichtig, ob man einer Person verzeihen kann, denn dies ist für mich eher ein Ritual oder eine Geste, wenn die belastende Situation nicht wirklich geklärt worden ist. Umgekehrt ist es meines Erachtens ein Akt der Größe, wenn ein Mensch jemanden, dem er Leid zugefügt hat, um Verzeihung bittet und ihm damit die Möglichkeit zur Aussprache und zur Aussöhnung mit den Geschehnissen gibt.

Verzeihen ist ein tiefes Verstehen, das gefühlt wird. Um wirklich einem Menschen verzeihen zu können, sollten die nachfolgenden Punkte erfüllt sein. Natürlich kommt es dabei auf die Schwere der Verletzungen an und diese Kriterien des Verzeihens (tiefen Verstehens) und des Loslassens sind für jeden Menschen unterschiedlich wichtig.

1. Ein Verstehen, eine Antwort auf die Frage: „Wozu ist mir dies geschehen?", sollte erarbeitet werden.
2. Das Zulassen des Verzweifeltseins, der Trauer und der Wut ist nötig.
3. Eine Aussprache mit Personen, die verletzt haben, ist meist hilfreich.
4. Die Gerechtigkeit oder der Wunsch nach Ausgleich sollte bearbeitet werden.
5. Der eigene Anteil an dem Geschehenen ist zu sehen und dafür Verantwortung zu übernehmen.
6. Der tiefere Sinn dieser Problematik sollte gefunden werden.

Die Punkte 1, 2 und 5 haben wir ausführlich behandelt. Deswegen wenden wir uns nun den noch offenen Punkten 3 und 4 zu. Über die Sinnfindung lesen Sie im anschließenden Kapitel.

Der dritte Punkt, die Aussprache, ist bei einer Trennung von einem Partner sehr wichtig. Weigert sich der Partner und entzieht er sich der Aussprache, ist dies meist für den leidenden Partner besonders schwer. Ein Großteil zermürbender Beziehungskämpfe bräuchte nicht geführt werden, wenn beide Partner sich vernünftig, mithilfe eines Therapeuten oder Mediators, aussprechen könnten.

Sind gemeinsame Gespräche noch möglich, kann der leidende Partner besser loslassen. Jedoch sind Schuldgefühle und die Ängste bei demjenigen, der verlassen hat, meist noch so groß, dass ihm dies nicht möglich ist und er sich den Kontaktversuchen entzieht. Er befürchtet, dass er sich möglicherweise durch Mitleid binden lässt, Hoffnungen weckt oder unschöne Szenen erlebt. Wenn er sich gerade neu verliebt hat, passen solche Stimmungen auch nicht mehr für ihn. Für den Verlassenen ist das aber ein weiterer Schmerz, der ihm zusätzlich das Gefühl der Wertlosigkeit gibt und ihn in Verzweiflung und Wut bringt. An diesem Punkt sollte therapeutische Hilfe angenommen werden. Der leidende Partner fühlt sich so, als müsse er die Last des Zerwürfnisses alleine tragen, und möchte durch Verstehen entlastet werden. Kann ein klärendes Gespräch zwischen den Getrennten nicht mehr geführt werden oder bringt es keine Entlastung, sollte man davon Abstand nehmen und sich zugestehen, dass man nicht verzeihen kann. Dann geschieht auch ein Loslassen durch ein Stehen-lassen-Können.

Menschen, die das Bedürfnis haben, mit den Eltern über frühkindliche Verletzungen zu sprechen, denen empfehle ich, dies erst zum Ende einer Psychotherapie zu tun. Das ist dann meistens nicht mehr notwendig, weil das Ziel der Therapie letztendlich die Aussöhnung ist, die vom Klienten selbst erarbeitet wird. So mancher Klient war nach der Therapie erfreut, wie anders er den Eltern begegnen konnte, oder überrascht von positiven Verhaltensweisen, die sie ihm entgegenbrachten. Der Klient hatte seinen Konflikt gelöst, und damit verschwand die Brille seiner jahrelangen frustrierenden Wahrnehmung.

Falls aber trotzdem noch der Wunsch nach einer Aussprache vorhanden ist, kann ein vernünftiges Gespräch ohne Vorwürfe und emotionale Verletzungen erfolgen. Eltern können die Vorwürfe, die ihnen Kinder machen, oft gar nicht mehr richtig nachvollziehen und gehen natürlich in eine Verteidigungsposition. Sie sehen die Dinge einfach anders und haben auch vieles gut gemacht. Natürlich kommt es immer auf den Einzelfall an, ob klärende Gespräche sinnvoll sind und was für wirkliche Motive dahinterstehen. Es bedarf der richtigen Gesprächsführung, denn allzu leicht verhakt man sich dabei in Vorwürfe und Schuldzuweisungen. Es werden Verteidigungspositionen aufgebaut, die das gewünschte Verständnis und die Nähe zueinander, die man sich durch eine Aussprache erhoffte, weiter erschweren.

Im beruflichen und privaten Bereich sind klärende Gespräche wichtig und wir sollten uns nicht scheuen, Dinge anzusprechen, die uns verletzen und wehtun. Die in Ruhe, Klarheit und Sachlichkeit geführten Aussprachen verschaffen uns Respekt und führen zu Ergebnissen, auch wenn wir nicht gleich all unsere Wünsche durchsetzen können. Dabei sollten wir auch lernen, in Ich-Botschaften zu sprechen, und wir brauchen uns nicht scheuen, auch über unsere Gefühle und Wahrnehmungen zu reden. Wie wir miteinander kommunizieren können und welche Botschaften wir in Gesprächen auch aussenden, darüber gibt es gute Bücher oder Trainingskurse.

Der vierte Punkt, der Wunsch nach Gerechtigkeit und Ausgleich, ist für jeden Menschen mehr oder weniger wesentlich und vordergründig. Auge um Auge, Zahn um Zahn, das ist zwar unchristlich, aber sind wir ehrlich, ist das nicht befriedigender als die Backe hinzuhalten, um eine erneute Ohrfeige zu bekommen? Verletzte Menschen möchten im Grunde genommen auch diese Form der Gerechtigkeit erfahren und haben den dringenden Wunsch, dass derjenige oder diejenige, der/die ihnen dies alles angetan hat, auch so leiden oder büßen soll. Natürlich ist es nicht in Ordnung, sich tatsächlich rächen zu wollen, denn dies würde der Selbstjustiz Tür und Tor öffnen und wir wären sehr weit entfernt vom Ziel eines friedlichen Zusammenlebens. Aber der Wunsch ist natürlich da und das ist insbesondere belastend für Menschen, die an ihrem Bewusstsein arbeiten und sich eine bessere, liebevollere Welt wünschen und sich daher gut verhalten müssen. Diese Gedanken sollten in der Therapie zur Sprache kommen und können dann bearbeitet werden. Rache ist natürlich keine Lösung, dadurch würde sich die Spirale von Täter und Opfer nur weiter drehen. Rache ist der Versuch, Macht über seinen Peiniger zu erhalten, und damit kann man der Hilflosigkeit entfliehen. Die Energie, die durch Rachegedanken und Rachegefühle gebunden wird, kann in der Therapie bearbeitet und in eine Energie verwandelt werden, die Kraft zur Lebensbewältigung gibt. Der Ausgleich kann dann durch das Ziel, mit sich zufrieden und wieder glücklich zu sein, ersetzt werden.

Schon während wir in diesen sechs Punkten an uns arbeiten, kann schrittweise eine Aussöhnung mit den Geschehnissen stattfinden.

Dies sind schöne und befreiende Erlebnisse, die ich bei meinen Klienten miterleben darf. Ein Vergeben geschieht dabei ganz nebenbei und ohne, dass sie es irgendwie noch aussprechen müssen. Sie merken das daran, dass sie einfach frei sind. Denn ein tiefes Verstehen ist ein Verzeihen.

Dem Leben wieder Sinn geben

Die Frage nach dem Sinn des Lebens ist eine der grundlegendsten Fragen und das tiefste Anliegen im Menschen, seit er zu komplexeren Denkstrukturen fähig wurde. Woher kommen wir? Wohin gehen wir? Wie sollen wir leben? Wir können zunächst einmal nach dem Sinn unseres persönlichen Lebens fragen, und dies führt uns hin zum Zweck und der Aufgabe unseres Daseins und natürlich dahin, wie wir es leben sollten. Beschäftigen wir uns damit etwas ausführlicher, werden wir nicht umhinkommen, Fragen nach dem überpersönlichen Sinn der Welt und der Schöpfung zu stellen, und nun berühren wir wieder den Bereich der Religion und Philosophie. Wer hat die Welt geschaffen? Wohin geht die Evolution? Gibt es andere Existenzen? Gibt es einen Schöpfer? Was geschieht mit uns nach diesem Erdendasein? Diese Themen kommen auch in diesem Buch immer wieder vor, weil sie uns Menschen wichtig sind. In der Existenziellen Therapie können Klienten Antworten erhalten, die ihnen ganz persönlich weiterhelfen, Vertrauen in sich selbst und in eine höhere Ordnung zu finden. Egal welchem Glauben der Mensch angehört oder zu welcher Philosophie er geneigt ist, es muss für ihn stimmig sein. Der Sinn der Existenz des gesamten Universums ist auf der Ebene des Wissens für uns Menschen nicht erkennbar, der letzte Sinn wohl nie erfassbar. Allerdings in der Beschäftigung mit seiner Seele und den tiefen Schichten des Unbewussten kann der Mensch die Grenzen des

Wissens überschreiten und Erfahrungen machen, die weit über unser begrenztes Bewusstsein hinausgehen. Die religiösen und zum Teil auch mystischen Erfahrungen, die beispielsweise in der beschriebenen Atemtherapie gemacht werden können, helfen diesen Personen im Leben, ihren ganz individuellen Sinn zu finden. Sie zielen nicht darauf ab, das Heil oder eine Belohnung in jenseitigen Existenzvorstellungen zu suchen. Das ist auch nicht mein Ansatz in der Therapie, sondern er ist ein humanistischer. Humanismus bedeutet Menschentum, und das wiederum erfordert, mündig zu werden. Ein mündiger Mensch ist mehr als nur ein erwachsener Mensch, ist also wirklich selbstständig. Er ist offen und gleichzeitig auch kritisch gegenüber Verhaltensweisen, Moralvorstellungen, Meinungen und Geschehnissen, die ihm begegnen. Ebenso ist er in der Lage, sein eigenes Handeln zu hinterfragen und für sich selbst, seine Mitmenschen und für die Natur Verantwortung zu übernehmen. Damit denkt er ganzheitlich und findet sein Heil weder in der Vorstellung eines Jenseits noch in übertriebenen materiellen Werten, sondern in der Beschäftigung und Anwendung mit den geistigen Themen wie Psychologie, Philosophie und dem sozialen Zusammenleben.

Stellen wir uns die Frage nach dem persönlichen Sinn unseres Lebens, dann müssen wir uns mit dem Zweck unseres Daseins beschäftigen.

Welche Aufgaben habe ich zu erfüllen und was sind meine Ziele, die ich erreichen möchte? Welche Bedeutung hat mein Leben für mich, für meine Mitmenschen oder welche Bedeutung möchte ich meiner Existenz geben?

Darüber denken wir meist wenig nach, wenn wir uns im Alltag in unseren gewohnten Bahnen bewegen. Dann mag das nächste Ziel, der ersehnte Urlaub oder das Warten auf die Beförderung sein, wenn wir unsere Richtungen im Leben gefunden haben. Bereits in der Kindheit, spätestens bei der Berufswahl wollen wir wenigstens eine Ahnung von dem haben, wie unser Leben einmal aussehen mag, und haben Visionen unserer Zukunft entwickelt. Davon, wie wir unsere Fähigkeiten ausbilden und unsere Träume und Wünsche verwirklichen konnten, hängt es ab, ob wir uns in unserem Leben wohlfühlen. Jedoch lassen uns materielle Verluste, längere Unzufriedenheit, Krankheit, Trennungen und Erfahrungen mit dem Tod nach dem Sinn unseres Lebens fragen.

Plötzlich kann es geschehen, dass nichts mehr so ist, wie es war, und unser Leben wird so verändert, dass wir uns wieder ganz neu ausrichten müssen. Bereits am Anfang dieses Buches haben wir uns mit dem Sinn des Leidens und dem Schicksal beschäftigt und Sie konnten unter anderem lesen, dass der Existenzphilosoph Karl Jaspers das Leid als einen Teil des persönlichen Seins sieht, der dem Menschen Existenzerhellung bringen kann. Daher und nach all meinen Beobachtungen ist im Leid Sinn zu sehen. Der Sinn unseres Leidens wird uns oft erst im Rückblick nach einem zeitlichen Abstand deutlich. In Verbindung mit einem Bewusstwerdungsprozess unserer Persönlichkeit werden dieser Sinn und die daraus resultierende Lebensaufgabe allerdings schneller erkannt und ein neues Ziel kann formuliert werden. Damit wird auch eine Aussöhnung mit unserem Schicksal und Leben möglich. Ein Vertrauen in eine „höhere Ordnung" wird wiederhergestellt oder erstmals bewusst erlebt.

> Das Leben kann nur
> in der Schau nach rückwärts verstanden,
> aber nur
> in der Schau nach vorwärts
> gelebt werden.
>
> KIERKEGAARD

Während oder nach der ersten Verarbeitung eines schmerzlichen Erlebnisses ist es wichtig, sich auf neue Ziele zu besinnen. Dabei hilft es, wenn Sie sich folgende Fragen stellen:

Was ist in meinem Leben bisher zu kurz gekommen?
Welche Lebensthemen möchten verwirklicht werden?
Was bin ich mir selbst schuldig geblieben?
Welche Träume und Wünsche hatte ich früher?
Welche Fähigkeiten habe ich?
Welche Tätigkeiten würden mich zufriedenstellen?

Bisher habe ich hauptsächlich davon berichtet, welche Verletzungen in unserem Unbewussten schlummern, die es aufzudecken gilt, und habe von den Lösungsmöglichkeiten gesprochen, die jeder in sich trägt. Die Seele weiß, was sie zur Heilung braucht. Wir müssen lernen, auf ihre Botschaft zu hören. Aber das ist nicht ganz einfach, denn wir müssen dabei unterscheiden, ob unser Gefühl aus einer alten nicht verarbeiteten Erfahrung und/oder aus Erziehungsmustern herrührt. Wir müssen unsere innere Wahrnehmung und die Entscheidungen, die wir danach fällen, prüfen, ob sie auf Ängsten oder Schuldgefühlen beruhen oder ob wir uns von illusorischen Idealen leiten lassen. Da dies nicht ganz einfach ist, ist es hilfreich, uns darüber mit anderen Menschen auszutauschen. Eine vertrauenswürdige, neutrale (von uns unabhängige) Person kann uns dabei am besten helfen.

In meine Praxis kommen auch Menschen, die vor der Entscheidung stehen, welchen Beruf sie wählen sollen. Ebenso Berufstätige und Selbstständige, die keine Erfüllung mehr in ihrer Arbeit sehen. Durch die Selbsterkenntnis und das Imaginieren innerer Bilder können sie erkennen, welche Talente und Fähigkeiten in ihnen schlummern und was ihre Bestimmung ist.

Nun reicht es aber nicht, wenn wir Ziele gefunden haben. Wir sollten sie auch umsetzen können und sie müssen auch zu realisieren sein. Beispielsweise im Lotto gewinnen zu wollen, mag eine nette Herausforderung sein, verlassen können wir uns nicht auf das Erreichen dieses Ziels. Selbst wenn ein Ziel zu hochgesteckt ist, können wir trotzdem auf dem Weg dahin wichtige Erfahrungen machen oder doch etwas erreichen. Nehmen wir an, ich wollte Bundeskanzlerin werden, dann wäre dies unrealistisch. Abgesehen davon, dass Politik nicht mein bevorzugtes Thema ist, hätte ich dazu nicht die Kompetenz und das wäre in meinem Alter sehr wahrscheinlich nicht mehr zu schaffen. Trotzdem könnte ich anfangen, mich intensiver als bisher für politische Themen zu interessieren, mich darin zu bilden und mich in meiner Heimatgemeinde oder im Landkreis einer Partei anzuschließen. Dies wäre also der erste Schritt. Jetzt liegt es an meinem Willen, der Zeit, die ich dazu einsetzen muss, den Ideen, mit denen ich Menschen begeistern kann, kurzum es liegt an meinem Engagement, wie weit ich komme. Natürlich auch daran, wie geschickt ich bei der Wahl der Partei bin, und an der Konkurrenz, die vor mir Führungsansprüche hat. Nicht zu vergessen, wie ich mit meiner Person und meinen Ideen auf den Wähler wirke und ob ich bei guter Gesundheit bleibe.

So weit diese kurze Parabel, die aufzeigen sollte, dass dieses Ziel zwar unrealistisch ist, weil es viel zu hochgesteckt wäre, bekanntlich aber liegt im Weg das Ziel. Jetzt würde es darauf ankommen, wie ich mit einer solchen persönlichen hohen Zielsetzung umgehen könnte. Folgende Möglichkeiten fallen mir dazu ein: Erstens: Ich lasse es überhaupt und verwerfe meine Wünsche.

Zweitens: Ich verfolge mit einer großen Willensanstrengung und Hartnäckigkeit diesen Weg im Bewusstsein meiner persönlichen Grenzen, damit mich das hohe Ziel nicht durch den Spott oder durch Rückschläge, denen ich mich damit aussetzen würde, sofort dämpft und lähmt.

Drittens: Ich passe mich mit meinen Karrierewünschen der Realität an, und um dieses Beispiel nochmals zu bemühen, ich könnte politische Erfahrungen auf der Kommunalebene machen.

Um wieder zufrieden und glücklich zu werden, geht es bei den meisten Menschen nicht um solche hohen Zielsetzungen. Dies würde eine Persönlichkeitsstruktur von hoher Willenskraft und Sturheit voraussetzen und auf dieses Beispiel bezogen, könnten so einem unrealistischen Wunsch Merkmale einer Persönlichkeits- und Realitätsstörung zugeordnet werden.

Die neuen Ziele, die Menschen in einer Krise finden, sind eher kleine alltägliche Ziele und Gewohnheiten, die sie ändern könnten. Wenn es ihnen nicht gelingt, liegt es daran, dass ihnen nicht bewusst ist, warum das so ist, oder sie geben aufgrund der alten Erfahrungen und der blockierenden ungelösten Probleme schnell wieder auf und fallen zurück in die Opferhaltung. Zur Problembewältigung und zum Loslassen gehört, dass wir nicht allzu lange im Leid bleiben und uns daher auf neue Ziele ausrichten. Aber wir dürfen nicht gleich erwarten, dass jetzt alles sofort klappt und alles anders wird, denn dieses Stadium ist ja der Beginn eines Entwicklungsprozesses.

> Am Ziel deiner Wünsche wirst du jedenfalls
> eines vermissen: dein Wandern zum Ziel.
> MARIE VON EBNER-ESCHENBACH

Wenn Sie den Weg der Loslass-Voraussetzungen, wie ich sie beschrieben habe, gehen, werden Sie zunächst die blockierenden Gefühle bearbeiten und lernen, Unterdrücktes da sein zu lassen, um daran weiter zu arbeiten. Dann gelingt es Ihnen auch Schritt für Schritt, erkannte neue Verhaltensweisen und Ziele umzusetzen. Wenn Ihr Ziel darin besteht, dass Sie sich nach einer Trennung und Enttäuschung von einem Partner wieder neu verlieben wollen, ist dies sicher kein unrealistisches Ziel, selbst wenn Sie glauben, nicht mehr die gleichen Voraussetzungen zu haben, die Sie früher hatten. Wenn Sie nach langen Jahren des Suchens und Singledaseins schon aufgegeben haben, aber nun doch noch die Liebe finden wollen, ist das ein Ziel, das sich lohnt. Wenn Sie zufriedener oder glücklicher werden wollen, fangen Sie an, ihr Leben in die Hand zu nehmen, und verlassen Sie die Opferrolle.

Schlussbetrachtungen zu Loslass-Themen

Für alle Loslass-Themen, die nachfolgend noch besprochen werden sollen, sind die acht Stufen als Voraussetzung des Loslass- und Heilungsprozesses anzuwenden. Die Gewichtung bei der Bearbeitung eines Loslass-Anliegens der einzelnen Stufen ist natürlich unterschiedlich. So kann bei der Trauerverarbeitung die Beschäftigung mit dem Schatten und den Projektionen wegfallen und beim Loslassen von Suchtproblemen wird man Wert darauf legen müssen, sich mit Sinnsuche und Verantwortungsübernahme zu beschäftigen. Ich werde für die nachfolgenden Loslass-Themen kurz die möglichen Gründe für ein Nicht-loslassen-Können aufzeigen und Hinweise und Tipps geben.

Trauerbewältigung und Verstorbene loslassen

Es ist sehr unterschiedlich, wie Menschen trauern. Je nachdem, wie stark die Bindung zum Verstorbenen ist, gestaltet sich die Trauer. Wie die Hinterbliebenen mit dem Verlust fertig werden, hängt selbstverständlich auch von den Todesumständen und vom Alter des Verstorbenen ab.

Das bewusste Abschiednehmen vom Toten führt vor Augen, dass der Mensch wirklich gestorben ist, und hilft im Loslassprozess. Die Anwesenheit beim Sterben ist für viele Menschen beruhigend, auch im Hinblick auf den eigenen Tod. So manches kann sich – auch ohne Worte – am Totenbett klären und den Abschied erträglicher machen. Eine tiefe Liebe und Verbundenheit kann nochmals bewusst gespürt und im Herzen bewahrt werden. Trauer braucht seine Zeit. Wenn jemand 40 Jahre mit einem Partner zusammenlebte, kann man nicht erwarten, dass er 14 Tage nach der Beerdigung wieder voll funktioniert und im Leben steht. Der Schmerz muss zugelassen werden. Selbst wenn man mit seiner Traurigkeit niemanden belasten möchte, ist es doch wichtig, mit Angehörigen und Freunden darüber zu reden. Auch Briefe an den Verstorbenen zu schreiben und Grabbesuche können helfen, um sich Stück für Stück zu verabschieden. Auch ein gewisser Rückzug und alleine spazieren zu gehen kann wichtig für den Betreffenden sein, um sich selbst wieder zu stabilisieren. Früher gab es ein Trauerjahr, in dem der nähere Hinterbliebene sich in Schwarz gekleidet hat, besonders wenn er aus dem Haus ging. In diesem Jahr verzichtete man auf Feste und Veranstaltungen, lebte also mehr im Rückzug. Das ist auf dem Land in katholischen Gegenden durchaus heute noch üblich. Die Menschen können damit ihre Trauer auch über die Kleidung zeigen und die Mitmenschen begegnen ihnen verständnisvoll und mitfühlend. Des Toten wird gedacht, indem man für ihn einige Messen lesen lässt. Es ist nicht mein Anliegen, dies zu propagieren, denn jeder sollte für sich entscheiden können, wie er seine Trauer lebt. Aber diese Rituale machen schon Sinn. Zumindest war und ist es nicht ganz so einfach, die Trauer zu verdrängen, da sie sichtbar und begrenzt auf ein Jahr ist. Danach konnte der Mensch sich wieder bunt kleiden und er durfte wieder an den fröhlichen Festen im Dorf teilnehmen. Zudem signalisierte das dem Trauernden: Jetzt ist die Trauerzeit vorbei und es wird Zeit, wieder ins Leben zu gehen. Früher war der Tod mehr Bestandteil des Lebens, denn alte und kranke Menschen starben zu Hause, und so konnte man in Ruhe Abschied nehmen. Dafür bleibt heute wenig Zeit, denn es beginnen fast hektisch die Beerdigungsvorbereitungen, die so mancher Angehörige noch im Schockzustand erlebt, und viele fallen danach, wenn Ruhe eingekehrt ist, in ein tiefes Loch. Die Tränen werden verschoben und nach einigen Tagen scheinen sie nicht mehr passend. Bezeichnend dafür ist auch, dass Beileidsbezeugungen am Grab nicht mehr erwünscht sind, fürchtet man, doch die erlösenden Tränen nicht mehr zurückhalten zu können.

Nicht ausgelebte Trauer und Verzweiflung, die oft mit Beruhigungstabletten noch weiter unterdrückt werden, sind sicher ein Grund, weshalb Menschen einige Monate oder ein paar Jahre nach dem Todesfall mit psychosomatischen und depressiven Beschwerden zu kämpfen haben.

In meiner Praxis erlebe ich häufig, dass Menschen ihre Beschwerden auch gar nicht mehr in den Zusammenhang mit dem Trauerfall bringen.

Früher hat der Trauernde Halt und Trost in der Religion gefunden und sich in Demut dem Unvermeidlichen gefügt. Der aufgeklärte Mensch hat diesen Halt verloren und kämpft gegen diese Ohnmacht innerlich an. Eine tiefere Auseinandersetzung mit dem Tod und dem Glauben kann für den Hinterbliebenen wichtig sein, um loslassen zu können. Bücher, die sich mit dem Tod beschäftigen, z. B. Bücher von der Sterbeforscherin Elisabeth Kübler-Ross können weiterhelfen, ebenso empfehlenswert sind Gruppengespräche und Seminare zur Trauerbewältigung. Eine therapeutische Hilfestellung kann notwendig sein, wenn die Trauer so dominant wird, dass sie das normale Alltagsleben bestimmt. Meist sind es Schuldgefühle und unbewusste und unausgesprochene Konflikte mit dem Verstorbenen, warum Trauernde nicht loslassen können. Hinter einer Traurigkeit kann sich auch eine unterdrückte Wut auf das Schicksal oder auf den Verstorbenen verbergen, weil man verlassen wurde. In der Therapie oder in Selbsthilfe für Trauernde kann der Trauernde auch lernen, neue Bindungen zu knüpfen und seinem Leben eine neue Aufgabe oder einen Sinn geben.

Ängste loslassen

Es gibt viele Arten von Ängsten, die letztlich alle auf Existenzängste zurückzuführen sind. Ängste gehören zu unserem Leben und wir werden nie ganz frei von Ängsten sein. Wer immer wieder unter Ängsten leidet und sich dadurch in seiner Lebensqualität beeinträchtigt fühlt, kommt nicht umhin, sich diesen zu stellen. Im therapeutischen Geschehen kann er diesen starken Ängsten begegnen und Mut, Vertrauen, Hoffnung, Erkenntnis, Glaube, Demut und Liebe in den Stufen des Loslass- und Heilungsprozesses erfahren, ebenso können übernommene Ängste gelöst werden.

Präzisieren Sie die Frage, wovor Sie Angst haben, mit der weiteren Frage: Was genau befürchten Sie? Dann stellen Sie sich vor, was Ihnen schlimmstenfalls passieren kann, und Sie werden erkennen, dass Ihre Angstfantasien, realistisch gesehen, wahrscheinlich übertrieben waren, oder Sie können eine Lösung entwickeln, einen Plan, falls das Schlimme, was Sie befürchten, eintreffen sollte. Sie können danach die Situation meistens besser einschätzen. Sprechen Sie mit einem Menschen, dem Sie vertrauen, über Ihre Angst und Ihr Problem und hören Sie dessen Einschätzung an. Angst kann durch Vertrauen ersetzt werden. Die Angst ist ein Gefühl und sie ist meist stärker als der Verstand. Deswegen lassen sich starke Ängste auf Dauer nicht über den Verstand kontrollieren, sondern können nur durch Mut zum Handeln, durch Psychotherapie und Atemtherapie gebessert werden.

Das Sorgenprotokoll

Nehmen Sie sich nun Zeit und lassen die Vergangenheit Revue passieren. Schreiben Sie auf, wovor Sie in Ihrem Leben Angst hatten, worüber Sie sich Sorgen gemacht haben. Teilen Sie dabei Ihr Blatt in zwei Hälften. Links beschreiben Sie kurz die Sorgen oder Ängste und rechts auf dem Blatt schreiben Sie auf, ob die jeweilige Angst begründet war, also wie die Situation ausgegangen ist. Gehen Sie mit Ihrer Aufzeichnung so weit zurück, wie Ihre Erinnerung dies zulässt. Was erkennen Sie dabei? Wie oft haben Sie sich umsonst Sorgen gemacht?

Die im nächsten Kapitel beschriebenen Atementspannungs- und Visualisierungsübungen, die Sie in Ihr tägliches Leben einbauen können, werden Ihnen helfen, gelassener zu werden.

Stress loslassen

Das Wort Stress gehört zu den am meisten gebrauchten Wörtern des 21. Jahrhunderts und wird häufig benutzt, um einen Zeitmangel, eine Terminnot und Leistungsdruck zu erklären. Stress bedeutet, sich unter Druck zu fühlen und angespannt zu sein. Diese Anspannungen entstehen durch unsere Gedanken und die daraus resultierenden Ängste, etwas nicht zu schaffen und/oder eventuelle künftige Ereignisse nicht kontrollieren zu können. Dauern diese psychischen Belastungen und unüberwindbar scheinenden Probleme an, stressen sie den Organismus und führen zu Schlafstörungen, innerer Unruhe, Engegefühlen in der Brust, hohem Blutdruck, Magen- und Darmerkrankungen, Anfälligkeit für Infektionen, Atembeschwerden, Schwindelanfällen, Herzbeschwerden, allgemeinen Muskelverspannungen und chronischer Müdigkeit, um nur einige mögliche körperliche Beschwerden zu nennen. Auf der emotionalen Ebene reagieren Menschen gereizt, fühlen sich unsicher und unzufrieden. Sie leiden unter depressiven Verstimmungen und Ängsten bis hin zu Panikattacken.

Hans Selye, der 1936 den Begriff Stress prägte, unterschied zwischen Eustress und Dystress. Bei Stress wird der Organismus in Alarmbereitschaft gesetzt und er stellt sich auf erhöhte Leistungen ein. Eustress, als eine gesunde und notwendige Aktivierung des Körpers, wird positiv erlebt. Manche Menschen fühlen sich damit richtig wohl und ihnen fließt vermehrt Energie zu. Sie verrichten in der Regel Tätigkeiten, die ihnen Spaß machen oder bei denen sie zeigen können, was Großartiges in ihnen steckt. Im Gegensatz dazu tritt Dystress dann auf, wenn wir mit unserem Tun überfordert sind und mit Schwierigkeiten zu kämpfen haben. Dystress hat also in erster Linie mit einem Leistungsdruck, unverarbeiteten seelischen Konflikten, starken inneren Mustern, Zwängen oder sonstigen Belastungen zu tun.

Die negativen Folgen von Stress können gemildert werden, wenn man lernt, sich wieder zu entspannen, und täglich kleinere Entspannungsübungen in seinen Tagesplan einbaut. Wer sich im Hamsterrad des Stresses befindet, für den ist es oftmals schwierig, sich wirklich Pausen zu gönnen, und Autogenes Training und regelmäßige Meditationsübungen fallen schwer, weil man ja dafür noch zusätzlich im Tagesplan Platz haben muss. Hier empfehle ich zunächst mehrmals pro Tag kurze Atemübungen, die nachfolgend beschrieben sind. Sie dauern nur 5 Minuten und können überall im Sitzen oder während eines Spaziergangs durchgeführt werden. Damit können die Folgen von Stress besser abgefangen werden.

Um langfristig Dystress abbauen zu können, ist es zunächst unumgänglich, sich der wirklichen Stressfaktoren bewusst zu werden. Erst dann kann eine Änderung dauerhaft erfolgen. Viele Menschen stressen sich, weil sie nicht „Nein" sagen können. Sie wollen es allen recht machen und bleiben dann selbst auf der Strecke.

Andere wiederum möchten, dass alles perfekt ist, und können sich und anderen keine Fehler verzeihen. Ein weiterer Stressfaktor, den man relativ einfach beheben könnte, ist die falsche und mangelnde Zeiteinteilung. Mithilfe eines Tages- und Wochenplanes kann man das, was man erledigenden muss, aufschreiben. Damit ist es nicht mehr im Kopf und ein Abstreichen der Liste ist befriedigend. Diese Liste sollte nach Prioritäten geordnet werden. Wird dann noch gelernt, Unangenehmes möglichst sofort zu erledigen, wird man mit der Zeit zufriedener werden.

Im Allgemeinen kann gesagt werden: Wer unter Stress leidet, nimmt alles zu wichtig und nimmt sich selbst nicht wichtig. An diesem Punkt kann man darüber nachdenken: Von wem möchte ich eigentlich Anerkennung bekommen und wovor fürchte ich mich, wenn ich mit meinen Leistungen nicht genüge? Hilfreich kann es nun sein, sich weiter bewusst zu machen: Woher kenne ich ähnliche Situationen, denen ich jetzt auch ausgesetzt bin? Wenn wir uns hier weiter selbst erforschen, kommen wir nicht umhin, uns mit unseren Eltern und Lehrern auseinanderzusetzen. Wie wurde gelobt und wie wurde bestraft und was davon belastet mich noch heute?

Wenn Sie die Auseinandersetzung mit Ihrem Stressthema angehen, werden Sie über die eine oder andere Lektüre wertvolle Hilfe erhalten oder Sie vertrauen sich z. B. Ihrem Partner an. Kommen Sie damit nicht weiter, dann sollten Sie es sich wert sein, professionelle Hilfe zu holen. Eine wirksame Vorbeugung vor den oben beschriebenen stressbedingten Krankheiten ist, sich rechtzeitig einzugestehen: An diesem oder jenem Punkt komme ich nicht weiter oder: Ich dreh mich immer wieder im Kreis, der Stress wird nicht leichter.

Viele meiner Klienten sind nicht krank, wenn sie zu mir kommen und bedürfen nicht einer klassischen Psychotherapie, sondern sie nutzen die Erkenntnisse ihres Unbewussten, um ihre Persönlichkeit reifen und wachsen zu lassen. Persönlichkeitsseminare können hier auch sehr viel weiterhelfen. Die Teilnehmer solcher Gruppen kennen sich untereinander in der Regel nicht und können sich daher in Wahrnehmungsübungen objektiver gegenseitig mitteilen, wie sie aufeinander wirken. Dabei ist immer wieder zu beobachten, wie unser Selbstbild von dem abweicht, wie andere Menschen uns sehen. Häufig beurteilen wir uns negativer, als dies andere tun. Wir finden das oder jenes an uns nicht gut und andere mögen genau das an uns. Deswegen ist es sehr hilfreich, im geschützten Rahmen eines Selbsterfahrungsseminars die unbewussten Muster aufzudecken, die uns antreiben, beispielsweise perfekt sein zu müssen und uns damit Stress zu verursachen.

Loslass-Übungen und Meditationen

Meditationen und Fantasiereisen

Meditation bedeutet, durch Aufmerksamkeit auf einen Punkt seine innere Mitte zu finden. Dadurch kann der Mensch sich entspannen und kommt wieder in Harmonie. Sie brauchen dazu keine besonderen Vorbereitungen, keine Räucherstäbchen und keine ungewohnte Körperhaltung einzunehmen. Möchten Sie das aber tun oder haben Sie bereits Ihre eigenen Rituale und Meditationsformen entwickelt, so können Sie sie natürlich beibehalten.

Es gibt viele Meditationsformen, Richtungen und Anleitungen. Sie können eine halbe Stunde lang und länger ruhig in einer bestimmten Haltung sitzen und sich nach innen versenken. Die Meditation kann aber auch nur 5 Minuten dauern, indem Sie z. B. einfach nur die Farbe einer Blume betrachten und versuchen, sich nur darauf zu konzentrieren. Das ist Meditation. Sie können auch intensiv, mit all ihren Sinnen, einer schönen Musik lauschen. Das Ziel ist es, im Hier und Jetzt zu sein. Das heißt bewusst das zu tun, was im Augenblick ist, und eben das wahrzunehmen. Viele geistige Schulen, zum Beispiel das Zen, betonen in ihrer Lehre die Wichtigkeit des Lebens im Augenblick. Damit erreicht man nicht nur ein intensiveres Lebensgefühl, sondern erspart sich Ärger, Sorgen und Ängste. Denn was immer wir tun: Wir sind entweder mit unserem vergangenen Ärger oder mit unseren Zukunftsängsten beschäftigt. Es bliebe uns also einiges erspart, wenn wir nur lernen würden, bewusster im Augenblick zu leben. Das ist sehr schwer. Wir sind keine Mönche in einem buddhistischen Kloster, sondern wir sind eingespannt in unseren hektischen Tagesablauf. Trotzdem können wir etwas von ihnen übernehmen und wenigstens ein paar Minuten, und gerne auch länger, immer mal wieder bewusst abschalten und innehalten. Das ist entspannend. Die Augen schließen und nach innen lauschen. Dabei können Sie Ihrer Fantasie nachgehen und innere Bilder aufsteigen lassen.

Innere Bilder haben eine große Kraft, um wirkliche Veränderungen zu bewirken. Das erlebe ich in meiner täglichen Arbeit mit meinen Klienten. Manchmal wenden sich Freunde und Familienmitglieder an mich, um einen therapeutischen Rat zu erhalten, und erzählen mir von ihren Problemen. Wenn Sie nicht bereit sind, sich in ihre innere Bilderwelt zu begeben oder ich mit ihnen aufgrund unserer engen Verbindung keine Therapie durchführen kann, kreisen die Gedanken und Gespräche manchmal endlos um das gleiche Thema. Natürlich ist das Zuhören eine der wichtigsten Hilfen, die ein Mensch einem anderen angedeihen lassen kann, aber für mich ist es manchmal nicht so einfach, weil ich weiß, wie effektiv die inneren Bilder sind. Meist sehe ich bei den mir nahestehenden Personen auch, wo es wirklich hakt und was an ihrer Einstellung oder Situation zu ändern wäre, aber Ratschläge bewirken oft wenig. Ich muss mich dabei zurücknehmen, denn ich weiß, dass sie es selbst erkennen oder erfahren müssen. Eine Freundin sagte kürzlich: „Brigitte, das hast du mir schon vor einigen Jahren gesagt, aber ich konnte das nicht umsetzen. Jetzt habe ich es aber durch die Erfahrung, die ich kürzlich machte, erlebt. Das war zwar schmerzlich, aber nun habe ich es endlich verstanden."

Das Leben therapiert uns, ob wir das wollen oder nicht, der Erkenntnisprozess dauert aber oft lange, wenn man verdrängt, und glaubt, das wird sich schon mal lösen. Dies tut mir manchmal leid, wenn so viel wertvolle Lebenszeit vergeudet wird. Es ist dann meine Aufgabe, dies zu achten, es loszulassen und demjenigen die Zeit zuzugestehen, die er für sein Wachstum braucht, auch wenn dies für ihn mit viel Schmerz und Umwegen verbunden ist.

An dieser Stelle möchte ich nicht den Eindruck erwecken, dass die Arbeit mit inneren Bildern die einzige Therapieform ist, die hilft. Gesprächstherapie, Verhaltenstherapie, Psychoanalyse, Gestalttherapie und viele andere, nicht wissenschaftlich anerkannte spirituelle oder esoterische Therapien unterstützen und helfen dem Klienten oder Patienten in seinem Bewusstseinsprozess. Auch hier kommt das Resonanzgesetz zum Tragen. Der Patient oder Klient wird den Therapeuten und die Therapieform finden, die seiner seelischen und geistigen Entwicklung entsprechen. Auch wenn zugegebenermaßen die Suche manchmal nicht ganz einfach ist. Deswegen werden in der Regel erst mal einige Probesitzungen angeboten. Der Therapeut und der Patient/Klient entscheiden danach gemeinsam, ob sie miteinander eine therapeutische Beziehung eingehen möchten. Dies ist dann der Fall, wenn ein Klima des Vertrauens und der gegenseitigen Achtung gespürt werden konnte. Ob die Therapieform und der Therapeut für den Patienten/Klienten richtig sind, zeigt sich daran, dass die Bereitschaft verspürt wird, sich zu öffnen, und nach einiger Zeit ein Fortschritt zu erkennen ist. Dies gilt ebenso für Persönlichkeitstrainer, Lebensberater, spirituelle Heiler, Entspannungstrainer usw., die Seminare und Einzelsitzungen anbieten, um Menschen beratend und helfend zur Seite zu stehen.

Die beschriebenen Atemübungen und das Visualisieren innerer Bilder sollen Ihnen helfen, im Erkenntnisprozess selbst ein wenig weiterzukommen. Gerade bei den Atemübungen können Sie bei jedem Ausatmen spüren, wie sich das Loslassen anfühlt. *Denken Sie daran: Nur wer auch fühlt, kann etwas verinnerlichen.* Bleiben Sie kontinuierlich bei Ihren Übungen und nehmen Sie sich täglich Zeit dafür, auch wenn es nur ein paar Minuten sind. Sie spüren bald, dass Sie lockerer werden. Es gibt im Handel viele CDs mit schöner Meditationsmusik und geführten Meditationen. Auch sie sind geeignet und regen vor allen Dingen die Fantasie wieder an. Anmerken möchte ich dazu, dass die Versprechungen, die oft mit dem positiven Visualisieren in vielen Büchern und auf CDs gegeben werden, auch kritisch zu sehen sind. Es ist nichts gegen das positive Denken, gegen positive Affirmationen oder positive Visionen einzuwenden, denn sie können sehr hilfreich sein. Sie können aber erst dann etwas positiv verändern, wenn sie mit unseren wirklichen Zielen und unseren Lernaufgaben übereinstimmen. Wir kennen immer nur einen kleinen Ausschnitt unseres Lebens, nämlich den, der hinter uns liegt, und können daraus ein Stück weit annehmen, wie die Zukunft verlaufen wird. Aber wir wissen es natürlich nicht und haben oft andere Vorstellungen und Wünsche, wie unser Leben sein soll. Am Beispiel einer Frau, die mit ihrer üppigen Figur unzufrieden ist, möchte ich das erklären. Es wird ihr recht wenig nützen, wenn sie eine CD einlegt, die ihr immer wieder suggeriert, dass sie es schaffen wird, schlank zu sein, und dass sie sich der Vorstellung hingeben soll, ihr schlankes Idealbild innerlich auftauchen zu lassen. Darin soll sie sich sehen, wie sie sich nun graziös bewegt und immer leichter wird. Solchen oder ähnlichen Formulierungen wird sie hier vermutlich begegnen. Sie wird diese Fantasiereise einige Zeit anhören und es bald wieder sein lassen. In der Regel funktioniert das nicht und kann zu mehr Unzufriedenheit führen, weil man dem Idealbild nicht näher gekommen ist. Der Frust darüber lässt unsere Frau womöglich zur Schokolade greifen, denn so erlebt sie wenigstens einen körperlichen Genuss, und das macht auch für kurze Zeit ein bisschen zufriedener. Ihrem Problem ist sie aber dadurch nicht näher gekommen, nämlich, dass dieses innere Vorstellungsbild vielleicht ein zu perfektes und zu hohes Ideal gewesen sein mag und gar nicht zu ihrer wahren Persönlichkeit passt. Es ist aber trotzdem in ihrem Bewusstsein verankert, da es jahrelang von der Werbung induziert worden ist.

Besser wäre es, wenn diese Frau sich eine Fantasiereise anhören würde und sich dadurch auf tieferer Ebene mit ihrem Problem beschäftigen könnte. Solche Fantasiereisen, die mit entsprechenden Fragen die Hintergründe der überflüssigen Pfunde erhellen, sind sinnvoll. Damit würde ihr Unbewusstes angeregt werden und sie könnte erfahren, was zu lernen ist und wofür die überflüssigen Pfunde notwendig sind. Zum Beispiel, welches Lebensthema oder Gefühl sie durch ihr Übergewicht vermeiden kann. Über ihr inneres Bild, wie sie sich ihre innere Venus vorstellt, könnte sie das erkennen. Venus ist die verführerische schöne Frau, die in jedem Unbewussten des Menschen als Urbild der Seele zu finden ist. Sie ist das Sinnbild für die Liebe zum anderen Geschlecht, für unser Harmoniebedürfnis und für Lebensgenuss. Ist das wirkliche Ziel- und Lernthema klar herausgearbeitet, kann es mit einem passenden Bild unterstützt werden. Das Unbewusste lässt sich nicht so einfach manipulieren und es ist nicht so leicht, auf Knopfdruck ein positiver, glücklicher und zufriedener Mensch zu werden, wie das so häufig von der Bewegung des positiven Denkens dargestellt und von einigen „esoterischen Lehrern" in ihren Seminaren oder Büchern vermittelt wird.

Kritisches zum positiven Denken und Visualisieren

Seit 1948 Dale Carnegie mit seinem Buch: „Sorge dich nicht lebe" den deutschen Markt eroberte, wurden bis heute weltweit 50 Millionen Exemplare seiner gesamten Werke verkauft. Das positive Denken entwickelte sich zu einer neuen Lebenshaltung nach dem Motto: „Denke positiv, und du kannst alles erreichen!" Viele der weiteren Autoren wie z. B. Norman Vincent Peale, Joseph Murphy oder Frank Bettger kamen auch aus Amerika und vermarkteten ebenfalls so erfolgreich diese Gesinnung, mit Büchern wie „Denke nach und werde reich" oder „Lebe begeistert und gewinne". Dabei handelte es sich nicht etwa um psychologisch geschulte Personen, sondern es waren einfache, arme und oft gescheiterte, erfolglose Verkäufer, die am Rande des Abgrunds standen. Die Methode des positiven Denkens machte sie reich und erfolgreich.

Diese Lebensgeschichten erweckten bei Millionen von Menschen Sympathien und Hoffnungen. Diese Leute haben es dadurch geschafft, dass sie einfach begeistert lebten und positiv dachten. Sie ließen keinen negativen und schlechten Gedanken mehr zu. Das war ihr Erfolg und es funktionierte, so ähnlich kann man es in all ihren Büchern lesen. Damit suggerieren sie dem Leser ein Bild, das verspricht: Mit der richtigen Denkweise kannst du glücklich werden und deine Ideale verwirklichen.

Die positiven Denker motivieren sich gegenseitig in nach diesen Autoren benannten Selbsthilfegruppen. In Kommunikations- und Verkaufstrainings werden diese Glaubenssätze vermittelt und tatsächlich wurde damit vielen Menschen geholfen. Sie konnten ihr Denken verändern und bezeichneten das Glas als halb voll und nicht als halb leer. Es ist unbestritten, dass das positive Denken sehr hilfreich sein kann. Viele Menschen konnten sich dadurch gut motivieren, dachten mehr über sich und ihre Ziele nach. Sie fühlten sich besser und konnten ihre Misserfolge erfolgreicher „wegstecken".

Mit dem Wegstecken und Verdrängen aber entstanden und entstehen auch Probleme. Denn nicht alle Menschen haben es geschafft, ihre Ideale zu verwirklichen. Sie haben nicht alles erreicht, was sie sich durch das Eintrichtern positiver Gedanken versprochen hatten, und haben ihre Ziele zu hoch angesiedelt. Sie sind enttäuscht von sich, ihrem Leben, den Autoren und Anbietern von Verkaufs- und Persönlichkeitsschulungen. Dass dies so nicht funktionieren kann, liegt auch daran, dass der Aufschwung der Nachkriegszeit und die enorme Entwicklung neuer Technologien, die die Generation dieser Positiv-Denker-Autoren erlebt hat, schon lange beendet sind. Wir haben heute zumindest in Europa und den USA kein Wirtschaftswachstum mehr, wir befinden uns gerade in der schlimmsten wirtschaftlichen Krise nach dem Krieg, die uns die größte Bankenkrise seit über 70 Jahren eingebrockt hat. Schon lange sind der Wettbewerb und die beruflichen Herausforderungen härter geworden. Die Einstellung, positiv gepolt sein zu müssen, erzeugt heute bei vielen Menschen einen zusätzlichen Druck angesichts ihrer Ängste und Sorgen. Sie fühlen sich zunehmend als Versager, weil eben nicht alles machbar ist, was uns in Büchern, Zeitungen und in der Werbung vermittelt wird. Immer erfolgreicher, immer schneller, immer besser, immer einen Schritt voraus sein müssen. Unser Leben ist auf Leistung und Wachstum ausgerichtet und der gesellschaftliche Druck, mithalten zu müssen, belastet immer mehr. Das muss zwangsläufig unzufriedene, ausgepowerte und depressiv gestimmte Menschen hervorbringen.

Wenn die Psyche erkrankt ist, können auch positive Aufmunterungen nicht mehr viel bewirken. Die Seele zeigt uns damit deutlich, dass das positive Denken nicht so auf das Gefühlsleben und das Unbewusste einwirken kann, wie uns das immer weisgemacht wird. Wenn das positive Denken und die positiven Affirmationen unser Lebensgefühl nicht verbessern, sondern in uns Druck aufgebaut wird, dass wir immer gut und positiv gestimmt zu sein haben und negative Gedanken und Gefühle nicht mehr geäußert werden dürfen, läuft es in ungesunde Bahnen. Zu beobachten ist das zum Beispiel in einigen esoterischen, religiös und spirituell ausgerichteten Kreisen und Gruppen. Sie vermitteln uns, dass wir nicht negativ denken dürfen und uns alle „lieb haben" müssen, wenn wir in einer heilen Welt leben und glücklich sein möchten. Es ist aber nicht so leicht, keine negativen Gedanken mehr zu haben, verzeihen zu müssen, nicht wütend zu sein und auch keine Angst haben zu dürfen. Das positive Denken gemischt mit dem

Resonanzgesetz hat bei so manchen ihr bereits innerlich angelegtes Schwarz-Weiß-Denken verstärkt, und das ist ihnen oft gar nicht so bewusst. Nur anderen fällt auf: So, wie sich diese Person gibt, das ist nicht echt. Natürlich kennen esoterisch gebildete Menschen das Polaritätsgesetz, aber so mancher, so scheint es mir, hat das entweder nicht richtig verstanden, nicht verinnerlicht, sondern glaubt, mit positiven Gedanken könnte man die „schlechten" und „negativen" Gedanken ins Licht führen, transformieren, auflösen, etc. Menschen, die auf der Suche nach den tieferen Wahrheiten sind, unterdrücken oft deswegen ihre negativen Gefühle, aus einer Angst heraus, dass das, was sie denken, eintreffen wird, denn „Was ich denke, ziehe ich auch an" heißt es oft in den Büchern. Das stimmt einfach so nicht und erschwert damit das Loslassen.

Eher ist aber zu beobachten: Was ich *unbewusst fühle und mir wünsche,* ziehe ich an, aber auch wieder nur, wenn es an der Zeit ist, genau das zu lösen. So einfach ist das alles also nicht. Machen wir nicht immer wieder die Erfahrung, dass wir das nicht bekommen, was wir unbedingt und gerade jetzt wollen? Erst wenn wir davon losgelassen haben, dann kann es kommen. Erleben wir nicht auch, dass wir uns in eine Angst hineinsteigern können, die sich dann als unbegründet herausgestellt hat. Statt sich immer wieder etwas Positives einzureden, wäre es sinnvoll, darauf zu achten: Was ist heute gut gelaufen, wofür bin ich heute dankbar? – Und das auch da sein zu lassen, was eben nicht so gut war. Schöpfen wir aus unseren eigenen positiven und guten Erfahrungen, die wir als Ressourcen in unserer Seele abgespeichert haben. Lassen wir das Gute zu und setzen wir uns mit den Schattenseiten, den Verdrängungen auseinander, lernen wir, auch sie da sein zu lassen. Wir können damit uns lassen und die Umwelt lassen, und das schafft Zufriedenheit und irgendwann eine heilere Welt.

Das Gedankenkarussell anhalten

Wer im Gedankenkarussell gefangen ist, versucht, über die intellektuelle Ebene ein Problem, eine seelische Verletzung, eine Enttäuschung, einen Ärger oder eine als ungerecht empfundene Behandlung zu lösen. Dagegen wäre an und für sich nichts einzuwenden. Aber die störenden Gedanken, die oft die Nachtruhe behindern, lassen sich nicht einfach ausknipsen, obwohl der Körper müde ist und der Geist dringend Ruhe benötigen würde. Man quält sich, möchte schlafen und wälzt sich, mitunter auch wütend über das Nicht-loslassen-Können, im Bett hin und her.

Die Nacht wird archetypisch (urbildlich) dem Unbewussten zugeordnet und auf dieser Ebene, also der Beschäftigung mit inneren Bildern und der Erinnerungen an unsere positiven Erfahrungen, könnten diese Probleme auch gelöst werden. Das Nachdenken über die belastenden Geschehnisse kann natürlich auch Ergebnisse bringen, aber in der Entspannungsphase, in der wir uns des Nachts noch befinden, ist die Fantasie besonders angeregt. Daher bringt das Wälzen von Problemen unweigerlich unsere Gefühlswelt in Wallung. Denken Sie hierbei an die Geschichte des Mannes, der sich einen Hammer borgen wollte. Bevor er an der Wohnungstür des Nachbarn klingeln konnte, hatte er sich mit seinen Gedanken in Spekulationen und Fantasien über dessen mögliche Reaktionsweisen so in Rage gedacht, dass er dem Ahnungslosen, der ihm die Türe öffnete, wütend entgegenschleuderte, dass er seinen Hammer behalten könne. So ähnlich geht es uns auch, wenn unsere Gedanken Ängste, Befürchtungen, Verzweiflung, Traurigkeit, Ohnmachtsgefühle, Ärger und Zorn aktivieren und diese sich mit den unbewussten emotionalen Ebenen der längst vergessenen oder verdrängten Gefühle vermischen. Da wir uns davon in der Nacht nicht befreien können und wollen, weil wir fixiert sind auf das Einschlafenmüssen, erleben wir einen ungesunden Zuwachs an Energien, ein inneres Brodeln, das uns hellwach sein lässt.

Was also tun, wenn der Schlaf sich nicht erzwingen lässt? Schlafmittel sind keine Lösung. Davon muss wegen der hohen Gefahr der Abhängigkeit abgeraten werden. Ihre Einnahme sollte auf absolute Ausnahmefälle beschränkt bleiben und auch nur kurzfristig erfolgen.

Ich möchte Ihnen an dieser Stelle raten: Stehen Sie auf, holen Sie sich etwas zum Schreiben und/oder zum Malen. Machen Sie sich einen Kräutertee, der eine beruhigende Wirkung hat. Schreiben Sie nun Ihre Gedanken auf. Durch die Tätigkeit des Schreibens geht die Energie über Ihre Hände hinaus und Sie werden zunehmend ruhiger und gelassener. Vertrauen Sie Ihre Gedanken einem Tagebuch an.

Wenn Sie Sorgen haben, schreiben Sie Ihre Sorgen und Probleme nieder. Sie werden zunehmend freier und Sie schaffen Platz für Ihre Intuition. Bereits beim Schreiben gewinnen Sie wertvolle Einsichten. Sie können einen Brief an eine Person schreiben und dieser kräftig die Meinung sagen. Das befreit! (Aber bitte nicht wegschicken!) Lassen Sie alle Gedanken zu! Erklären Sie dieser Person, wie es Ihnen geht und was Sie sich von ihr wünschen würden. Denn während Sie die belastenden Dinge benennen, finden sich meist auch Lösungen. Sie können als Nächstes darüber nachdenken, ob Sie schon mal in einer ähnlichen Situation waren. Wie haben Sie diese empfunden und wie hat sich das damalige Geschehen für Sie gelöst? Erinnern Sie sich an all diese Erlebnisse und machen Sie sich bewusst, welche Erfahrungen Sie damit gemacht haben. Daraus können Sie vielleicht auch erkennen, was Sie an Ihrem Verhalten ändern können, damit Sie nicht nochmals in eine solche Lage kommen.

Wenn beim Schreiben Ärger und Wut hochkommen, können Sie diese mit bunten Farben ausdrücken. Dazu sind ein großer Block und Wachsmalkreiden von Vorteil. Malen Sie ruhig wie ein kleines Kind. Einfach drauflos. Es ist immer wieder erstaunlich, wie sich durch das Malen die seelischen Belange des Klienten genauer abbilden und die versteckten Muster und Botschaften der Seele dadurch zum Vorschein kommen. Nun geht es aber gar nicht um die Deutung Ihrer Bilder, sondern um das Ausdrücken der gebundenen seelischen Energien. Während Sie schreiben oder malen, versuchen Sie, so oft wie möglich zu gähnen. Auch das entspannt das Zwerchfell und die Augenmuskulatur. Die dabei entstandene Tränenflüssigkeit kann den Blick wieder klarer werden lassen. Sollten während des Schreibens Gefühle wie Traurigkeit oder Wut hochkommen, so versuchen Sie sie da sein zu lassen, und soweit es Ihnen möglich ist, sie auch auszudrücken. Weinen befreit und macht danach müde, sodass ein Einschlafen wieder gelingt. Einschlaf- und Durchschlafstörungen verbunden mit innerer Unruhe können häufig auf unterdrückte Gefühle hinweisen.

Entspannung über den Atem

Den Körper zu entspannen, dem Geist eine Ruhepause zu gönnen und auf Dauer gelassener zu werden, das erreichen wir am Besten über den Atem. In meiner langjährigen Erfahrung mit den verschiedensten Entspannungstechniken, unter anderem dem Autogenen Training oder der Muskelentspannung nach Jacobson, ist die Entspannung über den Atem die wirkungsvollste und einfachste Methode. Selbst bei Menschen, die behaupteten, sie könnten nicht abschalten und sich nicht entspannen, hat ein etwa zehnminütiges intensives Atmen dazu geführt, dass sie eine tiefe Trance erleben konnten. Diese bereits vorgestellte Atemtechnik möchte ich hier nicht weiter beschreiben, denn sie bedarf der therapeutischen Begleitung. Die nachfolgenden Übungen aber kann jeder durchführen. Nur wer unter schweren Asthmaerkrankungen leidet, braucht fachkundige Begleitung. Wir atmen zwar durch die Nase ein und aus. Der Atem kann aber im Körper empfunden werden. Zum Beispiel können Sie wahrnehmen, wie die Atemenergie zu den Füßen hinausfließt. Dabei können Sie auch bewusst spüren, wo Blockaden im Körper sitzen. Beim Einatmen werden die Körperwände gedehnt und beim Ausatmen schwingen sie wieder zurück.

Der bewusst zugelassene Atem bringt uns also in die Wahrnehmung des eigenen Körpers. Durch Sammlung, ein Hineinvertiefen, ein Hineinspüren und Achtsamkeit entfaltet sich der Atem in der Tiefe und wirkt sich auf den seelisch-geistigen Wachstumsprozess und auf eine Reifung der Persönlichkeit aus. Durch die Dehnung der Atemwände werden die Atemräume geöffnet und der Einatemstrom kann sich nach allen Seiten hin ausbreiten, der ganze Körper und jede Zelle werden mit neuer Atemenergie durchflutet. Die drei inneren Atemräume (das Innere) werden durch die Körperwände (Haut, Muskeln und Knochen) abgegrenzt.

Der untere Atemraum, der Unterbauch, das Becken, die Beine und Füße sind der erdhaften Kraft zugeordnet. Ihr Symbolgehalt und ihre Ausdruckskraft stehen für Vitalität, Lebensfreude und Sexualenergie. Sie zeigen unser Bedürfnis nach Schutz, Geborgenheit und Halt.

Der mittlere Atemraum, die seitliche Bauchregion, die Gegend um den Nabel, der Oberbauch, der untere Brustkorb und das Zwerchfell sind den Ich-Kräften zugeordnet. Gesunde Ich-Kräfte stehen für unser Selbstvertrauen, unsere Selbstbestimmtheit und Selbstständigkeit. Sie bilden die Grundlage dafür, wie wir mit anderen Menschen in Kontakt sind und mit ihnen umgehen. Im Ausdruck und im Symbolgehalt des Atemerlebens bilden sich innere Unzufriedenheit, Unsicherheit und konfliktbeladene Themen ab, und durch bewusstes Loslassen beim Ausatmen können wir mehr und mehr unsere innere Mitte finden und harmonischer mit der Umwelt leben.

Der obere Atemraum, der obere Brustkorb mit Schultergürtel, Armen und Händen, Hals und Kopf sind den geistigen und spirituellen Kräften zugeordnet. Sie zeigen sich in unserer Ausdrucksweise, der Gestik, der Mimik, und wirken auf unsere Ausstrahlung. Die Arbeit mit dem Atem verbessert nicht nur unsere Lebenskraft und Leistungsfähigkeit, sondern bringt uns in Harmonie.

Lesen Sie sich zunächst die Übungen durch, probieren Sie dabei die Atmung aus und merken Sie sich stichpunktartig den Ablauf.

Übung 1: Entspannung über den Atem – Dauer: 20 Minuten

Legen Sie sich bequem hin und decken Sie sich zu, sodass Sie es angenehm haben. Die Beine sollen nebeneinanderliegen und die Hände können locker auf dem Unterbauch liegen oder seitlich vom Körper abgelegt werden.

Nun beobachten Sie Ihren Atem, ohne ihn zu verändern. Nur beobachten! Versuchen Sie, mit Ihren Gedanken beim Atmen zu bleiben, was natürlich nicht sofort und immer gelingen wird. Aber Sie können sich, wenn Ihre Gedanken abschweifen, immer wieder auf das Ein- und Ausatmen konzentrieren. Dabei können Sie eine ruhige Entspannungsmusik einlegen. Die Atembeobachtung sollte mindestens **10 Minuten** dauern. Zeitlich können Sie sich an der Angabe der Länge von Musikstücken orientieren.

Richten Sie nun Ihre **Aufmerksamkeit auf den Bauch**, legen Sie Ihre Hände in Höhe des Bauchnabels. Atmen Sie nun **etwas kräftiger 10-mal ein und aus**. Achten Sie darauf, durch den Bauch ein-

und auszuatmen. Dabei wölbt sich der Bauch beim Einatmen nach außen, und beim Ausatmen senkt sich der Bauch wieder. Dann kehren Sie wiederum für ein paar Minuten zur **Beobachtung des Atems** zurück.

Nun atmen Sie hoch **zur Schulter tief ein und atmen durch das Becken und hin zu den Füßen aus.** Fühlen Sie einmal, wie viel Luft in Ihre Lungen passt, wenn Sie ganz einatmen. Probieren Sie das mit einigen tiefen Atemzügen (etwa 5-mal) aus. Dabei heben sich die Brust und der Bauchbereich sehr deutlich. Sie können zur Beobachtung auch Ihre Hände in Höhe der oberen Lungenspitzen legen, die bis unter das Schlüsselbein reichen. Beim Einatmen zählen Sie 1, 2, 3, 4 und beim Ausatmen hinunter bis zu den Füßen zählen Sie von 1 bis 8. Für das Ausatmen sollten Sie also doppelt so viel Zeit benötigen. Machen Sie nach dem Ausatmen keine Pause, sondern lassen Sie gleich wieder das Einatmen erfolgen. Das Einatmen geschieht aktiv und das Ausatmen geschieht passiv. Es ist nicht nötig, so sehr voll und tief zu atmen. Etwa die Hälfte des totalen Einatemvolumens reicht aus. Langsam kann die tiefere Atmung aber gesteigert werden, sodass Sie mit der Zeit zu einem tieferen und gesünderen Atmen kommen.

Kehren Sie wieder für 1 bis 2 Minuten zur Atembeobachtung zurück.

Atmen Sie nun erneut kraftvoll **5-mal zur Schulter hoch und über den Bauchbereich** wieder aus.

Kehren Sie nun für ein 1 bis 2 Minuten zur **Beobachtung des Atems zurück** und atmen danach wieder **5-mal tief ein und aus.**

Lassen Sie dann mit der Beobachtung des Atmens die Atemmeditation ausklingen. Einfach noch ein wenig **entspannen.**

Bewegen Sie dann Ihre Arme und Beine, recken und strecken Sie sich und öffnen dann wieder die Augen.

Achtung: Dieses tiefe Ein- und Ausatmen sollte zunächst 5-mal erfolgen und kann maximal auf 10-mal gesteigert werden. Zwischendurch kehren Sie zur Beobachtung des Atems zurück. Es kann vorkommen, dass beim tiefen Ein- und Ausatmen

Kribbelgefühle in den Fingern oder Zehen oder auch um den Mund herum wahrgenommen werden. Dies ist ein Zeichen des überschüssigen Sauerstoffes im Körper und kein Problem. Nehmen Sie das kraftvolle Atmen zurück und atmen sanft ein- und aus.

Dieses Kribbelgefühl verschwindet wieder, wenn Sie den Atem nur beobachten und ihn nicht mehr bewusst lenken. Dieses tiefe, volle und runde Atmen kann emotionale Blockaden freisetzen, sodass ihre seelischen Stimmungen verstärkt werden können. Deswegen sollten Sie nicht mehr als 10-mal tief ein- und ausatmen und dann wieder den Atem für einige Minuten beobachten. Ganz wichtig ist das lange Ausatmen.

Wenden Sie diese Atemübung regelmäßig an. Abends vor dem Schlafen bewirkt dies, dass Sie entspannt einschlafen können. Zu Beginn der Atemübungen kann es sein, dass es erst mal etwas schwerer fällt, den Energiefluss des Ausatemstroms zu den Füßen hin zu spüren. Nach ein paar Atemübungen können Sie es wahrnehmen. Sie fühlen auch, wo in Ihrem Körper Energieblockaden sitzen. Sie spüren, ob der Atem durch die Füße strömen kann oder nicht. Diese Blockaden werden sich nach und nach lösen.

Übung 2: Entspannung während des Tages – Dauer: 3 Minuten

Diese kurze Entspannungsübung können Sie mehrmals am Tag einbauen. Ähnlich wie viele Menschen eine Zigarettenpause einlegen, können Sie sich zwischendurch eine Pause gönnen und im wahrsten Sinne des Wortes durchschnaufen. Dabei setzen Sie sich bequem auf einen Stuhl, die Hände legen Sie auf Ihre Oberschenkel, der Rücken sollte möglichst aufrecht sein. Bei modernen Bürostühlen ist das kein Problem. Schließen Sie die Augen und konzentrieren Sie sich wieder auf den Atem. Jetzt beobachten Sie Ihren Atem. Sie können beim Ein- und Ausatmen mitzählen. Dabei zählen Sie jedes Ausatmen, etwa 2 Minuten lang, bis zur Zahl 30 zählen. Pro Minute atmet der Erwachsene 12- bis 15-mal ein und aus. Dann atmen Sie zur Schulter hoch, der Bauch wölbt sich nach vorne und Sie lassen das Ausatmen zu den Füßen geschehen. 5-mal bis maximal 10-mal. Dann beobachten Sie noch für eine Minute, also beim Ausatmen bis 15 zählen.

Danach gähnen Sie herzhaft und rekeln und strecken sich, und weiter geht's mit frischer Kraft.

Übrigens eignet sich diese Atementspannung besonders gut für Menschen, die sich das Rauchen abgewöhnen möchten.

Übung 3: Sich freiatmen – Dauer: 5 bis 10 Minuten

Stehen wir unter Zeitdruck, sind wir überfordert, arbeiten wir sehr konzentriert an einer Sache oder haben wir mit Ängsten zu kämpfen, dann halten wir oft den Atem an. Dabei verspannt sich die Atemmuskulatur und mit der Zeit wird der Atem immer flacher. Das führt wiederum zu Sauerstoffmangel, zu Müdigkeit und zu Gefühlen von Abgeschlagenheit. Druckgefühle im Brustkorb und Muskel- und Nackenverspannungen, auch bedingt durch die hochgezogenen Schultern, sind die Folgen. Die Konzentration und die Energie liegen im Kopfbereich, in Gedanken, und wir nehmen unseren Körper kaum noch wahr, bis Schmerzen ihn uns wieder spüren lassen.

Diese Übung können Sie sowohl im Liegen als auch im Sitzen gut durchführen. Um die Atem- und Muskelblockaden zu lockern, ist es sehr hilfreich, das Ausatmen mit der Stimme zu begleiten. Seufzen Sie doch mal wieder hörbar. Zunächst beobachten Sie wieder für etwa 1 Minute Ihren Atem. Dann atmen Sie tief ein und mit einem langen hörbaren Seufzer wieder aus (5-mal). Dann gähnen Sie herzhaft und beobachten wieder Ihren Atem.

Atmen Sie nun wieder hoch zur Schulter, der Bauch sollte sich nach vorne wölben und mit dem Ausatmen hin zu Bauch und Becken lassen Sie ein tiefes „Uuuuuuuu" erklingen (5-mal).

Dieses „U" soll möglichst lange erklingen, und zwar, bis Sie den Impuls zum Einatmen wieder spüren. Danach beobachten Sie wieder Ihren Atem (5-mal).

Nun atmen Sie wieder hoch zur Schulter und singen das „Om" beim Ausatmen. Es wirkt lösend und entspannend (5-mal).

Übung 4: Abbau von Aggressionen – Dauer: 2 Minuten und länger

Diese Übung wird im Stehen durchgeführt.
Stellen Sie sich breitbeinig hin, die Füße etwa 50 cm auseinander. Legen Sie die Hände zusammen, die Finger greifen ineinander. Nehmen Sie die Hände hoch, ziehen Sie sie hinter Ihren Kopf, so weit es geht, holen Sie aus und schlagen die Arme nach unten zwischen Ihren Beinen durch. Ähnlich wie beim Holzhacken. Achten Sie darauf, dass Sie beim Heben der Arme fest einatmen und beim Schlagen nach unten ausatmen mit einem lauten „Haaaaaaa".

Achten Sie darauf, dass das „Haaaa" immer mehr aus der Tiefe Ihres Bauches kommt.

Übung 5: Ärger und Wut loswerden – Dauer: 2 Minuten und länger

Diese Übung ist besonders geeignet für Menschen, die unter innerer Unruhe leiden. Das hat meist mit Aggressionen zu tun, die nicht sein dürfen und können.

Nehmen Sie ein Handtuch fest in die Hand und benutzen Sie es wie einen Schlagriemen. Damit schlagen Sie auf ein Sofa oder Ihr Bett ein. Dabei atmen Sie tief ein und ziehen das Handtuch hoch, und beim Ausatmen schlagen Sie mit einem „Phu" oder „Haaa". Sie können auch rausschreien, was Ihnen guttut. Lassen Sie Ihren Frust und Ärger raus. Dabei beschimpfen Sie die Unterlage, auf die Sie einschlagen. Achten Sie wieder darauf, dass die Energie mit dem „Phu" tief aus dem Bauchbereich kommt.

Anmerkung: Falls Sie das nicht können oder mögen, machen Sie sich mal klar, warum. Was ist Ihr Aggressionsproblem? Sind Sie der Meinung, das macht keinen Sinn, denn mit Wut erreicht man nichts? Das ist richtig. Wenn Sie die Wut auf jemanden rauslassen, erreichen Sie meist wirklich nichts, außer einer Gegenaggression oder Unverständnis.

Aber wohin mit Ihrer Wut? Deshalb diese Übung! Nur damit Sie Ihre Energie loswerden können.

Übung 6: Aggressionsabbau und den eigenen Willen spüren – Dauer: 2 Minuten und länger

Stellen Sie sich hin und lassen Sie die Arme seitlich vom Körper hängen, die Schultern loslassen. Dann stampfen Sie fest auf den Boden. Von einem Bein auf das andere, und wieder können Sie ein „Haaa" bei jedem Aufstampfen von sich hören lassen. Sie können nun stampfend durch den Raum gehen. Natürlich achten Sie dabei wieder darauf, dass Sie kräftig ein- und ausatmen. Erinnert Sie diese Übung auch an ein zorniges Kind, das sich durchsetzen will? – Wie steht es mit Ihrer Durchsetzungskraft?

Übung 7: Entspannung der Muskeln – Dauer: 15 Minuten und länger

Lesen Sie zunächst diese Übung durch und probieren Sie die Muskelanspannung. Diese Entspannung ist im Liegen, auch im Sitzen möglich. Sie können eine Entspannungsmusik einlegen.

Schließen Sie die Augen und spüren Sie in Ihren Körper hinein. Nehmen Sie nun Ihre **Füße** wahr. Einfach nur wahrnehmen. Spüren Sie nun nacheinander in die einzelnen Körperteile hinein und lassen Sie sich viel Zeit dabei, sie zu fühlen: die **Unterschenkel**, die **Knie**, die **Oberschenkel**, das **Becken**, den **Rücken**, den **Bauchbereich**, den **Brustbereich** mit den **Schultern**, den **Hals**, den **Kopf**, das **Gesicht**. Dann verweilen Sie ein wenig in Ihrer **Körpermitte**.

Spannen Sie nun Ihre Unterarme und Oberarme an. Dabei winkeln Sie beide Arme im Ellbogen an, machen Fäuste. Drücken Sie die Arme an den Körper, ziehen die Schultern nach hinten und nach unten. Diese **Spannung halten** Sie für etwa 8 Sekunden. Achten Sie darauf, dass Sie dabei Ihren Atem nicht anhalten. Nun **lösen** Sie ganz langsam die Spannung und spüren, wie gut es tut, loszulassen. Öffnen Sie nun auch ganz langsam Ihre Fäuste und spüren Sie, wie sich die Muskeln immer mehr entspannen. Etwa eine halbe bis eine Minute spüren, wie sich die Muskeln immer mehr lockern. Dabei werden Ihre Arme immer schwerer.

Spannen Sie Ihr Gesicht und den Nacken fest an. Dabei runzeln Sie die Stirn und kneifen die Augen zusammen, die Nase zieht sich nach oben, der Mund wird breit; Zähne zusammenbeißen und das Kinn in Richtung Brustbein ziehen. Alle Muskeln sind nun angespannt. **Halten Sie diese Spannung für 8 Sekunden.** Dann **lassen Sie die Anspannung ganz langsam wieder los** und spüren, wie angenehm es ist, loszulassen, und genießen Sie dieses Gefühl, etwa 1 Minute lang. Dabei erleben Sie, wie die Muskulatur sich immer mehr entspannt. Das Gesicht ist ganz entspannt, die Kopfhaut ist ganz entspannt. Einfach wahrnehmen. Dann machen Sie sich bewusst, wie sich die Anspannung im Gegensatz zum entspannten Zustand anfühlt, wie sich also Loslassen anfühlt.

Spannen Sie nun Ihren Rücken, die Schultern und den Bauch und den Brustkorb an. Stellen Sie sich vor, Sie werden zu einem Brett. **Halten** Sie wieder die Anspannung für einige Sekunden und **lassen ganz langsam und bewusst wieder locker.** Spüren Sie, wie Sie zunächst im Bauchbereich lockerer werden, die Schultern und der Brustkorb sich wieder entspannen und die Rückenmuskulatur dann auch wieder ganz locker wird. Dann spüren Sie, wie der Rücken schwer und breit auf der Unterlage aufliegt.

Lassen Sie sich dafür auch wieder eine Minute Zeit, um das Loslassen, das Lösen der angespannten Muskeln wahrzunehmen.

Dann spannen Sie die Bein- und Fußmuskulatur an. Die Zehenspitzen zeigen in Richtung der Unterlage, sodass sich die Wadenmuskulatur anspannt. Oberschenkel und Unterschenkel werden so für etwa 8 Sekunden fest angespannt. Dann lassen Sie wieder ganz langsam los und locker. Dabei spüren Sie, wie die Beine ganz schwer werden.

Jetzt überlassen Sie sich ganz dem Gefühl der Entspannung, sinken Sie ein in die Unterlage und lassen Ihren Körper ganz schwer werden. Gehen Sie mit Ihrer **Aufmerksamkeit zur Mitte Ihres Körpers** und stellen Sie sich vor, dass Ihr Körper hier ganz **angenehm warm** ist und dass sich diese Wärme weiter ausbreitet über Ihren ganzen Körper. Und dabei fließt der Atem frei und ruhig ein und aus.

Beenden Sie die Übung, indem Sie sich rekeln und strecken, gähnen und dann die Augen öffnen.

Übung 8: Atementspannung mit inneren Bildern – Dauer: 20 Minuten und länger

Es ist sinnvoll, wenn Sie diese Entspannungsmeditation erst dann anwenden, wenn Sie bereits die Übung 1 einige Male durchgeführt haben.

Gehen Sie nun so vor:

Legen Sie eine entspannende Musik ein. Dann legen Sie sich bequem hin. Nehmen Sie **Ihren Atem wahr und beobachten Sie ihn** (5 Minuten).

Dann atmen Sie hoch zur Schulter tief ein und lassen das Ausatmen durch das Becken nach unten zu den Füßen geschehen. Spüren Sie dabei, wie die Atemenergie durch das Becken zu den Füßen ausströmt. Machen Sie zwischen dem tiefen Einatmen und dem Ausatmen keine Pause. Verbinden Sie also das Aus- und Einatmen zu einem Kreis und atmen so immer runder und voller ein und aus. **Atmen Sie so 10-mal ein und aus.** Achten Sie darauf, dass Sie lang ausatmen und ganz ausatmen. Dann atmen Sie wieder ganz normal und **beobachten nur Ihren Atem. Nach etwa 2 Minuten können Sie erneut 10-mal tief und rund zur Schulter hoch und zu den Füßen ausatmen.** Das Ausatmen ist ein Loslassen und Sie können das Gefühl des Loslassens dabei ganz deutlich fühlen. Sie gelangen immer mehr zur Gelassenheit. Denken Sie daran, wenn Sie ausatmen. Sie können beim Ausatmen auch in Gedanken sagen: Es tut so gut, loszulassen.

Dann kehren Sie wieder zum normalen Atmen zurück und **beobachten Ihren Atem. Nun richten Sie Ihre Aufmerksamkeit auf Ihre Körpermitte.** Damit kommen Sie unweigerlich immer mehr in Ihre Mitte, werden immer mehr zentriert. Das gibt Ihnen Kraft und Ruhe.

Stellen Sie sich nun vor, Sie befinden sich jetzt an **einem schönen Ort oder Platz**, an dem Sie sich sehr wohl gefühlt haben. Schauen Sie sich um, wo Sie sind, und erleben in Erinnerung, was Sie gerade tun, oder machen Sie genau das, was Sie tun möchten. Spüren Sie, wie Sie sich wohlfühlen, und gehen Sie dabei ganz in Ihrer Fantasie auf.

Nach einiger Zeit lösen Sie sich wieder und nehmen diese schöne Stimmung mit in Ihren Alltag.

Bewegen Sie immer erst Ihre Arme und Beine kräftig durch. Erst dann die Augen öffnen und sich langsam aufrichten und sich wieder auf das Hier und Jetzt konzentrieren.

Diese Entspannungseinleitung können Sie immer benutzen, um vom Alltag loszulassen und einzutauchen in die innere Wahrnehmung und die Bilderwelt.

Übung 9: Sorgen loslassen – Dauer: 20 Minuten und länger

Entspannungseinleitung über den Atem wie in Übung 8.
Kurz zusammengefasst:
  – Atem beobachten
  – 10-mal tief ein- und ausatmen
  – Atem beobachten
  – 10-mal tief ein- und ausatmen

Stellen Sie sich vor, Sie sitzen an einem Bach und schauen in das klare Wasser. Sie sehen, wie das Wasser ruhig dahinfließt. Während Sie dem leicht strömenden Wasser zuschauen, erinnern Sie sich an eine Lebenssituation, in der Sie sich übertriebene Sorgen gemacht haben und die für Sie doch gut ausgegangen ist. Lassen Sie diese für Sie schwierige Zeit Revue passieren. Jetzt erleben Sie nochmals, wie die damaligen Sorgen von Ihnen abgefallen sind. Erleben Sie die Erleichterung noch einmal. Was war das für ein gutes Gefühl. Lassen Sie dieses Gefühl nun da sein.

Nun lassen auch Sie Ihre momentanen Sorgen mit jedem Ausatmen mehr und mehr los. Wenn Sie an ein höheres Wesen, an Gott oder an einen Schutzengel glauben, können Sie auch ihm Ihre Sorgen abgeben. Legen Sie sie in dessen Hände oder Sie bitten um eine gute Erkenntnis.

Beenden Sie die Meditation.

Versuchen Sie, diese oft zitierte Weisheit zu verinnerlichen:

> „Gott gebe mir die Gelassenheit, Dinge hinzunehmen, die ich nicht ändern kann,
> den Mut, Dinge zu ändern, die ich ändern kann, und die Weisheit, das eine vom anderen zu unterscheiden."
>
> DAS GELASSENHEITSGEBET
> UNBEKANNTER AUTOR

Übung 10: Vertrauen spüren – Dauer: 15 Minuten und länger

Entspannungseinleitung über den Atem wie in Übung 8.

Beim Ausatmen benutzen Sie die Worte: „Ich kann vertrauen." Nach dem 5- bis 10-maligen Ausatmen beobachten Sie wieder Ihren Atem und stellen Sie sich nun vor, Sie liegen in der Hand Gottes oder eines großen beschützenden Wesens, dem Sie Ihr absolutes Vertrauen schenken können. Legen Sie sich nun auf die Seite und nehmen Sie ruhig die Embryohaltung ein. So können Sie auch einschlafen.

Übung 11: Sich selbst lieben – Dauer: 20 Minuten und länger

Entspannungseinleitung über den Atem wie in Übung 8.

Beim Ausatmen stellen Sie sich nun vor, Sie befinden sich auf einer Wiese. Sie fühlen sich wohl und sind zufrieden. Schauen Sie sich die Umgebung an. Von Weitem sehen Sie, dass ein kleines Kind auf Sie zuläuft. Es streckt die Hände nach Ihnen aus und nun erkennen Sie, dass Sie selbst dieses Kind sind. Sie schauen sich an, wie Sie aussehen und wie es Ihnen geht. Lassen Sie nun die Erinnerungen zu, die kommen wollen. Dann nehmen Sie Ihr inneres Kind hoch und drücken es ganz liebevoll an sich und empfinden Sie die Intensität des Augenblicks. Spüren Sie, wie es lächelt und wie sich Ihr Herz öffnet und die Liebe wieder mehr strömen kann. Erinnern Sie sich an eine Situation in der Kindheit, in der Sie glücklich waren. Erleben Sie diese Situation in all ihren Einzelheiten wieder. Dann spielen Sie mit dem Kind oder tun Sie das zusammen, was Sie immer gerne getan haben.

Wenn es möglich ist, können Sie so einschlafen oder Sie rekeln und strecken sich und beenden diese Fantasiereise.

Übung 12: Inneres Lächeln – Dauer: 20 Minuten und länger

Entspannungseinleitung über den Atem wie in Übung 8.

Bei den letzten Ausatemzügen stellen Sie sich vor, dass das Tor zu Ihrem Unbewussten sich öffnet. Sie befinden sich in einer wunderschönen Landschaft und gehen wie in einem Märchen auf ein wunderschönes Schloss zu. Sie betreten ganz selbstverständlich ein großes Zimmer. Dieses Zimmer ist gemütlich eingerichtet und strahlt eine angenehme Atmosphäre aus. Sie fühlen sich sehr wohl. In der Mitte des Zimmers bemerken Sie einen Spiegel. Sie sehen sich im Spiegel mit entspannten Gesichtszügen und einem strahlenden Lächeln. Jetzt können Sie dieses Lächeln fühlen und Sie lächeln sich selbst zu. Lassen Sie es weiter zu, dass Sie sich gut fühlen, dass Sie einmalig und wunderbar sind. Schauen Sie in den Spiegel und sehen Sie, wie Ihr eigenes Lächeln immer mehr Ihr Herz öffnet, und ein Gefühl der Zufriedenheit und des Glücks, des Sich-gut-Fühlens darf sich immer mehr in Ihnen ausbreiten.

Beenden Sie die Fantasiereise, indem Sie wieder tief durchatmen und sich rekeln und strecken und die Augen öffnen.

Übung 13: Lichtmeditation – Dauer: 15 Minuten und länger

Entspannungseinleitung über den Atem wie in Übung 8.

Legen Sie dazu eine besonders schöne Entspannungsmusik ein. Konzentrieren Sie sich nun auf Ihre Körpermitte. Stellen Sie sich vor, wie helles Licht aus Ihrem Innersten strömt, und tauchen Sie ein in dieses helle Licht. Stellen Sie sich vor, dieses Licht besitzt eine liebende Energie, und erinnern Sie sich an das Gefühl, wie es ist, geliebt zu sein. Tauchen Sie immer mehr in dieses Gefühl ein. Lassen Sie es immer zu und da sein. Lassen Sie sich einhüllen in dieses Licht.

Beenden Sie diese Meditation wie immer. Bewegen Sie sich und strecken Sie sich. Erst dann öffnen Sie die Augen.

Übung 14: Gute Gefühle – Dauer: 2 Minuten und länger

Morgens oder abends, wenn Sie vor dem Spiegel stehen, dann lächeln Sie sich an. Probieren Sie es aus. Nehmen Sie dabei Ihre Gefühle wahr und lassen Sie gute Gefühle für Sie selbst zu.

Fragen Sie sich am Morgen:

Was könnte ich heute für mich tun, damit ich mich selbst mehr liebe?

Was könnte mir heute ein Gefühl von Zufriedenheit bringen?

Was könnte mir heute Spaß machen?

Übung 15: Die Wahrnehmung verändern – Dauer: kurze tägliche Übung

Um sich selbst mehr anzunehmen und sich lieben zu können, ist es nötig, dass Sie sich zunächst einmal selbst beobachten. Gehören Sie zu den Menschen, die darauf achten, was Sie alles falsch gemacht oder was Sie nicht geschafft haben? Können Sie wahrnehmen, was Ihnen gut gelungen ist? Dann erlauben Sie sich auch, dass Sie sich selbst loben. Ich schlage Ihnen nun folgende Übung vor, die Sie mindestens 4 Wochen lang wirklich täglich durchführen sollten. Erst nach diesem Zeitraum können gelernte Muster verändert werden. Achten Sie nun täglich darauf, was Sie gut erledigt haben. Worauf können Sie heute ein wenig stolz auf sich sein? Womit sind Sie mit sich zufrieden? Zum Beispiel können Sie aufschreiben: Ich bin mit mir zufrieden, weil es mir gelungen ist, ohne Zeitdruck aus dem Haus zu gehen, ich habe es geschafft, 5 Minuten eher aufzustehen. Oder ich bin stolz auf mich, weil ich mich heute aufgerafft habe, die Unterlagen in der Schublade zu ordnen. Ich freue mich über mich, weil ich etwas Neues ausprobiert habe.

Führen Sie ein kleines Tagebuch und schreiben das auf. Bevor Sie zu Bett gehen, schauen Sie sich die Niederschrift des Tages nochmals an und lassen den Tag Revue passieren. Richten Sie Ihre Wahrnehmung auf das, was gut war, und erleben Sie das gefühlsmäßig nochmals. Sie lernen so, Ihre Gefühle immer bewusster wahrzunehmen. Wenn etwas misslungen ist oder schlecht für Sie war, dann sagen Sie zu sich selbst: Das war so. Daraus habe ich auch etwas gelernt. Mit der Zeit lernen Sie, Ihre Wahrnehmung auf den Lernfaktor zu richten und gelassener mit Ihrem inneren Kritiker umzugehen.

Zum Schluss

Das Buch ist geschrieben. Ich hoffe, ich konnte Ihnen, liebe Leser, wertvolle Anregungen geben. Mir war es wichtig, nicht nur die Voraussetzungen zum Loslassen aufzuzeigen, sondern Ihnen auch kleine Einblicke in die psychotherapeutische Arbeit zu gewähren. Ich würde mich freuen, wenn es gelungen ist, die Psychotherapie von ihrem Beigeschmack der persönlichen Schwäche und der damit verbundenen Scham zu befreien. Sie ist nicht nur für Kranke bestimmt, sondern auch eine Bewusstseins- und Lebensschule, oder, zeitgemäß ausgedrückt: Persönlichkeitscoaching. Mit den Ausführungen zu den unbewussten Schichten unserer Seele hoffe ich, dass Menschen mehr Vertrauen bekommen haben, um sich auf das Abenteuer der Selbstentdeckung einzulassen, damit sie innerlich frei werden.

Ein weiteres Anliegen war, die Imaginationstherapie einem größeren Personenkreis vorzustellen, und gleichzeitig erhoffe ich mir, dass Psychotherapeuten, Psychologen und Ärzte dieses Buch finden mögen, um auf die Effektivität der Arbeit mit der Atemtherapie und den „inneren Bildern" aufmerksam zu werden.

In meiner Praxis soll dieses Buch den Klienten als „große Informationsschrift" dienen, sie können sich vorab mit ihren Fragen ein wenig selbst auseinandersetzen, damit wir wertvolle Therapiezeit einsparen können.

Jetzt ist es Zeit, den Schlusspunkt für dieses Buch zu setzen. Vieles könnte hier und dort noch eingefügt oder gesagt werden. Aber ich lasse nun los und übergebe das Manuskript dem Verlag.

Bei Ihnen, liebe Leser, bedanke ich mich, dass Sie meinen Ausführungen bis hierher gefolgt sind, und wünschen Ihnen eine gute und erkenntnisreiche Zeit und viele wertvolle freiwillige Erfahrungen.

Alles Liebe,

Ihre Brigitte Neusiedl

Literatur/Quellen

Bauer, Joachim: *Das Gedächtnis des Körpers.* Piper Verlag, 2007
Dahlke, Rüdiger: *Lebenskrisen als Entwicklungschancen.* Mosaik bei Goldmann, 2002
Dahlke, Rüdiger: *Krankheit als Symbol.* Bertelsmann Verlag, 1996
Dahlke, Rüdiger: *Krankheit als Sprache der Seele.* Bertelsmann Verlag, 1992
Dethlefsen, Thorwald: *Schicksal als Chance.* Bertelsmann Verlag, 1979
Dethlefsen, Thorwald/Dahlke, Rüdiger: *Krankheit als Weg.* Bertelsmann Verlag, 1983
Erickson, Milton H./Rossi, Ernst L.: *Hypnotherapie, Aufbau, Beispiele, Forschungen.* Verlag J. Pfeiffer, 1989
Frankl, Viktor: *Die Sinnfrage in der Psychotherapie.* Piper Verlag, 2002
Gibran, Khalil: *Der Prophet.* Patmos Verlag, 2004
Gibran, Khalil: *Eine Träne und ein Lächeln.* Walter-Verlag, 1992
Goleman, Daniel: *EQ Emotionale Intelligenz.* Deutscher Taschenbuch Verlag, 1997
Gosztonyi, Alexander: *Die Welt der Reinkarnationslehre.* Windpferd Verlag, 2003
Grof, Stanislav: *Das Abenteuer der Selbstentdeckung, Heilung durch veränderte Bewusstseinszustände.* Rowohlt Verlag, 2006
Grof, Stanislav/Bennett, Hal Zina: *Die Welt der Psyche.* Rowohlt Verlag, 1997
Leuner, H./Henning, H./Fikentscher, E.: *Katathymes Bilderleben in der therapeutischen Praxis.* Schattauer Verlag, 1993
Lütz, Manfred: *IRRE! Wir behandeln die Falschen.* Gütersloher Verlagshaus, 2009
Mayer, Norbert J.: *Der Kain-Komplex, Neue Wege Systemischer Familientherapie.* Ludwig Verlag, München 1998
Möller, Michael L.: *Die Wahrheit beginnt zu zweit, Das Paar im Gespräch.* Rowohlt Verlag, 2007
Neusiedl, Brigitte: *Heilfasten, Harmonie von Körper, Geist und Seele.* Heyne Verlag, 1997
Orr, L./Halbig, K.: *Das Rebirthingbuch, Die Kunst des Atmens.* Koha Verlag, 1996
Osho (Bhagwan Shree Rajneesh): *Das Orangene Buch, Die Meditationstechniken.* Rajneesh Foundation Europe, Zürich 1985
Rinpoche, Sogyal: *Das Tibetische Buch vom Leben und Sterben.* Otto Wilhelm Barth Verlag, 1993
Sheldrake, Rupert: *Das schöpferische Universum.* Ullstein Verlag, 1993
Stevenson, Ian: *Reinkarnation, Der Mensch im Wandel von Tod und Wiedergeburt.* Aurum Verlag, 1994
Von drei Eingeweihten: *Das Kybalion, Eine Studie der Hermetischen Philosophie des Alten Ägypten und Griechenlands.* F. Hirthammer Verlag
Watzlawick, Paul: *Anleitung zum Unglücklichsein.* Piper Verlag, 1988
Yalom, Irvin D.: *Existentielle Psychotherapie.* Edition Humanistische Psychologie, 2000

Die Autorin

Brigitte Neusiedl ist Heilpraktikerin und betreibt seit 20 Jahren eine eigene Praxis mit Schwerpunkt Psychotherapie.

Sie absolvierte zahlreiche Aus- und Fortbildungen mit intensiver Eigen- und Selbsterfahrung in: Trance- und Psychoenergetischer Atemtherapie, verschiedenen Entspannungstechniken, Hypnotherapie, Katathymem Bilderleben, Reinkarnationstherapie, psychologisch-medizinischer Astrologie, Reiki, Gestalttherapie, Systemischer Familientherapie und psychotherapeutischer Gruppentherapie.

Seit 1982 bietet sie selbstständige Beratungstätigkeit und ist Dozentin im Bereich der Gesundheitsvorsorge sowie Ausbildungsleiterin für Ernährungsberater, Heilfasten, Psycho-medizinische Astrologen und Lebensberater. Seit 2005 bildet sie zum Atem- und Imaginationstherapeuten aus.

www.psychotherapie-neusiedl.de